山东省社科规划研究一般项目"中华学术外译的副文本考证性溯源研究
（21CYYJ11）"阶段性成果
山东建筑大学博士科研基金"翻译与游戏：伽达默尔诠释学视域下翻译过程
研究（X18001S）"阶段性研究成果

翻译与游戏

基于伽达默尔游戏
理论的翻译过程研究

Translation & Spiel: the Translation
Process Study on the Perspective of
Gagamer's Spiel Theory

王姗姗 ◎ 著

中国海洋大学出版社

·青岛·

图书在版编目（CIP）数据

翻译与游戏：基于伽达默尔游戏理论的翻译过程研究／王姗姗著. 一青岛：中国海洋大学出版社，2022.6

ISBN 978-7-5670-3203-3

Ⅰ.①翻… Ⅱ.①王… Ⅲ.①伽达默尔（Gadamer, Hans-Georg 1900—2002）—哲学思想—翻译—研究 Ⅳ.①B516.59

中国版本图书馆CIP数据核字（2022）第110681号

出版发行	中国海洋大学出版社		
社　　址	青岛市香港东路23号	邮政编码	266071
网　　址	http://pub.ouc.edu.cn		
出 版 人	杨立敏		
责任编辑	付绍瑜	电　　话	0532-85902533
电子信箱	184385208@qq.com		
印　　制	淄博华义印刷有限公司		
版　　次	2022年6月第1版		
印　　次	2022年6月第1次印刷		
成品尺寸	170 mm × 240 mm		
印　　张	14.5		
字　　数	205千		
印　　数	1～1000		
定　　价	55.00元		
订购电话	0532-82032573（传真）		

发现印装质量问题，请致电13156987676，由印刷厂负责调换。

前　言

本书旨在对翻译过程进行理论研究，探究将伽达默尔游戏理论作为一种奠基理论植入翻译过程，建构基于"关系主体"模式的翻译游戏过程论的可能性。进一步尝试在该理论模型下，建立翻译在一般意义上具有的现象学与辩证法原则。"关系主体"模式下的翻译过程实现了由译者决定过程到过程带动译者的根本性转变。这使翻译过程研究范式从基于实证科学思维之上的译者主体范式转型为基于"现象学-诠释学"思维之上的"关系主体"范式，向前推进了现有翻译过程理论研究范式。

本书提出的基本观点是，翻译游戏过程论是在伽达默尔诠释学的"游戏精神"引领下建构的一种处于现象学与辩证法之间、具有欧陆哲学色彩的翻译过程理论，它在三个方面对此前的翻译过程理论进行了变革：第一，关于翻译过程的主体。此前的翻译理论大都将翻译过程的主体理解为译者，翻译游戏过程论则以游戏"关系主体"取代"译者主体"，即翻译游戏过程论所理解的主体是由译者、原文文本、目标语读者三方构成的"关系主体"，也就是说，译者、原文文本、目标语读者三方在翻译过程中都是翻译意义能够实现出来的主导方，它们三方形成一种博弈妥协的辩证关系。在这种关系中，译者、原文文本、目标语读者均以参与者的身份被卷入游戏之中，翻译过程不可避免地走向任何一方都不可能完全主观操控的视域融合，由此导致翻译过程由译者心理决定过程到"关系主体"作用下的过程带动译者的根本性转变。第二，关于翻译过程的核心。此前的翻译理论从语言或文化的单一视角出发解读翻译过程，在具有现象学与辩证性特征的游戏精神引领下，翻译游戏过程主要体现为在"关系"制约下博弈妥协式的意义保留、舍弃与添加。保留、舍弃与添加在语言（语词和句法）以及"伪文本"（节律、韵脚等非语言性）要素两个层面展开，所以翻译游戏过程涵盖目标语言核心与文化核心，兼顾科学性与人文性。第三，关于翻译的目的。较之此前的翻译过程论，翻译游戏过程更加突出强调翻译之原初目的——面向目标语群体开显原本负载于陌生文本中的意义，通过将陌生经验转化为熟悉经验而使目标语群体扩大对生存意义的感知与理解，进而扩大人际间的理解与交流。由此揭示出翻译的本体论意义：翻译映射出人在差异对话中找寻平衡的居间生存状态，翻译是一种有关意义诠释的实践智慧。

基于上述观点，本书的整体结构可以划分为四个相互关联且具有内在演进逻辑的分论题。

第一章构成了本书的第一论题。该论题对伽达默尔游戏理论引入翻译过程研究之可行性进行了深入探究。首先，本论题得以展开的基点是对伽达默尔"广义翻译观"进行效用检视。我们必须承认，伽达默尔持有一种"广义翻译观"，其翻译思想具有一定的效用指向和理论阈限。伽达默尔探讨翻译问题的目的在于：以"语际翻译"作为"理解"的特例，从而检视作为人之生存方式的意义理解的普遍性和一般性。伽达默尔之追求"理解普遍性"的理论旨趣决定了他必然弱化语际翻译之"异质语言差异"问题。所以，伽达默尔的翻译思想缺乏关注"语言差异"及"差异语言转换"的问题意识，伽达默尔的广义翻译观具有特定的效用指向（指向普遍性的理解），从而致使其翻译思想形成了一定的理论阈限。其次，本论题继而找出用游戏理论构建翻译过程的可能性——游戏中游戏者、游戏对象、观赏者的辩证精神完全可用于描述翻译过程中原文、译者和目标语读者博弈妥协"关系主体"下的语言游戏过程，并对翻译过程中"关系主体"游戏所关涉的核心观念——以间距为代表的时间性概念、文本概念等能否用于语际翻译研究——进行了批判性考察，初步回答了"能否在本体论意义上谈论翻译"这一问题，以便为后续研究的顺利进行扫清障碍。

在证成伽达默尔游戏理论可以被引入翻译过程研究之后，本书进入第二个论题，即对伽达默尔游戏理论进行全面深入的考察。这一考察由本书的第二章担承。考察从两个层面展开：对游戏理论的前史考察和对游戏理论本身的阐释。游戏前史考察从"伽达默尔对前人游戏概念的理解"以及"游戏概念的现象学与辩证法特征"两个侧度展开。其中，就辩证法向度来说，游戏精神离不开柏拉图以及黑格尔的影响。伽达默尔在吸纳了黑格尔辩证思想发展之关键动因——"他者"因素的同时，摒弃了黑格尔对陈述语言的推崇，重新回到柏拉图早期的对话语言，找到了概念背后的问题结构，并以之为基础，构建本体论诠释学。就游戏概念的现象学限度说，海德格尔在游戏问题上对伽达默尔有着重要的综合性影响。"关系先于理解者"的游戏正是对海德格尔"语言先于存在"思想的继承与超越。伽达默尔以海德格尔诗性语言为起点，超越黑格尔的逻辑概念，走向柏拉图的对话语言，并以"对话关系优先性"取代了海德格尔的"语言优先性"，构建了"关系主体"模式下的游戏理论。

对游戏理论本身的探究是本论题另一核心内容。伽达默尔对游戏问题的思考并非一蹴而就。在《真理与方法》中，伽达默尔只谈论了艺术游戏的特征，在论及历史科学以及语言问题时，"游戏"字眼甚至很少出现。然而在后《真理与方法》时期，伽达默尔愈发意识到他对游戏概念论述的不充分性，并指出游戏应该从艺术中延伸出去，艺术游戏的现象学与辩证法精神应该体现在历史科学理解以及语言本体结构之中，游戏概念理应贯穿伽达默尔的诠释学体系始终，并且体现其诠释学基本精神。职是之故，本论题尝试对伽达默尔在《真理与方法》中详细谈论的艺术游戏概念，以及其在后《真理与方法》时期未能深入谈论的关于历史理解的对话游戏及具有对话结构的语言游戏做出进一步深入分析。因此，本书谈论的游戏概念涵盖艺术、历史和语言三个方面，包含艺术游戏、对话游戏、语言游戏。其中，艺术游戏又可根据"是否面向观众敞开"之特性分为竞争游戏和表演游戏。这样，游戏可分为竞争游戏、表演游戏、对话游戏和语言游戏，它们之间相互区别又彼此关联，但在最根本意义上，它们都是在现象学与辩证法之间指涉人际理解的动态性过程。本论题将在厘清彼此关联与区分的基础上，对四种游戏过程进行详细描述和界定。需要指出的是，此四类游戏与本书下一论题"翻译游戏过程构建"有着密切联系：竞争游戏与对话游戏可用于构建译者对原文文本的意义理解过程；向观众敞开意义的表演游戏则可用以构建翻译之语言转译过程；而具有辩证结构的语言游戏则是语言转译过程之可能性前提。

依据上述对应关系，本书进入第三个论题，也是本书最为关键的核心论题——翻译游戏过程的构建。本论题包含第三章和第四章内容。伽达默尔把翻译过程描述为一种"双重化的诠释学对话过程"，笔者部分赞同伽达默尔的观点。翻译过程的第一步骤（译者对原文文本的理解过程），无疑可以用译者与原文文本的对话游戏来表征。但如果把其第二步骤（语言转译的解释过程）仅仅用"对话"来表征，无疑忽视了"异质语言转译"过程的特殊性与复杂性。这一步骤用"表演游戏"来表征更为恰当。语言转译和表演都是"关系主体"下的辩证过程，均以向观众开放意义为目的；不同之处在于，表演需把文字语言转译成话语、情感等新媒介形式，而语言转换则需要把一种语言转译成另一种语言。于是，翻译发生过程应当被还原为游戏"Spiel"（game-play）的过程。德文中"Spiel"兼有游戏和表演双重含义。于是，"Spiel"不仅包含对话，也包含表演。翻译之表演游戏也是意义保留、舍弃与添加的语言过程。如此一来，可以把以"双重化的诠释学对话过程"方式呈现出来的翻译的游戏过程解析为以下两个更为具体的过程。

过程一：翻译过程之对话游戏——译者对原文文本的理解过程。对这个过程的分析，重点要解决这样两个问题。第一，翻译对话游戏的动态过程描述。第二，对话游戏何以体现现象学与辩证法特征。

过程二：翻译过程之表演游戏——异质语言的转换过程。对这个过程的分析，重点要解决这样四个问题。第一，翻译之语言转换过程为何是一种"关系主体"模式下的表演游戏。第二，表演游戏过程为何是一种意义的保留、舍弃与添加的现象学与辩证法过程。第三，从语言与文化二重视角，阐明保留、舍弃与添加的现象学与辩证法普适原则。保留原则，优先保留面向"事情本身"意义的现象学原则；舍弃原则，空间间距作用下，优先舍弃源语语词的震荡意义、句法结构、伪文本要素等；添加原则，添加符合目标语境特征的目标语语词的震荡意义、目标语句法结构以及伪文本要素等。第四，阐明上述保留、舍弃与添加过程何以体现现象学与辩证法特征。

通过对翻译游戏过程的分析阐释，可以得出这样一个结论：整个翻译过程的两个步骤直接呈现了伽达默尔游戏的三重特征。首先，两个步骤都是在"关系主体"引领下展开的在现象学与辩证法之间的游戏过程。第二，整个过程是语言过程，在对语言的保留、舍弃与添加的博弈中走向原文在目标语境中的意义再现。第三，通过上述现象学与辩证法之间的语言过程，翻译实现了其"向目标语群体开显陌生文本意义，增进人际理解与交流"的原初目的。综上可知，翻译必然表现为"关系主体"引领下的博弈妥协的辩证过程。翻译游戏过程论必然要求重新定义译者、目标语读者的身份，必然要求重新诠释翻译所有可能的条件，必然要求重新解读伽达默尔广义翻译观的价值与意义。

本书的第四个论题（第五章）就是要针对上述问题找出答案。在游戏视域下，译者是传递意义的表演者，是驻留在文本之中的意义纽带，是隐与显之间的文本要素。在翻译游戏视域下，目标语读者成为翻译过程的参与者，成为翻译由动态"过程"转换为封闭意义"构成物"的中介，成为影响翻译进程的"共在"者。在游戏视域下，翻译是一种介于可译与不可译之间的活动。虽然我们意欲追求翻译的准确性，但完全的翻译始终不可能。尽管如此，异质语言之间的可译度却可以随着世界的敞开、人际交流的增加而不断加深。

由是观之，翻译介于可译与不可译之间。正是翻译具有可译度的差异，才成就了翻译存在的必要性。只有从理解的角度看待翻译，只有使狭义翻译走向广义的理解和解释，翻译的不可译度才能降到最低，这便是伽达默尔广义翻译观的积极意义。

在翻译游戏过程视域下，本书最终走向对翻译本体论意义的再思考：翻译不仅是一种有关语言转译之技艺，更是一种有关意义诠释的实践智慧。

Preface

The paper is the theory research for translation process study. Taking Gadamer's Spiel Theory, a theory not originally proposed for translation study, as the foundational theory, the paper attempts to explore the possibility to construct the "relation centered" Spiel translation process and to find out the phenomenological and dialectical principles hidden in it. With the "relation" among original text, translator and the target reader as the leading role, the Spiel translation process study advances the former studies by shifting the mode of translation study from the translator leading the process to the process leading translator, and promotes theoretical paradigm by replacing the former "empirical" mode of translation study, which takes translator as its central role, with the "Phenomenology-Hermeneutics" mode, which considers the "relation" as the central role.

The basic idea of the paper is to employ Gadamer's Spiel spirit—the acquisition of the phenomenological and dialectical characteristics from the continental philosophical tradition, to describe the translation process. The Spiel translation process promotes the former translation process study in three important dimensions.

First, in the Spiel mode, translator is not the only determining character of the process any more, on the contrary, the original text, translator and the target reader, are in a dialectical relation of game and compromise. On the guidance of the "relation", the original text, translator and the target reader, as the three participants of the Spiel, are thrown into the process; therefore, the "relation center" replaces the "translator center", leading the translation process to the horizon fusion of the three participants. In this sense, the Spiel translation process mode changes paradigm of former translation process study from translator leading the process to the process leading translator.

Second, different from the former translation process studies which describe translation process only from the single perspective—language or culture, the Spiel translation process, led by the phenomenological and dialectical Spiel spirit and restrained by the "relation" among the three participants, proves to be a dialectical process—the kept, lost and gain of meaning on both the language and the Pseudotexte level, therefore the Spiel translation process can cover two important aspects of translation study—language and culture, showing the scientific and humanistic characteristics of translatology.

Third, the Spiel translation process emphasizes the original purpose of why translation exists: to open the strangeness hidden in the foreign text to the target language readers, to realize the conversion between the unfamiliar and the familiar experiences, and to enlarge the understanding and communications between the people from different language communities. With such original purposes, there comes the ontological significance of translation, that is, translation can reflect the interesse of human being and their endeavors to find balance between the difference and agreement. In this sense, translation is the Hermeneutical Phronesis concerning understanding and communication.

Based on the above point of view, the paper can be divided into four logically connected parts.

Chapter One, the first part of the research, mainly discusses whether Gadamer's Spiel Theory could be introduced into translation process study. The starting point of this issue is to scrutinize Gadamer's broad sense translation view.

We have to admit that Gadamer discusses the translation issues in a "broad sense", that is, to explain translation only in the sense of hermeneutical understanding and interpretation. Such a broad view brings about some limitations to the theory itself—the ignorance to "what happens from one language to another". Gadamer thinks a foreign language being translated is only an extreme case of hermeneutical difficulty; therefore, translation task differs only in degree, not in kind, from the general hermeneutical task that any text presents. Gadamer's theory purport can explain why he shows little interests on what really happened in "language conversion" during the translation process. That can also explain why he didn't explore further about the difficulties the translators usually meet in the conversion "from one language to the other". In another word, Gadamer's translation theory, to some extent, ignores difficulties in language conversion; thus the theory itself has some validity limitation.

Anther important issue for this book is to make a thorough description about the translation process on the basis of the Spiel Theory. Spiel, the core spirit in Gadamer's hermeneutics, was not meant for translation study in its original purpose, however we find it possible for translation process description: the "relation" among the player, the object being played and the audience in the Spiel can represent that of original text, the translator as well as the target language reader in translation practice, so that translation process can be seen as a Spiel in which the three participants game and compromise under the strain coming from the their relations. After finding out the similarities between Spiel and translation process, this chapter would go further to analyze the main factors combining the "relation", text, distance, etc., as to find out the ontological significance of translation, and therefore clear the way for the follow-up study.

Chapter Two combines the second issue of the research, that is, to make a comprehensive review about the Spiel Theory itself. The review would be processed from the following two aspects: the review of the pre-history of Gadamer's Spiel Theory and the review of the Spiel Theory itself. The Gadamer's Spiel Theory's pre-history study includes "the Spiel concept before Gadamer" and "the phenomenological and dialectical influence on the Spiel Theory". As for the dialectical characteristic of the Spiel, it mainly comes from the dialectics of Plato and Hegel. Gadamer agrees with Hegel's dialectics, but disagrees with his huge logic system, so he goes beyond Hegel's logic language to pursue Plato's dialogue, in which he finds out the natural language hidden under the logic sentence structure. It is on the basis of the natural dialogue language that Gadamer builds his ontological hermeneutics. As for its phenomenological characteristics, Heidegger is the one inevitable to mention. Therefore, this chapter would focus on explaining how Gadamer inherits from and goes beyond his teacher, Heidegger, to build his own "relation center" ontological hermeneutics with the Spiel spirit. It is Heidegger's idea of "the poetic language prior to Dasein speaking the language" that originates Gadamer's view of "the relation prior to Spiel participants". It is with Heidegger's poetic language as the starting point that Gadamer goes beyond Hegel's logic language back to Plato's dialogue and then goes further to his "relation priority" Spiel theory.

The exploration on the Spiel theory itself is another core of this issue. Gadamer's view on Spiel concept is not achieved overnight. In the *Truth and Method*, the Spiel concept was firstly employed only for discussing the art ontology (the first part of the book) and Gadamer even seldom mentioned it in the second and third part of the book concerning about history and language. However, in the post *Truth and Method* era, Gadamer gradually realized the leading role of Spiel spirit in his whole Hermeneutics system and at the same time he found that the phenomenological and dialectical characteristics of Spiel should extend from the art theory to the more wide understanding of history and language. Spiel definitely should be the fundamental spirit running through Gadamer's ontological Hermeneutics.

Therefore, this chapter would make a further classification and explanation about the Spiel concept covering three types of Spiels—the Spiel of art, which Gadamer discussed thoroughly in *Truth and Method* and the Spiel of dialogue and the Spiel of language, which Gadamer showed his concern but never thoroughly discussed. Furthermore, the Spiel of art could be further divided into game and play according to whether it is "opened to the audience". Thus, the Spiel we will discuss in this book includes four different categories: game, play, dialogue and the Spiel of language, which are similar with each other in some ways and different from each other in some others. We would extensively describe the four Spiel processes, while making it clear the connections and the distinctions among them. It should be noted that the four types of Spiel processes are in accordance with the translation Spiel process: the Spiel of game and dialogue corresponds to the dialogue between the translator and the original text, the play could represent the process of language conversion, and the dialectical language Spiel proves to be the premise of the language conversion process.

According to the above correspondence, the paper goes to the third issue of Chapter Three and Chapter Four, the most important part of the research, the construction of translation Spiel process. To be clear, the author partly agrees to Gadamer's view of "translation process is the doubled hermeneutical dialogue". If it is sound to similize the translator's understanding of the original text (the first process of translation) with the Spiel of dialogue, it is unreasonable for it to represent the language conversion process, because the dialogue is not enough to show the special difficulties hidden in language conversion. Compared with dialogue, "play" is more suitable to represent the complicated language conversion process. Both of them are the dialectical process under the guidance of "relation" of the three participants and both aims to open the strangeness to the audience; the only difference lies in that in the play, it is the transfer from the words to the actor's performance, however in the foreign language being translated, the transfer happens "from one language to another".

In this sense, the translation process could be described into the Spiel (game-play). Step One, a game of understanding, in which the translator, as a game player, makes a conversation game with original text. The following questions would be discussed in this issue: the dynamic process description of the dialogue between translator and the original text; the phenomenological and dialectical characteristic of the Spiel of dialogue.

Step Two: a play of interpretation, in which, the translator, as an actor, opens the original textual meaning towards the target language audience. It is a process of language conversion as well as a process with the game and compromise among the translator, the original text and the target language reader about the kept, lost and gain of meaning exchange. The description of the above process is the core of the research, therefore we would employ a whole chapter (Chapter Four) to discuss this issue and it includes the following questions. Firstly, we would discuss why the process "from one language to another" is a play under the guidance of the "relation" among the translator, original text and target readers. Secondly, we should discuss why the play is the language conversion process with the dynamic game and compromise among the three participants and with the kept, lost and gain of words, syntax and Pseudotexte in the meaning exchange. Last but not least, we will find out the specific principles that the translators would obey in the general sense in the above mentioned dialectical process. First, to keep the meaning about the Sache. Second, to abandon the oscillating meaning of the original words, the sentence structure in the original language and the hidden Pseudotexte element. Third, to add additional oscillating meaning in the target words, to add the new Pseudotexte and to find out the expressions which are in great accordance to the target context.

It should be noted that the above principles are only for the translation process in general sense, not for the specific individual's (irrational) psychological behavior.

Then, we can make the final conclusion that the translation process corresponds to the three characteristics of Gadamer's Spiel Theory for the fact that the translation process is the phenomenological and dialectical process under "relation" centered Spiel. Therefore, the language conversion process is the process with the dynamic game and compromise among the translator, original text and target readers and with the kept, lost and gain of words, syntax and the hidden Pseudotexte elements in the meaning exchange. In addition, translation process and the Spiel have the same original purpose of "opening up the strangeness hidden in original text to promote interpersonal communication and mutual understanding between the community speaking different languages".

All in all, translation is the phenomenological and dialectical process with the guidance of "relation center". Under this perspective, it is natural for us to redefine the translator as well as the target readers' identity, to reopen the discussion about the limits between translatability and untranslatability and to rethink about the positive significance of Gadamer's "broad sense translation theory".

With those questions, we go to the final issue (Chapter Five). Under the Spiel perspective, the translator works as the actor, the bond for meaning transference and the basic element combining the text between the implicit and explicit meanings. Under the Spiel perspective, the target readers become the positive participants of the translation process, become the mediation from the dynamic (translation) process to the finished Gebidle (work) with closed meaning and become the Dabeisein affecting the development of translation process. Under the Spiel perspective, translation is also an activity between translatability and untranslatability. Not matter how hard we try, the full accuracy in the translation process cannot be completely realized. Nonetheless, the translatability between different languages could increase with the opening up of the world and the deepening of interpersonal communication.

So, under the Spiel perspective, we finally go to the conclusion, that is, translation could be considered as the Phronesis aiming to achieve mutual understanding and agreement under the interpersonal game and compromise. This is the ontological significance of translation study.

目录

CONTENTS ──────────────────────────────────────◎

导　论

在导论中，作者将要完成的任务是：提出研究对象与问题，进行研究现状综述，澄清研究视角，确立研究路径和方法，阐明本书的基本结构。在阐述本书的基本结构时，作者将对论文的主要观点和各章的主要内容做出简要介绍。

第一节　研究对象与问题：翻译与游戏

一、早期翻译研究模式的困境：规定性的束缚

尽管当代翻译理论研究直到二十世纪后半叶才成为一门独立的学科，但翻译理论的历史却源远流长。然而，现有翻译史研究多采用"流派分类法"，把关注点放在对当代翻译理论的研究上。

我国著名翻译理论家谭载喜指出，仅以流派划分西方翻译发展史"可能会模糊翻译理论与促使其发展的特定社会文化环境的'历时'和'共时'关系，模糊翻译理论发展的历史性和层次性"[①]。

针对这一问题，谭载喜进而指出了早期西方翻译史存在一条脉络清晰的隐形发展主线——文艺学翻译理论学派、语言学翻译理论学派，以及稍后出

---

① 谭载喜.关于西方翻译理论发展史的几点思考［J］.外国语，2005（1）：54-55.

现的诠释学翻译理论学派[①]。文艺学、语言学、诠释学翻译理论三分方式既能涵盖古代、近代、现代较为重要的翻译理论,又能厘清门类杂多的翻译理论之间"历时性"与"共时性"的双重关系,无疑是西方翻译理论发展史上的一条重要线索。

按照这一划分方式,文艺理论学派始于古罗马西塞罗的戏剧翻译,到德国宗教改革家马丁·路德的《圣经》文本翻译,一直延续到当代捷克的列维和苏联的加切奇拉泽等理论家。文艺学翻译派认为翻译是一种艺术,翻译的重点是从伦理原则与工艺学技术层面对原文和译文文本进行比较研究。文艺学翻译派强调译文在伦理原则或艺术特征上与原文文字符号的一致性,同时也要求译者具备对宗教的绝对虔诚或拥有天赋的文学才华。文艺学翻译派实质上是基于文本的人文性来谈论翻译问题。

语言学翻译派源于西方语言哲学传统:从圣经巴别塔的传说,到奥古斯丁的"内在话语",到笛卡尔的"天赋观念",再到莱布尼兹的"普遍语言"。现代语言学创始人乔姆斯基以上述语言哲学传统为基础,提出转换生成语法及深层结构假说。在乔姆斯基理论基础之上,现代语言学派翻译理论逐步发展,经历了语义学、系统功能语言学、文体学、语篇分析研究和类型研究等阶段[②]。语言学翻译派的理论特点是,各个研究分支都是在语言学之科学性的基础上进行研究的,正如谭载喜所述:"语言学翻译派把翻译理论和语义、语法功能的分析密切结合起来,从语言的结构特征和语言的操作技巧上论述翻译问题。"[③]可以说,语言学翻译派始终基于语言的科学性谈论翻译问题。

综上可知,文艺学翻译派和语言学翻译派在西方翻译理论研究史上源远流长、影响深远,但二者也始终泾渭分明、鲜有交集,由此导致了西方翻译理论发展史上长久以来存在的困境和弊端。

---

① 谭载喜. 西方翻译简史 [M]. 增订版. 北京:商务印书馆,2004:7.
② 许均,穆雷. 翻译学概论 [M]. 南京:译林出版社,2009:211.
③ 谭载喜. 西方翻译简史 [M]. 增订版. 北京:商务印书馆,2004:7.

困境一："文本"与"语言"的断裂。如上文所述，文艺学翻译派始终把其理论重点放在文本中心上。文本中心又决定了该派始终关注翻译伦理或翻译工艺等文本的人文性特征。如路德在谈到《圣经》时便首先强调译者对《圣经》文本的绝对忠实，而对"文本忠实"的背后隐含着"信仰忠实"之伦理特征："一个不忠实的基督徒无法忠实翻译圣经文本。"①又如古罗马戏剧翻译家西塞罗首次提出"解说员"的译者和"作为演说家"的译者，并使之成为"直译"和"意译"的标志。②

与文艺学翻译派从宏观伦理或艺术风格视角出发相反，语言学翻译派通常关注由语言差异造成的微观语言困境问题。该派关注不同语言的"物的因素"③，如某种语言符号所特有的语音、语形、句法词法的类别、语序排列规则，甚至包括语言内部语词之间相互作用形成的节奏韵脚等微观语言问题。对"物的因素"的关注导致了传统语言学翻译理论研究"为了翻译而研究翻译"理论倾向④，该派着重探究翻译中语言规则等科学性问题，从而忽视了语言背后存在着更加广阔的"文本"境遇。

因此，文艺学翻译派和语言学翻译派虽然各自发展壮大，但二者在"伦理性文艺性宏观层面"和"语言学微观层面"平行前行，始终难以融合。"文本"和"语言"的断裂在翻译理论研究的发展中始终存在。

困境二：作为翻译可能的先验前提的"上帝语言的唯一性"阻碍了翻译研究向纵深发展。"上帝语言唯一性"源于西方圣经传统中的巴别塔传说。巴别塔传说在翻译史上具有重要地位，不仅因为本雅明、德里达、斯坦纳等著名学者都对之展开探讨，更是因为巴别塔传说明确用"唯一性"与"权威

① Nida E. *Towards the Science of Translation* [M]. Leiden: J. Brill Press, 2001: 16.

② Robinson D. *Western Translation Theory from Herodotus to Nietzsche* [M]. Shanghai: Shanghai Foreign Language Education Press, 2007: 12.

③ 李河. 巴别塔的重建与解构——解释学视野中的翻译问题 [M]. 昆明：云南大学出版社，2005：202.

④ Gentzler E. *Contemporary Translation Theories* [M]. Shanghai: Shanghai Foreign Language Education Press, 2004: 5.

性"来标示上帝语言。从此，人类丰富语言现象背后存在唯一、权威的上帝语言成为早期翻译研究不可撼动的重要前提。上帝语言的唯一性与权威性规定了人类理智思维对语言的优先性原则。自此，理智先于语言成为延续两千多年的西方哲学传统，也成为早期翻译思想的重要影响因素。

早期文艺学翻译派和语言学翻译派虽然存在着难以弥合的"文本"和"语言"的断裂，但二者却把"上帝语言唯一性"作为翻译可能的先验前提，即人类语言只是上帝语言的工具与外衣，"上帝语言唯一性"是多样人类自然语言之间可互译的先验前提。从相反的角度来讲，既然"唯一上帝语言"这一先验前提预设了翻译可能，那么，翻译理论便无需讨论"翻译是否可能""翻译何以发生"等本体论问题，只需在文本和语言内部找到使翻译可能的方法即可。因此，正是由于"上帝语言唯一性"这一翻译可能先验前提阻碍了人们对翻译问题的进一步思考，十九世纪以前的翻译理论并无太大发展，翻译理论研究主要集中在两方面：文艺学翻译派以巴别塔"上帝语言唯一性"为基础，在"文本"内部讨论直译与意译之争等问题；而语言学翻译派别同样以"上帝语言唯一性"为基础，展开对"语言"对译原则等问题的探讨与争论。早期翻译理论研究停滞不前，难以逃出直译、意译等"规定性翻译研究"（prescriptive translation study）模式。

规定性翻译研究具有如下特征：首先，规定性翻译研究实质上是一种原本中心论，以原本为中心，译本理应成为原本的摹本。其次，规定性翻译研究以制定指导翻译实践的规范标准为目的。如文艺学派通过对原文文本和目标语文本进行对比，找出某些伦理准则（忠实、背叛）或判断标准（直译、意译）。又如语言学派规定性翻译研究通过总结语言转译规律，为翻译实践提供工艺学层面的技术指导。于是，这就构成了规定性翻译研究的静态性特征。无论文艺学派侧重原本与译本文本的静态式风格对照，还是语言学派试图在不区分译者阅读中的认知环境的前提下，"把翻译看作一种纯粹语言艺术，用一些超越时间的语言规则加以规范"①的研究方法，都无法体现翻译

---

① 转引自林克难. 翻译研究：从规定性走向描写［J］. 中国翻译，2001（6）：43.

的动态性和境遇性。

因此，文艺学派和语言学派虽然在翻译史上不断发展和壮大，但二者均无法走出"文本"和"语言"的界限，无法走出"怎么译"问题的原则性规定。如同英国翻译学家苏珊·巴斯奈特所言："在罗马时期建立起来的直译和意译间的差异，直到现在一直以这样或那样的方式成为争论的焦点。"①规定性翻译研究经历了漫长的历史洗礼，直到当代翻译理论研究才进入"描述性翻译研究"（descriptive translation study）的新阶段。

二、对描述性翻译学的质疑

美国翻译理论家詹姆斯·S. 霍姆斯在1972年发表现代翻译学的创建宣言《翻译学的名与实》一文②，正式提出了描述性翻译学这一新概念。描述性翻译学包括三个组成部分：从"产品导向"（以翻译产品——译本——为研究对象）、"功能导向"（以翻译置身其中的社会文化背景为研究对象）以及"过程导向"（以翻译发生过程为研究对象）进行描述性翻译研究③。霍姆斯宣言标志着翻译理论研究从两千年的"规定性"研究模式走向现代性的"描述性"研究模式。

以色列学者图里进一步发展了霍姆斯的描述性翻译学。他分析了（多门语言与希伯来语）互译中的社会学倾向，找到影响译者行为的共同社会规范（norm），并把描述性翻译学定性为以案例分析为基础建构理论模型的"实证主义"翻译理论研究模式。翻译研究由此被界定为一门实证研究的科学："既然翻译研究的对象层面由实际生活中的事实构成，无论这种事实是文本、互文关系还是行为模式或规范，而不是那些仅仅根据先验的理

① Bassnett S. *Translation Studies*. London and New York: Routledge, 1991: 39. 转引自杨乃乔. 比较文学概论［M］. 北京大学出版社，2014：345.

② Holmes J. S. The name and nature of translation studies［M］//Venuti L. *The Translation Studies Reader*. New York: Routledge, 2000: 113−118.

③ Holmes J. S. The name and nature of translation studies［M］//Venuti L. *The Translation Studies Reader*. New York: Routledge, 2000: 113−118.

论预设和模式得出的思辨结果，那么翻译研究就其本质而言是一门实证科学。"①

图里最终把描述性翻译学规定为必须从实际案例出发的实证科学，无疑有狭隘化描述性翻译学的倾向。面对图里"翻译实证科学"的定位，我们不禁要问：翻译现象的描述只能从对个别实际案例分析出发吗？翻译的人文性特征如何凸显？

谭载喜在《西方翻译理论：从希罗多德到尼采》一书的导言中指出："翻译学作为新兴独立学科，其理论体系并不是到了它已成为独立学科的时候才突然出现，而是经过长时期的思想积累才逐步形成的。一方面，历史的积累构成了事物发展的基础。另一方面，向前发展了的事物又需要回过头来重温已经走过的历史，以不断从历史的渊源和积累中搜寻继续向前发展的养分和动力。"②图里给出的"翻译实证科学"定位无疑放大了科学主义方法论而抹杀了翻译研究的人文性。翻译研究虽不应拘泥于早期翻译理论对伦理规则或技术规则的探讨，但也不应该只局限于"实证研究"的方法领域。于是，我们可以说，图里似乎有对传统规定性翻译理论矫枉过正之嫌。

带着对图里模式的质疑，美国翻译文化学派代表学者蒂莫兹科给出了描述性翻译研究的另一层定义："描述性翻译研究在研究翻译的过程、产物以及功能的时候，把翻译放在时代之中去研究，广而言之，是把翻译放到政治、意识形态、经济、文化之中去研究。"③蒂莫兹科笔下的描述性翻译研究表征一种"翻译目标语境化"（to contextualize translation），即描述性翻译研究不应拘泥于语言或文本，而应使翻译理论研究走出文本和语言的内部框架，走向不同语言共同体中的人们世界经验的碰撞与融合，走向更加广阔的"文

---

① Toury G. A rationale for descriptive translation studies［M］//Theo Hermans. *The Manipulation of Literature: Studies in Literary Translation*. London: Routledge, 2014: 16.

② Robinson D. *Western Translation Theory from Herodotus to Nietzsche*［M］. Shanghai: Shanghai Foreign Language and Education Press, 2007: vii.

③ Tymoczko M. *Translation in a Postcolonial Context-Early Irish Literature in English Translation*［M］. Manchester: St. Jerome Publishing, 1999: 25.

化""交际"等发展方向。蒂莫兹科对于描述性翻译研究的定义告诉我们，描述性翻译研究，尤其是过程导向的描述性翻译研究，不一定要走从个体案例研究出发的实证研究路线，描述性翻译过程研究亦可走向语言背后广阔的世界经验。

让我们重新回到本书开篇谭载喜先生对翻译流派的"历时性"划分上来。在上述谭载喜对文艺学翻译派、语言学翻译派、诠释学翻译派的划分中，诠释学翻译派的重要性首次得以凸显。不同于图里的实证案例分析式研究模式，诠释学翻译派从"翻译即解释"的诠释学视角出发对翻译现象进行理论描述，如本书试图在伽达默尔诠释学游戏说基础上，把翻译过程描述为一种现象学与辩证法之间的动态过程。可以说，诠释学翻译派的研究视角完全符合蒂莫兹科"翻译目标语境化"视角下的描述性翻译学概念。

从广义上来讲，诠释学翻译派别包含跨度甚广，包含不同时期的多个翻译学术共同体，如传统诠释学理论代表人物施莱尔马赫、海德格尔、伽达默尔等人的翻译思想以及他们的诠释学思想在翻译理论中的应用。瓦尔特·本雅明、德里达等解构主义翻译学派身处欧陆传统之中，虽不直接隶属诠释学派，但他们的思想也与"理解"和"解释"的诠释学传统有着复杂的渊源。因此，本书采纳李河教授的观点[①]，把他们翻译思想也包含在广义诠释学翻译学派中。此外，美国著名翻译理论家乔治·斯坦纳是诠释学翻译派最主要代表人物之一，他以诠释学思想中的精髓"理解即翻译"为方法，对翻译过程进行分析，其著作《巴别塔之后——语言与翻译面面观》为西方翻译理论的发展增添了一抹亮色。最后，翻译文化学派与把翻译带入广义解释视野的诠释学派也有着千丝万缕的关联。

诠释学翻译派的共同特点是凸显翻译存在的原初目的——"理解"和"解释"，他们的研究在一定程度上解决了早期西方翻译研究中的困境与

---

① 李河.巴别塔的重建与解构——解释学视野中的翻译问题［M］.昆明：云南大学出版社，2005：75.

弊端①。

首先，"理解"和"解释"的诠释学翻译观使翻译理论研究突破了传统翻译理论研究中"文本"和"语言"的断裂，把翻译理论问题的探讨带入更广阔的意义空间，开启了翻译研究的本体论模式与文化研究视野。从"翻译即解释"角度理解翻译，既包含了翻译中的语言因素，又考虑到语言背后的文化传统、文本风格以及不同民族的思维差异，从而融合了文艺派翻译理论对"文本"的强调，以及语言学翻译理论对"语言"的强调，使翻译研究走上兼顾文本文学性与语言科学性的综合发展模式。

其次，建立在伽达默尔本体论诠释学思想基础之上的诠释学翻译派，打破了始于古希腊的上帝语言权威地位，赋予人类语言以优先性：人类语言并非表达上帝语言的符号与工具，人类语言并非由上帝创造并赋予意义，语言的产生与语言的学习是通过沉浸于传统之流而逐渐进行的，语言显现着我们的世界，语言创造着人拥有世界的可能性。上帝语言的权威性得以打破，从而使翻译可能的先验前提得以打破，于是，"翻译是否可能""翻译之不确定性""译文地位的重新思考"等翻译本体论问题逐渐作为重要问题而得以提出。

综上所述，诠释学翻译派弥合了文艺学派和语言学派文本和语言的断裂，凸显了人类自然语言的丰富性，使翻译摆脱规则性的束缚，走向广阔的历史、文化语境。因此，诠释学翻译研究符合现代翻译理论研究模式，对翻译理论研究的进步与发展具有重要意义。

三、翻译过程研究的发展趋势与问题

在规定性翻译研究和描述性翻译研究基本区分之下，翻译过程研究也经

---

① 详见本节第一部分"早期翻译研究模式的困境：规定性的束缚"对该问题的论述。

历了由规定性到描述性的转变①。传统翻译过程研究也可分为两种模式：规定性翻译过程研究和描述性翻译过程研究。

由于以奈达为代表的规定性翻译过程研究忽视了翻译过程的动态性与境遇性，翻译过程研究逐步走向旨在"描述"译者行为或心理的描述性翻译研究。译者行为或心理描述从文化与语言两个层面展开。

斯坦纳对译者心理行为做出的文化霸权主义描述符合上述蒂莫兹科从"文化视角"给出的描述性翻译研究定义："描述性翻译研究是一种翻译的文化语境化。"②然而，斯坦纳翻译四步骤以"翻译不是一门科学，而是一种严谨的艺术"为前提，用隐喻式文化属性语言描述翻译过程，忽视"克服异质语言转译中的语言困境"这一翻译的核心问题。

面对语言困境问题，贝尔运用语言学与认知心理学规律，构建了翻译之"译者主体"模式下语言心理思维图景。在贝尔的影响下，又出现了当下较为流行的，以记录"译者心理过程"为目标的有声思维数据分析法（TAPs）翻译过程研究模式。贝尔的成果以及TAPs均为语言心理学的翻译过程描述，符合图里之"描述性翻译研究就其本质而言是一门实证科学"的定义。然而我们必须承认，"译者心理"并非决定翻译过程的唯一主体，在实际翻译过程中，译者心理往往在原文及目标语语境的制约与牵引下，走向译者本身也未能预料的视域融合。

针对此问题，格特提出了语用关联视域下的翻译过程研究理论。格特以"关联性"原则把原文和目标语读者纳入翻译过程之中，"译者心理"不再是翻译过程研究的唯一要素，翻译过程的境遇性得以凸显。但格特在强调"语境关联"的同时，仍把译者双重"推理"的心理运作机制视为关联原文、译

---

① 在本章节中，笔者仅以对翻译过程研究的"问题发展"为主线，对翻译过程研究趋势进行简要梳理。在本章第二节文献综述部分，笔者还将对翻译过程研究的不同流派及代表人物做出更加详尽、具体的分析，在此做出说明。

② Tymoczko M. *Translation in a Postcolonial Context-Early Irish Literature in English Translation*［M］. Manchester: St. Jerome Publishing, 1999: 25.

者、目标语读者三方交际的核心，难免再次落回实证心理学模式的窠臼之中。

上述翻译过程研究把"译者心理"视为翻译过程的唯一主体，把心理学途径视为描述翻译过程研究的唯一途径，具有以下缺陷与不足。第一，基于实证心理学的翻译过程研究模式放大了翻译过程的科学性而抹杀了其人文性，忽视了人们进行语际翻译之"促进理解，文化传播"的原始目的，翻译过程研究应走向兼顾科学性与人文性的综合模式。第二，上述研究均以"译者主体"模式展开，然而在实际翻译过程中，译者心理过程并非纯粹机械生理过程，译者并非决定翻译过程的唯一主体。

纵观上述翻译过程研究模式，笔者提出以下问题：语言心理学和实验心理学是描述翻译过程的唯一途径吗？"译者心理"是翻译过程的唯一中心和主体吗？翻译过程是文化过程还是语言过程？人们进行语境翻译的目的是什么？能否从理论高度出发，自上而下地描述翻译的动态发生过程？

带着上述问题，让我们暂时悬置上述翻译过程研究流派，回到上一节的问题，在诠释学翻译派以意义理解突破翻译之文本和语言的断裂之后，翻译过程描述应该包含文本、语言和理解三个方面的内容。本书试图以伽达默尔诠释学游戏精神为引领，从现象学与辩证法理论高度出发，以自上而下的方式，构建具有欧陆哲学色彩的"现象学-诠释学"翻译过程描述。翻译游戏过程可涵盖翻译过程研究的三个重要问题：翻译过程的主体是谁？翻译过程的核心是什么？翻译过程的目的是什么？

其中，翻译过程的主体问题指涉文本维度，翻译过程的核心指涉语言维度，翻译过程的目的指涉意义理解维度。文本、语言、意义理解恰恰是伽达默尔以游戏为中心的诠释学的核心内容。翻译过程所关涉的三个问题能够从哲学诠释学所强调的文本、语言、意义三个维度去重新理解与诠释。这样三个问题与三个维度所显示出来的高度契合性表明了从哲学诠释学出发重构翻译过程论的合法性和必要性。本书的意图就是，以伽达默尔游戏精神为中心，在"逻辑构建"研究方法引领下，重新构建一种具有欧陆哲学色彩的翻译游戏发生过程。

四、以伽达默尔游戏精神构建翻译过程

按上述构想，笔者尝试把贯穿伽达默尔诠释学始终的游戏理论的现象学与辩证法精神植入"过程导向描述性翻译研究"语境之中，将翻译建构为双重游戏过程。理解游戏：作为游戏者的译者与原文文本的对话游戏过程，体现竞争游戏（game）精神；解释游戏：作为表演者的译者进行面向新语言共同体读者开放的意义再现过程，体现表演游戏（play）精神。译者虽然在该过程中变幻角色和身份，但始终有一种现象学与辩证法精神——博弈与妥协的动态变换——贯穿翻译理解与解释过程始终。以伽达默尔游戏精神构建翻译过程可涵盖翻译过程研究的三个重要问题。

第一，翻译过程的主体仅是译者吗？翻译游戏过程将伽达默尔游戏理论中的现象学精神纳入过程构建中，以"关系主体"取代"译者主体"，从而将译者、原文文本、目标语读者三个要素有效地纳入翻译过程研究之中，改变了传统翻译过程研究"译者中心"的局限性，游戏过程使翻译过程表现为译者、原文文本、目标语读者三方在自主性与他在性作用下的"博弈妥协"式发生过程。在"关系"引领下，译者以参与者的身份被卷入游戏之中，游戏对象和游戏观赏者始终作为他在性因素存在于游戏关系之中，意义转换在译者与原文、译者与译文潜在读者的对话式辩证"关系"中展开，生成的意义不等同任何一方的意向，而是包容并改变了三方的意向（包含原文意义的缺失与译文新意义的补充），朝向事情本身。"关系主体"模式实现了由"译者"决定"过程"到"关系主体"作用下的"过程"带动"译者"的颠覆性转变。

第二，翻译过程的核心是否是语言过程？同戏剧表演相似，"关系主体"下的翻译游戏过程是在译者、原文文本、目标语读者之间展开的表演游戏，但表演游戏在翻译实际中仍然是一种语言转译的游戏。所以，与斯坦纳隐喻式的译者行为描述不同，翻译游戏过程并未规避语言转译这一核心问题，而

是在游戏辩证妥协的精神引领下，对语言转译过程中译者、原文、目标语读者三方制约下的博弈妥协的语言转译究竟发生了什么（保留了什么、舍弃和添加了什么）这一问题的深入探讨与原则界定。

第三，翻译过程存在的原初目的是什么？"关系主体"同时包含了两种辩证因素——"原文文本和目标读者的他在性"以及"译者的自主性"，从而凸显了翻译旨在关联异质语言共同体人群，建立差异下的理解与共识这一原始目的，即翻译旨在向目标语群体开显原本负载于陌生文本中的意义，通过将陌生经验转化为熟悉经验，而扩大目标语群体对生存意义的感知与理解，进而扩大人际理解与交流。如此一来，狭义的语际翻译走向广义化的理解与解释，传统狭义翻译与广义翻译的界限得以打破。总而言之，本书把伽达默尔并非用于谈论翻译的游戏精神应用于翻译过程研究，建构了一种切合翻译本质的翻译游戏过程论。

第二节　研究文献综述

本节以伽达默尔哲学诠释学游戏理论为中心，建构翻译发生过程，涉及哲学诠释学和翻译研究两个领域。本节所涉及的国内外研究文献的分析从伽达默尔哲学诠释学和翻译过程研究两个角度进行。

一、伽达默尔诠释学与翻译：综论分析

（一）国外研究现状综述

伽达默尔主要持有一种"广义化"翻译观，即在理解和解释意义上谈论翻译问题。换一种角度来讲，伽达默尔认为，语际翻译和一般意义上的理

解、解释只有程度上的差别而并非具有本质上的不同①，在伽达默尔诠释学中，语际翻译问题仅仅作为理解问题的特例而出现，服务于伽达默尔本体论诠释学的整体理论旨趣。如果把伽达默尔诠释学理论框架比作一盘棋，那么伽达默尔对翻译问题的探讨仅仅是整盘棋局中的一颗棋子，它存在的意义仅仅在于成就棋局的整体目的——证明人际理解的普遍性和一般性。这就注定了伽达默尔并不关注"异质语言差异性"以及"语言转译中究竟发生了什么"等翻译实践中的细节性问题，而仅仅关注翻译的目的和结果——翻译旨在达成一般性理解与差异下共识。因此，在上述诠释学翻译流派的代表人物中，伽达默尔算是比较特殊的一位，在国内外翻译史著作中，鲜有作者对他的翻译思想进行介绍或研究。

由此可知，语际翻译问题并非伽达默尔的理论重点，本书欲意对伽达默尔（本不作研究）的翻译观点进行综论分析似乎有失偏颇。然而，鉴于本书学术旨趣——把伽达默尔（并非用于谈论翻译）的游戏精神"应用"于翻译问题探讨之中——的需要，笔者暂且悬置伽达默尔的理论意图，在狭义语际翻译目标语境下，探讨伽达默尔的翻译观的研究现状与不足之处，以便为本书找寻理论根据。

伽达默尔对翻译问题的论述主要集中在其著作《真理与方法》中。其后续论文《美学和解释学》（1964）、《马丁·海德格尔和马堡神学》（1964）、《人和语言》（1966）、《语言和理解》（1970）、《语义学和解释学》（1973）以及《文本和解释》（1983）、《语言的界限》（1985）、《翻译如何是一种阅读》（1989）等，对翻译问题亦有所涉及。

从《真理与方法》开始，伽达默尔便开始阐明其"广义翻译"的观点——从"理解与解释"的视角看待翻译问题。在《真理与方法》中，伽达默尔试图从理解、解释视角看待语际翻译，明确把语际翻译界定为"一种双重化的诠释学对话"，这一"广义翻译思想"始终在伽达默尔后续作品中得

---

① Gadamer H-G. *Truth and Method* ［M］. New York: Seabury Press, 1975: 389.

以延续和发展。在伽达默尔1989年的论文《翻译如何是一种阅读》中，伽达默尔提出了"翻译是一种阅读"的观点，这是伽达默尔唯一一篇专门探讨翻译问题的短文，也是伽达默尔长期以来对翻译问题零星探讨的总结性论述。

伽达默尔在《翻译如何是一种阅读》的开篇重申了他一直以来秉承的观点——在语言对译层面上，完全的翻译是不可能的，但在扩大人际理解的意义上说，翻译又是可能的，异质语言翻译的可译度可以随着世界的敞开、人际理解的加深而逐步加强。因此，翻译之可译性是存在界限的，这种界限尤为明显地体现在文学翻译中，文学语言中的韵律、音调等"伪文本"要素都无法在异质语言中还原，不可译性成了文学翻译不可跨越的壁垒。正在基于这一原因，伽达默尔提出把翻译看作一种阅读的观点："翻译和阅读都是一种对话，一种解释，一种创造性的还原。"①用阅读或解释的方式对待翻译问题可以降低文学翻译的不可译程度，从而扩大人际理解与交流的视野范围。

从伽达默尔早期的"翻译即对话"到晚期的"翻译即阅读"，伽达默尔对翻译问题的探讨都建立在"翻译即解释"的思想之上，这无疑是一种欲意弱化语内翻译和语际翻译之区分的"翻译广义化"倾向。

因此，有学者认为，从狭义翻译的视角看，伽达默尔似乎刻意规避翻译之"语言转译中究竟发生了什么"这一翻译的核心问题。也就是说，伽达默尔刻意规避了翻译过程中的语言差异性问题，模糊翻译与理解的界限，从而"忽视翻译问题的特殊性和复杂性"②。上文已指出，伽达默尔对狭义翻译之"语言转译"的细节性问题不做研究，这是由他的理论旨趣所决定的，本体论诠释学指向"人际理解的一致性和世界经验的共通性"之理论目标决定了伽达默尔必然更多地关注一般性的理解而弱化个体性的语言差异。

然而，我们必须承认"语言转译"始终是翻译过程研究不可忽视的核心

① Gadamer H-G. *Gesammelte Werke Band 8* ［M］. Tubingen: Mohr Siebeck, 1993: 281.
② 李河. "解构论解释学"与解释学的范式转换［J］. 哲学动态. 2013（6）: 31–38.

问题。伽达默尔未曾过多关注翻译之语言转译问题，并不说明他的理论不适于论证差异语言困境的克服问题。伽达默尔艺术游戏中游戏者、游戏对象、观赏者博弈妥协的辩证精神完全可用于描述翻译过程中原文、译者和译文读者博弈妥协"关系主体"下的语言游戏过程。与此同时，伽达默尔游戏"理解与共识"的宗旨更好地凸显了翻译"面向目标语共同体敞开意义"的原初目的。因此，游戏视角下构建翻译过程有其独特优势：在他者之中看待他者，以他在性与自主性制约下博弈妥协的"关系主体"翻译过程研究范式，取代传统翻译过程研究中的"译者主体"模式下的翻译过程研究范式，实现由"译者心理"决定翻译"过程"到"关系主体"作用下的翻译"过程"带动"译者"心理及行为的根本性转变。

我们也必须承认，虽然翻译问题并非伽达默尔理论的重点，但伽达默尔"翻译即理解"的观点还是对诠释学翻译流派的其他代表——斯坦纳、德里达等人的翻译理论具有启发性影响。

诠释学翻译流派最杰出的代表乔治·斯坦纳的语言翻译思想直接源于伽达默尔诠释学中的翻译思想。1975年，斯坦纳出版著作《通天塔之后——语言与翻译面面观》。斯坦纳以"理解即解释"这一诠释学基本观点作为其出发点，从语内翻译到语际翻译，层层递进，深入分析了翻译中的语言多样性与可译性问题、语言与思维问题、翻译诠释过程问题以及互文性与文化拓扑学等翻译研究中的重要问题。该著作成为诠释学翻译流派的代表作，并在西方翻译理论发展史上产生重大影响。

该书的立足点和出发点——理解即翻译（understanding as translation）思想直接源自伽达默尔。斯坦纳并未在其著作的开篇即谈语际翻译，而是选择以更为广义的语内翻译作为出发点，从历时性角度谈莎士比亚作品理解背后的时代背景与语言习惯，从而指出理解问题的历史性与开放性[①]。正是

---

① George S. *After Babel-Aspects of Language and Translation* ［M］. Shanghai: Shanghai Foreign Language and Education Press. 2014: 1—17.

在理解开放性基础上，斯坦纳开始从语内翻译问题转向语际翻译问题，他认为语际翻译存在一个中间性环节，即语言学翻译理论中所称的编码—解码（encoding-decoding）过程，这一过程的实质乃是与语内翻译中同样存在的理解与解释过程同构。因此，翻译问题的重点便落在诠释学意义上的"理解与解释"上来。

笔者认为，斯坦纳把伽达默尔诠释学思想中的精髓——理解即解释，放在语言翻译背景下展开讨论，并把理解的开放性原则贯彻到整部作品的重点议题——可译性问题、语言与思维关系问题以及翻译过程等问题之中，为西方翻译理论研究提供了全新视角，并对其后的翻译文化学派产生了深刻影响。

然而，基于斯坦纳的理论诉求以及创作目的等方面的限制，他仅仅把伽达默尔诠释学作为其翻译理论的方法论原则，换句话说，伽达默尔"理解即解释"的诠释学原则仅仅是斯坦纳展开其翻译理论的出发点，而并非其翻译思想的理论核心。这为本书留下讨论空间，本书将接续斯坦纳的理解即翻译思想，进一步挖掘伽达默尔诠释学理论中的翻译议题，继斯坦纳把诠释学作为一种研究方法应用于翻译过程之后，本书首次把伽达默尔游戏理论作为理论基础植入翻译游戏过程之中，寻找建构基于"关系主体"模式的翻译游戏过程论的可能性，为翻译过程研究找到一种新的理论奠基，提供新的研究范式，推进现有翻译过程理论研究的范式转换与发展。

雅克·德里达于1980年发表论文《巴别塔》，阐明自己对翻译问题之见解。他指出，翻译是一种替补（supplement）[①]。作为替补的翻译既是对原文的替代又是对原文的补充，它进入新的语言系统之后与新的经验、新的意义相互关联，并向新的文化语境开放自身。因此，译文是原文生命的延续，译文具有不依赖于原文的独立性与创造性。伽达默尔也同样把文本意义视为非

---

① 西奥多·阿多诺，雅克·德里达，等. 论瓦尔特·本雅明：现代性、寓言和语言的种子 [M]. 郭军，曹雷雨，译. 长春：吉林人民出版社，2003：68.

固定意义，在时间间距和效果历史的作用下，生活在不同传统和语言背景之中的人们，对同一文本的解读不尽相同，文本理解具有意义开放性特征。

德里达与伽达默尔同样秉承海德格尔现象学传统，强调读者（译者）的参与性和意义的开放性。但德里达把理解问题放在语际翻译这一特定背景之下，意在批判西方霸权主义语境下的"西方语言中心论"；而伽达默尔恰恰在有意无意间弱化了语言差异造成的理解"间距"问题，强调话语的原初本真地位以及通过对话达成理解的"善良意志"。德里达认为，这正是伽达默尔的局限所在：伽达默尔虽然明确拒斥在场形而上学，试图以理解对话替代理性的权威，但他对传统形而上学的批判并不彻底，这种不彻底性主要表现在他对言语中心主义的眷恋上。无论是海德格尔的诗性语言还是伽达默尔作为人存在方式的语言，都未能离开欧洲语言中心主义的立场，因而都与德里达的解构思想背道而驰。正是基于这一原因，伽达默尔与德里达在1981年"文本与诠释"讨论会上展开的对话交锋也只能无疾而终。

除斯坦纳与德里达外，伽达默尔诠释学思想对当代翻译思想也产生了重大影响，本书将列举具有代表性的著作及论文加以评述。

著作方面，美国当代翻译理论家韦努蒂的著作《译者的隐身》接续了德里达解构翻译思想，他指出普遍存在于西方翻译史中的"译者隐身"原则的根本原因在于欧美文化霸权导致的源语对目标语的优先性原则。他解决这一问题的方式是用"异化"思想保持目标语文化特色及传统[①]，并以此强调目标语与源语的差异性以及目标语背后的文化丰富性。

美国印度裔学者乔杜里的著作《翻译与理解》主要传承了伽达默尔诠释学中的思想并将其应用在翻译理论研究之中。乔杜里在该书第一章就指出翻译并非空穴来风，应植根于历史和文化境遇之中。原文和译文的关系不仅在文本之间，更在于两种语言背后的文化与思维方式。此外，乔杜里认为所有

---

① Venuti L. *Translator's Invisibility: A History of Translation* [M]. London and New York: Routledge, 2008: 41-42.

文本都具有开放性，翻译过程是两种文化和语言交流达致平衡的过程。乔杜里探讨的另一个问题是翻译之中的伦理问题，他认为译者翻译应该关注两种文化中所具有的伦理差异。

笔者认为以韦努蒂、乔杜里是当代翻译文化派思想的典型代表，他们呼吁人们关注翻译目标语言背后的文化、传统以及伦理、精神等社会层面内容。他们的翻译思想带有典型的伽达默尔式思维方式，强调文本的历史性、境遇性、开放性以及文本背后的传统与文化等特征。从某种意义上说，他们的思想是现象学–诠释学传统在现代翻译理论中的延续；与此同时，他们的思想诞生于反对文化霸权和后殖民主义的解构主义背景之下，因而带有翻译文化学派研究视角。在此意义上说，韦努蒂、乔杜里思想可表征为海德格尔、伽达默尔传统与当代文化视野下的翻译理论研究接续与融合。

此外，由美国学者劳伦斯·施密特主编的文集《伽达默尔诠释学中的语言和语言学》是一部探讨伽达默尔诠释学中语言和语言学问题的作品。其中，约翰·萨利斯的文章《翻译的诠释学》继承了伽达默尔作品《翻译如何是一种阅读》中的观点，从广义翻译的视角提出对传统翻译定义的质疑和挑战。萨利斯把伽达默尔广义翻译观点和翻译实践，尤其是文学翻译实践相结合，以实例证明文学文本不仅承载意义，更是一种包含修辞学要素于自身之中的广义"言说"之有机整体，由此得出结论：翻译必然走向广义化，走向面向事情本身的理解和解释。如此一来，翻译中自然就包含意义，亦包含语言的灵魂，翻译成为事情本身的显露，成为世界经验的传播。萨利斯继承并发扬了伽达默尔的广义翻译思想，把伽达默尔翻译思想与英德翻译中的实际问题相结合，具有一定的实践意义。但他在该文中的翻译观点主要源于伽达默尔《翻译如何是一种阅读》一文，在理论创新方面并未做出任何实际性突破。

论文方面，美国学者霍华德·桑基发表于期刊《哲学季刊》的论文《不可通约性、翻译与理解》谈到了翻译与理解的密切关系。他在文章的第三部分以翻译与理解为论题，详细比较了翻译与理解的异同，指明了翻译对于理解的依存关系。这与伽达默尔"翻译是诠释过程的一种特殊情况"的观点一脉相承。

美国学者贝亚特·皮西奇纳的论文《汉斯-格奥尔格-伽达默尔语言诠释学哲学中的翻译行为》以伽达默尔诠释学理论为基础，分别从"语言与人在世界中的关系""翻译是一种受阻的理解"以及"作为解释的翻译"三个角度对诠释学视角下的翻译问题展开论述。作者在准确理解伽达默尔翻译观点的基础上，对诠释学视角下如何看待翻译问题进行了阐释，从而使伽达默尔零星分散的翻译观点在该文中得到系统整合。但整篇文章以伽达默尔的"翻译即理解"思想为基础，仅限于对伽达默尔翻译观点的复述总结，并没有对伽达默尔的翻译观点进行推进性研究。

此外，美国学者贝拉·布罗德斯基的论文《奥宾卡拉姆·埃切瓦的〈我看到天空着火了〉中的历史、文化记忆和翻译任务》，以及美国学者海伦·洛耶克的论文《布莱恩·弗里尔的戏剧和乔治·斯坦纳的语言学：爱尔兰语翻译》分别结合文学作品，在诠释学派翻译理论视角下谈论翻译问题，为诠释学翻译理论在当代的发展注入新鲜血液。

（二）国内研究现状综述

相对于国外对伽达默尔直接性研究的匮乏状态，国内对伽达默尔思想的翻译应用研究相对重视。但纵观国内现有著作或论文，多从伽达默尔某个概念出发对翻译问题做单视角解读，缺乏对伽达默尔翻译思想研究的综合性视角。

在著作方面，我国哲学教授李河撰写的《巴别塔的重建与解构——解释学视野中的翻译问题》（2005），从"现象学—诠释学—结构主义"传统视角出发谈论翻译问题。在该书中，李河教授对伽达默尔的翻译思想进行了效用检视。他认为，伽达默尔的广义翻译思想具有一定的理论阈限。伽达默尔在时间视域内谈论理解问题，忽视了理解中的共时性视域，忽视了语际视角下的理解问题。李河指出，造成这一问题的原因在于伽达默尔未能走出西方语言中心主义的影响，并由此指出，伽达默尔对西方传统形而上学的改造是不彻底的，诠释学的未来发展应走向"语际翻译的诠释学"。

李河对伽达默尔的理论检视提出了新问题，继而引发了笔者对李河之效用检视的新思考。笔者认为，应从正反两方面看待李河对伽达默尔的理论检视。首先，我们必须承认，伽达默尔对理解问题的探讨的确有其理论阈限。伽达默尔主要是从"历时性"的时间向度来谈意义理解问题。纵观伽达默尔作品文本，不难发现有关"空间间距"下的理解历史性问题的确没有被明确提出或加以讨论。在此意义上，伽达默尔对理解问题的探讨确实具有特定的效用指向和视域阈限，伽达默尔的确在有意无意中弱化了"空间间距"这一特定视域。

但从另一方面来讲，我们必须认识到"历史性""时间间距"等伽达默尔的诠释学核心概念并非纯粹的"时间性"概念，它们泛指文本再次进入读者视域的一般状况，"再次进入读者视域"不仅指因时间改变而造成的间距（如现代人读古代人的文章），也可指因空间改变而造成的间距（如语际翻译）。因此，"历史性"概念本身已然包含了"共时性间距"这一特定向度，就伽达默尔理论旨趣而言，他无需再针对"空间间距"这一特定视角进行单独讨论。

如若意识到李河教授对伽达默尔"语际翻译"问题进行检视的最终目的是指出伽达默尔的"西方语言中心论"的局限性，并由此走向打破"西方语言中心论"的德里达立场，我们就会明确，李河对伽达默尔的批判是其理论旨趣的必然需求。

单继刚在其著作《翻译的哲学方面》（2007）的第一章就介绍了伽达默尔的翻译思想。他指出，伽达默尔翻译思想的核心在"对话"，翻译是一种主体间性的问答辩证式对话，而对话之可能性前提在于译者和文本的视域融合。①

单继刚并未把研究视角局限在伽达默尔的基本概念——视域融合、理解

_____

① 单继刚. 翻译的哲学方面［M］. 北京：中国社会科学出版社，2007：46-48.

的历史性等——与翻译问题简单结合，而是选择了更为深入的"理解的对话特征"作为理论视角展开对翻译问题的探讨，推进了国内诠释学翻译理论研究的深度。但笔者认为，"对话即翻译"的思想未能走出伽达默尔广义翻译思想的局限性。因此，该研究未能突破对伽达默尔翻译理论研究的"单视角解读"。

朱建平的著作《翻译：跨文化解释——哲学诠释学与接受美学模式》①从哲学诠释学与接受美学视角谈论翻译与解释的关系问题。该书详细分析了国内外诠释学与接受美学视角下的翻译研究现状，文献资料丰富翔实。此外，该书紧扣"翻译即解释"这一主题，问题意识清晰。然而，哲学诠释学与接受美学涵盖两个学科，在如此宽泛的理论背景下谈论翻译问题难免有理论深度缺失之嫌。

裘姬新的著作《从独白走向对话——哲学诠释学视角下的文学翻译研究》②试图从哲学诠释学的视角谈论文本、作者、译者关系问题，具有一定的理论意义。但该书未能在真正意义上实现诠释学理论与翻译理论的有效融合。

在论文方面，国内学者对伽达默尔思想与翻译问题的应用研究较多。议题重要分为以下两方面。

一是理解与翻译之关系研究。此类文章包括杨武能的《翻译·解释·阐释》、袁洪庚的《阐释学与翻译》、陆乃圣的《解释学翻译初探》、郑延国的《翻译——一门阐释的艺术》等。

二是伽达默尔诠释学基本概念——历史性、视域融合、对话——在译者、文本等翻译具体问题中的应用研究。此类文章包括张德让的《伽达默尔哲学解释学与翻译研究》、许均的《作者、译者和读者的共鸣与视界融合——文本再

① 朱建平. 翻译：跨文化解释——哲学诠释学与接受美学模式 [M]. 长沙：湖南人民出版社，2007.

② 裘姬新. 从独白走向对话——哲学诠释学视角下的文学翻译研究 [M]. 杭州：浙江大学出版社，2009.

创造的个案批评》、谢天振的《作者本意和文本本意——解释学理论与翻译研究》、陈秀的《论译者介入》以及蔡新乐的《论翻译过程》等。

其中，张德让的《伽达默尔哲学解释学与翻译研究》一文，从伽达默尔诠释学核心概念理解的历史性、视界融合和效果历史出发，重新审视翻译中的历史性误读、文化过滤、重译等现象，是伽达默尔诠释学在翻译文化研究的一次新尝试①。许均的《作者、译者和读者的共鸣与视界融合——文本再创造的个案批评》同样从伽达默尔的"视界融合"入手，思考作者、译者和读者的关系，首次把伽达默尔诠释学理论同译者地位以及可译性问题联系在一起②。而谢天振的《作者本意和文本本意——解释学理论与翻译研究》一文，则抓住了伽达默尔诠释学中的另一主线"作者本意"，以此展开对翻译研究中"意图"问题的思考，使国内伽达默尔理论翻译应用研究达到了一个崭新高度③。

纵观伽达默尔诠释学理论翻译应用研究的国内外现状，笔者发现，国内外研究呈现出不同发展方向。

就国外研究现状而言，一方面，专门针对伽达默尔翻译思想而展开的研究尚属匮乏，甚至可以说，伽达默尔诠释学中蕴含的翻译思想至今没有受到西方学界的广泛重视和深入研究。另一方面，伽达默尔的翻译思想本身虽然没有得到重视，但伽达默尔的诠释学思想在西方翻译理论学界的影响却意义深远。在伽达默尔诠释学理论影响之下，许多学者开辟自己的研究领域，无论是斯坦纳走向诠释学视角下翻译过程研究，还是韦努蒂翻译文化转向研究，都得益于伽达默尔的影响，但他们都最终脱离了伽达默尔的理论轨迹，实现了自身的理论诉求。

---

① 张德让. 伽达默尔哲学解释学与翻译研究 [J]. 中国翻译，2001（4）：3.

② 许均. 作者、译者和读者的共鸣与视界融合——文本再创造的个案批评 [J]. 中国翻译，2002（3）：23-27.

③ 谢天振. 作者本意和文本本意——解释学理论与翻译研究 [J]. 外国语，2000（3）：53-60.

相较而言，国内学者更多注重伽达默尔诠释学理论本身在翻译实践中的应用研究。现有研究都是从伽达默尔理论中某些概念出发，对某个翻译问题进行单视角解读，从而未能实现伽达默尔诠释学理论与翻译思想的有效结合，也未能抓住伽达默尔翻译思想的核心所在。

本书试图结合国内外研究现状之优势，对伽达默尔"翻译是一种双重化的诠释学对话"之广义翻译观进行尝试性推进，将伽达默尔并非用于探讨翻译问题的游戏精神植入翻译过程描述之中，构建翻译游戏动态发生过程，使伽达默尔未曾深入探讨的翻译问题向纵深推进。

二、翻译过程研究现状综述

在本章第一节，为了引出本书的研究问题，笔者已经从"发展史"的角度，对目前英语世界翻译过程研究进行简要综述[①]。在此，笔者将从不同翻译过程研究学派之不同研究类型的角度出发，对英语世界翻译过程研究动态做出进一步分析总结，以求进一步丰富和详述翻译过程研究的相关内容。

目前，英语世界翻译过程研究主要从三个方面展开：翻译过程研究的语言学及认知心理学研究路径，翻译过程的诠释学以及文化学派研究路径，语用学关联理论视角下翻译过程研究。

（一）传统语言学以及实证心理学路径下的翻译过程研究

以传统语言学为路径展开的翻译过程研究是早期"规定性"翻译过程研究的主要模式。奈达、威尔斯、卡德及斯坦恩等人提出的模式基本都是以语言学为研究近路的翻译过程研究[②]。语言学近路翻译过程描述注重原文与译文、源语与目的语、接收者与发送者等必要成分及作用，以固定的语言学规则勾画出翻译过程的阶段特征与功能特性，其中以奈达的翻译过程研究最具

---

① 详见本章第一节中第三个论题的论述。

② 作品包括 *Toward a Science of Translating, with Special Reference to Principles and Procedures Involved in Bible Translation* (Nida), *The Science of Transition: Problems and Methods* (Wilss)等.

代表性。

在1969年的《翻译理论与实践》一书中，奈达以乔姆斯基表层语法与深层语法理论为基础，提出了翻译过程的四步骤：分析、转换、重构、检验。其中，分析旨在对原文的表层结构信息进行语义分析，分析集中在"四语义单位"的划分——语言意义、指称意义、情感意义和内涵意义①。奈达认为，对语义成分进行划分有助于澄清原文中歧义难解的信息，从而提取出原文文本表层结构下潜藏的深层结构——核心句（kernel sentence），而正是由于异质语言存在一致的内在核心句，才使翻译转换成为可能②。

奈达的翻译过程构建是规定性的，其目标在于把翻译过程划分为不同层级的语言学规则，把翻译的转换过程等同于表层句与核心句的转换，其静态式论述方法忽视了翻译过程的动态性、人文性以及原文和目标语言差异背后的文化差异等境遇性因素。

在语言学路径翻译过程研究的基础上，出现了语言学与认知心理学相结合的翻译过程研究，其中较早进行系统研究的首推英国著名翻译学者罗杰·贝尔。

1991年，贝尔出版了《翻译与翻译过程：理论与实践》一书，他提出运用心理学规律"通过感觉、信息处理、记忆及认知科学等心理研究成果来探讨翻译的过程"③。贝尔模式的最终任务是还原译者大脑"那个小小的黑匣子如何运作"的思维图景。这一思维图景以信息理论和心理学理论作为理论基础的分析−综合模式图景，具体体现为译者对文本的单向性语言信息处理程序：分析过程（选词→句法→语义→语用）→不受语言限制的意义内容→综

---

① 杰里米·芒迪. 翻译学导论——理论与实践 [M]. 李德凤，译. 北京：商务印书馆，2007：58.

② Eugene N. *The Theory and Practice of Translation* [M]. Shanghai: Shanghai Foreign Language Education Press, 2004.

③ Bell R. *Translation and Translating: Theory and Practice* [M]. Beijing: Foreign Language Teaching and Research Press, 2001.

合过程（语用→语义→句法→选词）①。与之对应，贝尔把译者大脑记忆机能也划分为句法分析器、语义分析器、语用分析器、意义组织器、语用综合器、语义综合器、句法综合器等组织机能。贝尔由此尝试使译者大脑组织结构与语言分析及综合的心理过程协调一致。总体来说，贝尔笔下的分析过程是译者对原文的理解过程，而综合心理过程则是译者用目标语言对意义的解释过程。

贝尔试图以语言成分的分析综合过程还原译者思维图景，把译者大脑比作语言生成转换的"机械装置"，以语言成分分析表征译者心理过程的模式反映出以欧美分析哲学为基础，以语言"分析"表征思维或世界的倾向。分析模式存在如下问题。第一，贝尔式翻译过程描述是一种"译者主体"模式翻译过程描述。文本作为一种固定的被给予物成为译者分析和综合的对象，译者对文本有绝对的权利，成为文本的主宰者。在此前提下，该过程研究模式未能考量文本、译文读者、译者前见等因素对译者的制约和影响。第二，贝尔把翻译过程表达为具有先后次序的单向性递进过程，但在翻译实践中，译者的理解和解释都遵循解释学循环，即词、句、篇（部分与整体）的理解和解释互为基础、相互促进的循环过程。

尽管如此，贝尔的研究还是引发了人们对译者大脑这个"黑匣子"的运作机制的兴趣，并由此诞生了属于心理学领域的"有声思维数据分析法"（thinking aloud protocols），简称TAPs。TAPs是关于思维过程数据收集的内省法或口语报告法。TAPs要求译员尽可能说出翻译过程中大脑的一切思想，研究者将译者说出的内容进行录音或记录，并整理制作成文本数据，通过数据分析，重组受试译者翻译时的思维倾向。

TAPs在21世纪初得到迅速发展，TAPs研究者常常通过数据收集，分析译者翻译时选用的翻译策略以及翻译方法等译者行为，如弗雷泽尝试通过TAPs

---

① 贝尔把翻译过程描述为包含信息处理、语言分析与综合在内的一个复杂过程，该过程并非本书论证重点，笔者在此仅做简单概述。具体内容可参见贝尔著作《翻译与翻译过程：理论与实践》。

找出职业译员和非职业译员在翻译策略上的差别，而格洛夫的研究则发现，较职业译员而言，非职业译者面临的最大问题是"他们常卡在较小的语言单位和较低的处理层次上"。

TAPs是一种新型的翻译过程研究模式，在学界引起广泛关注。但它也存在一些问题。首先，TAPs以个体译者口述数据分析为基础，是一种基于培根式归纳法原则基础上的实证研究方法。归纳式取样分析无法解决"黑天鹅"问题，即仅仅通过对个体译者的思维分析，无法涵盖一般性意义上的翻译发生过程，无法找出一般情形下翻译过程中的普遍原则。此外，受试译者的语言叙述是否能真实还原其大脑中的思维过程，研究者在数据整合过程中是否加入了自身的思维和观点等问题都受到学界的质疑与批评。

因此，笔者认为，与其说TAPs是一种翻译过程描述，不如说它实际上是一种实证研究方法，用以记录译者翻译中常常遇到的问题，并以之作为证据归纳译者的某种行为倾向。因此，TAPs只具有方法论意义，而并不具有还原一般性翻译过程的理论意义。

（二）翻译过程的诠释学以及文化学派研究路径

翻译过程的诠释学及文化学派研究路径，由诠释学翻译学派代表斯坦纳提出。前文已经介绍了斯坦纳对伽达默尔的继承与应用，本部分将重点介绍他有关翻译过程研究方面的理论内容。

斯坦纳认为，翻译过程研究不应局限于微观语言层面，人们应从宏观意义上，把翻译过程看作文化转换过程。斯坦纳由此提出了建立在"意义理解与诠释"方法基础之上的翻译过程研究。他首先指出，翻译是一种"就意义的探究和对意义挪用性的转换"，即翻译是一种意义的理解和解释行为。基于译者对原文的理解行为，斯坦纳在"理解诠释"基础之上提出了翻译过程的四步骤。

信任（initiative trust）。信任的基础在于原文某些东西是可理解的。就翻译而言，译者首先要相信原文中的某些东西是可以翻译的。

攻占（aggression）。攻占意味着译者对原文的进攻性行为。理解不仅是领会，更是一种"侵占与掠夺"。斯坦纳用了隐喻性说法，他把译者的理解行为看作译者对原文的俘虏行为——"译者侵入、提取，然后满载而归；如同将一个露天矿区掠夺一空，给地表留下一个大大的伤疤"。攻占的步骤是理解和解释的行为，其中充斥着海德格尔式的理解观——理解是一种靠近行为，本质上是掠夺和暴力。攻占过程使翻译过程研究走出微观语言层面的限制，把"入侵""暴力"等文化霸权因素带入翻译过程。

吸收（incorporation）。译者吸纳原文意义，并将其带入目标语，目标语将自己的词汇、意义、语境带入原文，造成对原文的同化。英国翻译理论家杰里米·芒迪认为，斯坦纳此步骤试图通过"外来意义的输入，可扰乱或重新组织整个母语结构"。外来意义可能会造成两种状况：一如"领受圣餐"（sacramental intake），即外来文化的吸入使原文得以增富；二如"病菌感染"，即外来文化的吸入导致原文受损。此步骤考虑到目标语对源语的异化作用，显然与伽达默尔的"前见""视域融合"等思想一脉相承。

补偿（compensation）。原文和译文进入到一种复杂的关系网之中，二者互惠互利。译文使原文在新的文化境遇中继续生存下去，而译文自身也在延续原文的过程中彰显自身。

与贝尔的出发点截然不同，斯坦纳没有选择贝尔对译者的语言心理过程进行分析的心理学立场，而是以隐喻方式①把译者的翻译行为表征为霸权主义模式下的文化入侵行为。因此，区别于语言学派和认知心理学派从微观语言层面描述翻译过程的传统路径，斯坦纳的翻译过程四步骤把诠释学精神与文化因素植入翻译过程，首次在宏观文化层面描述翻译过程，成为西方翻译史上浓墨重彩的一笔。

---

① 斯坦纳把译者对文本的理解过程比喻成"攻占、侵入、提取"，然后满载而归；如同将一个露天矿区掠夺一空，给地表留下一个大大的伤疤。（Steiner G. *After Babel— Aspects of Language and Translation* ［M］. Shanghai: Shanghai Foreign Language and Education Press, 2014: 314.）

但在斯坦纳翻译过程分析仍然存在以下问题。第一，同贝尔一样，斯坦纳翻译过程同样为"译者主体"模式，译者对原文文本以及潜在目标语读者具有对象性宰制权力。虽然斯坦纳翻译过程充斥着海德格尔式的理解观——理解是一种掠夺和暴力的靠近，但他未能领会现象学诠释学之本质：过程先于对象，游戏先于游戏者。第二，斯坦纳用隐喻方式表征译者在翻译过程中的行为特征，把译者行为与文化掠夺行为加以类比，因此，斯坦纳翻译过程描述不仅是诠释学的，更是西方文化霸权主义与后殖民主义影响下的产物。然而，斯坦纳以文化隐喻表征译者行为特征的翻译过程表达方式过于模糊和笼统，从而无法顾及翻译过程中的"语言困境中究竟发生了什么"这一核心问题。第三，斯坦纳翻译步骤同样表现为一种先后次序性的单向进程，理解的诠释学循环在"过程"中的关键性未能得到凸显。

（三）语用学关联理论视角下翻译过程研究

语用学是语言学一个分支，旨在对话语的交际功能进行分析。斯佩贝尔和威尔逊在其专著《关联性：交际与认知》（1986）中指出，话语除了具有信息意图，还具有交际意图，即为了让对方更好地理解说话人传递的信息，说话人不仅仅向听话人传递信息，话语中还往往隐含着内容——话语前提、言语行为、话语结构等超出话语文本字面信息的交际性含义。由于话语交际意义的存在，话语是一种"关联"说话人和听话人的明示推理过程（ostensive-inferential process）①。

格特在关联理论基础上提出了语用关联翻译理论②。关联翻译理论把翻译描述为认知交际的过程。翻译不仅是语言的编码与解码，更是交际与理解，实现关联性是译者争取达到的最终目标。于是，译者的责任是双重推理过程——推理原文作者的意图，推理译文读者的认知语境，以建立"最大关

---

① Sperber D. Wilson D. *Relevance: Communication and Cognition* ［M］. Oxford: Blackwell, 1986.

② Gutt E. A. *Translation and Relevance: Cognition and Context* ［M］. Oxford: Blackwell, 1991.

联"和"最佳关联"这两个翻译研究应遵循最主要标准原则。格特的关联翻译理论从语言交际功能出发，把译者视作连接整个翻译过程的轴心，认为译者的任务不仅在于直接翻译出原文文本的意义信息，更在于把其中的交际线索阐释出来。

格特与伽达默尔的翻译观点具有相似之处，二者都强调翻译的交往功能，强调译者的任务不仅仅在于转换语言，更在于把原文意义置入目标语境，以促进不同语言共同体人群之间的理解与交往。但格特从语用学视角出发的翻译过程研究有其自身局限。我国关联翻译理论研究专家李占喜教授指出："Gutt过分执着与关联性，而未能考量如何处理译者与目标语读者交际过程中的出现的冲突与关联原则的关系问题。"[①]此外，格特的关联原则也过于抽象："未能有效说明译者靠什么来决定对作者意图的取舍与保留，以及译者如何在翻译过程中作出目标语境假设等问题。"[②]

针对此问题，本书以伽达默尔游戏理论为基础，以原文、译者、目标语读者"关系主体"模式下的对话游戏与表演游戏为视角，构建翻译过程的理论，与格特以语用学关联作者意图、译者与译文读者的翻译研究具有异曲同工之处。但相比格特的模式，翻译游戏过程的博弈妥协原则可以较好地处理语言转译中的冲突与关联之"关系"问题；与此同时，伽达默尔诠释学对"事情本身"的强调也可以解释格特未能说明的译者对作者意图取舍保留的根据与原则。

国内的翻译过程研究以对上述翻译过程研究流派的介绍和推进性研究为主。其中，王克非教授组织编著贝尔的著作《翻译与翻译过程：理论与实践》[③]，推动了国内翻译过程研究的新热潮。此后，王军试图在认知心理学

---

① 李占喜. 国内外语用翻译研究——回顾、述评与前瞻 [J]. 上海翻译，2008（1）：21-22.

② 李占喜. 国内外语用翻译研究——回顾、述评与前瞻 [J]. 上海翻译，2008（1）：21-22.

③ 罗杰·贝尔. 翻译与翻译过程：理论与实践 [M]. 上海：上海外语教学与研究出版社，2001.

的基础上建立翻译中语篇解构和重构的思维模式①，李德超对当代西方"有声思维"翻译过程研究模式的发展进行了梳理和展望，李占喜以"文化缺省"翻译个案为突破口，推进并补充了格特语用学视角下翻译过程研究②。

通过上述分析可知，英语学界以及汉语学界的现有翻译过程研究流派都存在一定的缺陷和不足，无法解决翻译过程研究的三个主要问题——翻译过程的主体仅是译者吗？翻译过程的核心是否是语言转译的过程？翻译过程的目的是什么？

语言和认知心理学研究路径把翻译过程看作语言转译的自然心理过程，翻译被视为一种基于心理与实验的"实证科学"，因此导致以下问题。第一，语言和认知心理学派的翻译"实证科学"定位无疑扩大了翻译过程的科学性而忽视了其人文性。第二，无论是贝尔还是TAPs都试图通过语言分析表征译者心理，从而认为译者心理是翻译过程的唯一决定因素。第三，翻译过程的"实证科学"定位忽视了翻译研究之"开显陌生文本意义，扩大人际理解，达成差异下共识"的原初目的。

以斯坦纳为代表的翻译文化学派用隐喻式语言描述翻译过程，把翻译过程比喻为信任、吸收、攻占、补偿的文化霸权，这一过程分析不仅把"译者行为"看为翻译过程的主体，其文化霸权主义风格的表述方式也规避了翻译之"语言转译过程"这一核心内容。

以格特为代表的关联翻译学派则试图改变上述两个派别以"译者主体"的过程研究模式，试图用"关联性"把译者、原文和目标语读者共同带入翻译过程研究的视野，并强调了翻译指向理解和交际的存在目的，但格特理论仍把译者视为关联原文、译者、目标语读者三方交际过程的核心，把译者大脑如何进行双重"推理"（推理原文作者意图，推理译文读者认知语境）的心理运作机制视为翻译过程的研究对象，于是，格特研究重新落回到实证心

---

① 王军. 论翻译中语篇解构与重构的思维模式［J］. 外国语，2002（6）：57-64.
② 李占喜. 关联与顺应：翻译过程研究［M］. 北京：中国科学院科学出版社，2007.

理学的窠臼之中。

综合上述研究之优势与不足，继斯坦纳把诠释学作为一种研究方法应用于翻译过程之后，本书首次把伽达默尔游戏理论作为翻译过程研究的理论基础植入翻译游戏过程，为翻译过程研究找到一种新的理论奠基，为翻译过程研究提供了一种有别于"实证研究"模式的现象学-诠释学翻译过程研究新范式，翻译游戏过程从学术观点和学术方法两个层面弥补了上述研究之不足。

从学术观点上，本书旨在对翻译过程进行一种理论研究，探究将伽达默尔游戏理论作为一种奠基理论植入翻译过程，找寻建构基于"关系主体"模式的翻译游戏过程论的可能性，并进一步尝试在该理论模型下，建立对一般情形下翻译过程具有普适性的现象学与辩证法原则。"关系主体"模式下的翻译过程研究使翻译过程研究范式从基于"实证科学"思维之上的"译者主体"范式转型为基于"现象学—诠释学"思维之上的"关系主体"范式，推进了翻译过程的理论研究。

首先，翻译游戏过程论则以游戏"关系主体"取代"译者主体"，即翻译游戏过程论所理解的主体是由译者、原文文本、目标语读者三方构成的"关系主体"，也就是说，三方在翻译过程中都是翻译意义能够实现出来的主导方，形成一种博弈妥协的辩证关系。在这种关系中，译者、原文文本、目标语读者均以参与者的身份被卷入游戏之中，翻译过程不可避免地走向任何一方都不可能操控的视域融合，由此导致翻译过程由"译者心理"决定"过程"到"关系主体"作用下的"过程"带动"译者"的根本性转变。

第二，游戏具有现象学与辩证性精神，体现在"关系"制约下博弈妥协式的意义保留、舍弃与添加。保留、舍弃与添加可涵盖翻译目标语言核心与文化核心，兼顾翻译过程的科学性与人文性。

第三，翻译游戏过程突出强调翻译的原初目的——使陌生文本意义向异语共同体群体开放，以扩大人际理解与交流。由此走向翻译之本体论意义——翻译是一种有关意义诠释的实践智慧，映射出人在差异对话中找寻平衡的居间生存状态。

从学术方法上，目前学界最为流行的翻译过程研究是以TAPs为代表的实证归纳式翻译过程研究方法。本书将反其道而行，试图从与归纳研究方法相反的"逻辑构建"视角出发，以自上而下"逻辑演绎"的方法，为译者、原文、目标语读者三方制约下的语言转译过程（语言转译中的保留、舍弃与添加）制定适用于一般情形下翻译行为的普遍原则。

综上所述，本书将在综合现有翻译过程研究之优势与不足的基础上，在伽达默尔诠释学语境内，以"游戏"为主线，建构翻译发生过程，进而推进翻译过程研究的范式转变。

第三节 研究进路、方法与论文结构

一、研究进路及研究方法

确立明确的问题意识后，本书力图找到一种适切的研究路径（research approach）。所谓的研究路径"乃指研究者对于研究对象的研究，到底是从哪一层次为出发点、着眼点、入手处去进行观察、归纳、分类与分析"①。如上文所述，现有伽达默尔诠释学视域下的翻译研究，或立足于一种综合把握，或立足于一种单视角解释。总体言之，此两种研究路径未能全面展示论理论内容。因此，在本书过程中，笔者力求以问题来引导思路，推进研究思路向纵深发展。

首先，本书试图以"伽达默尔诠释学理论何以应用于翻译过程研究"这一问题为切入点，对伽达默尔诠释学中的核心观念的语际翻译视角进行批评

---

① 朱浤源. 撰写博硕士论文实战手册［M］. 台北：正中书局，2003：182. 转引自桂宏诚. 中国立宪主义的思想根基［M］. 北京：社会科学文献出版社，2009：18.

性考察，从而证成将伽达默尔诠释学应用于翻译过程的理论可行性。

在此基础之上，本书将以伽达默诠释学中的核心主线——游戏作为引领全文思路的另一条主线，串联本书所要解决的所有主要问题：游戏的来源、何谓游戏精神，游戏精神引领下的翻译之对话游戏、表演游戏过程的构建，以及翻译游戏过程视域下解决的主要问题（译者以及目标语读者角色、可译性、翻译界限等），从而使整个研究形成完备的框架体系。

在确立了适当的研究进路之后，我们需要一定的可操作的研究方法。就本书讨论的主旨而言，笔者将采用文本分析法、诠释学方法、逻辑构建法。

首先，鉴于本书涉及伽达默尔哲学诠释学与翻译理论研究两个层面，所以仔细研读与之相关的所有诠释学背景文献资料（从施莱尔马赫到伽达默尔诠释学）以及翻译过程研究相关文献资料，既是研究的基础与前提，也是正确有效途径。因此，对第一手资料进行文本解读和文献分析是本项研究工作的重要方法。

接下来就过渡到问题的另一方面：如何对现有文本进行解读。首先，伽达默尔的著作驳杂晦涩，加之后继研究者已然从多重视角对其进行诠释解读，要想简单地从一个文本中窥其精髓，必为隔靴搔痒之举。其次，伽达默尔毕竟在本体论哲学的高度谈论理解问题，笔者坚信虽语际翻译问题包含于伽达默尔视野之中，但意欲强化伽达默尔诠释学中的"语际"视角并非易事。由是观之，对文本之间联系的辨明便成为不可或缺之工作。笔者放弃那种只对伽达默尔著作内容进行单向分析的传统批评方法，转向一种广义语境下的跨文本书写，注重文本自身以及各个文本之间必然具有的某种文本间性（intertextuality），从而把伽达默尔诠释学理论精髓真正融入翻译理论研究视域之中，以谋求二者的有效结合。

在文本分析法之外，笔者采用的另一研究方法是诠释学方法。该方法的落脚点在于对伽达默尔重要文献深层次解读，力求挖掘其文本中的未尽之意、未明之理。其主要任务在于力求与伽达默尔达成一种交互主体性

（intersubjectivity）的对话关系，以期对伽达默尔文本的语际翻译目标语境（context）做出分析，并于此交汇之处延展发挥，从而进一步完善、拓宽其理论视界。伽达默尔曾经告诫我们："解释者除了这种普遍的东西——文本——外根本不想理解其他东西，也就是说，他只想理解流传物所说的东西，理解构成文本的意义和意思的东西。但是为了理解这种东西，他一定不能无视他自己和他自己所处的具体的诠释学境况。如果他想根本理解的话，他必须把文本与这种境况联系起来。"[①]基于这样的考虑，笔者意图把伽达默尔的游戏理论植入语际翻译研究视域，构成了此书研究的基本向度。因之，本书将在语际翻译之具体境遇中，完成伽达默尔思想解读，实现二者的交互融合，并通过二者的融合显现伽达默尔理论的内在价值和意义。

此外，在目前较为流行的翻译实证研究（如TAPs及语料库翻译研究）中，归纳法是翻译实证研究中较为常用的方法。TAPs原理是针对不同译者群体进行抽样实验，通过记录并分析样本对自己翻译行为的复述，还原翻译发生过程；语料库同样利用对大数据的归纳总结，找到某种翻译过程中应该遵循的规律。

然而，本书将采用与上述实证归纳完全相反的研究路径，从逻辑原则出发，以具有普遍性意义的逻辑构建研究方法，把伽达默尔四类游戏结构植入翻译发生过程，构建翻译过程中意义保留、舍弃、添加的一般性普适原则，以求用普遍性"逻辑推演"式研究方法，弥补现有实证归纳式翻译过程研究方法之不足。

最后，需要做出说明的是，在研究初期，本书还设计用TAPs实验作实践检验的目标构想，以检验翻译实践中是否存在游戏特征的动态过程。但鉴于该实践模型的复杂与高难度性以及研究论题的专一性，笔者在课题设计中暂时舍弃该实践检验模型，待理论模式构建完成后，再构建TAPs实践检验

---

① 伽达默尔. 真理与方法（Ⅰ）［M］. 洪汉鼎，译. 北京：商务印书馆，2010：420-421.

模型，进而实现自上而下的逻辑推演与自下而上的TAPs个案归纳方法的有效结合。

二、论文的基本结构

根据本书所确立的问题意识，依照上面所提出研究思路的要求，本书将在较为全面地梳理现有研究文献并对这些文献进行学术性分析的基础上，结合国内外研究现状之优势，把贯穿伽达默尔艺术本体论、历史科学本体论、语言本体论中的核心精神——游戏，植入语际翻译视角；在伽达默尔诠释学视域内，以游戏精神贯穿本书所要解决的所有主要问题：伽达默尔诠释学能否用以翻译研究、游戏精神的主要来源、何谓游戏精神，游戏精神引领下的翻译之对话游戏、表演游戏过程的构建，以及翻译游戏过程视域下解决的主要问题（译者以及目标语读者角色、可译性、翻译界限等），从而提出作者自己的思路模式，寻求理论创新。

具体而言，本书将从下列相互关联、具有内在演进逻辑的四个分论题展开上述问题。

论证伽达默尔游戏理论何以引入翻译过程研究之可行性。本论题构成本书的第一章内容。首先，本论题得以展开的基点是对伽达默尔广义翻译观进行效用检视，从而证明伽达默尔的"翻译是一种双重化的诠释学对话"之广义翻译观的效用指向与理论阈限——伽达默尔的广义翻译思想指向普遍性的理解与解释，从而无法阐明翻译过程中"语言困境克服"的特殊性和复杂性，因而无法直接用于构建翻译的语言转译过程，具有一定的理解阈限。于是，本论题继而找出用（伽达默尔不直接谈翻译问题的）游戏理论构建翻译过程的可行性，并对构成"关系主体"的核心概念——时间间距概念、文本概念——能否用于语际翻译研究进行批判性考察，并初步考察"能否在本体论意义上谈论翻译"之问题，以便为后续研究的顺利进行扫清障碍。

全面考察伽达默尔游戏理论。本论题将对伽达默尔游戏理论进行全面深入的考察。这一考察由本书的第二章担承，考察从两个层面展开：对游戏理论的前史考察和对游戏理论本身的阐释。游戏前史考察从伽达默尔对前人游戏概念的理解以及游戏概念的现象学与辩证法特征两个侧度展开。其中，就辩证法向度来说，游戏精神离不开柏拉图以及黑格尔的影响。伽达默尔在肯定黑格尔思想中辩证法精神的同时，摒弃了黑格尔对陈述语言的推崇，重新归复柏拉图早期的对话，找到了逻辑语言背后的自然语言，并以对话的自然语言为基础，构建本体论诠释学。就游戏概念的现象学限度说，海德格尔在游戏问题上对伽达默尔有着重要的综合性影响。"关系先于理解者"的游戏正是对海德格尔"语言先于存在"思想的继承与超越。伽达默尔以海德格尔诗性语言为起点，超越黑格尔的逻辑语言，走向柏拉图的对话语言，并以对话的"关系优先性"取代了海德格尔的"语言优先性"，构建了"关系主体"模式下的游戏理论。

对游戏理论本身的探究是本论题的另一核心内容。伽达默尔对游戏问题的思考并非一蹴而就。在《真理与方法》中，伽达默尔只谈论了艺术的游戏特征，在论及历史科学以及语言问题时，"游戏"字眼甚至很少出现。然而在后《真理与方法》时期，伽达默尔愈发意识到他对游戏概念论述的不充分性，并指出游戏应该从艺术中延伸出去，游戏的现象学与辩证法精神始终体现在历史科学的理解以及语言本身的结构之中。游戏概念理应贯穿伽达默尔诠释学体系始终且体现其诠释学基本精神。因此，本论题尝试对伽达默尔在《真理与方法》中详细谈论的艺术游戏概念，以及其在后《真理与方法》时期未能深入谈论的理解的对话游戏以及具有对话结构的语言游戏做出进一步深入分析。因此，本书中谈论的游戏概念涵盖艺术、历史和语言三个方面，具体包含艺术游戏、对话游戏、语言游戏。其中，艺术游戏又可根据"是否面向观众敞开"之特性分为竞争游戏和表演游戏。这样，游戏可分为竞争游戏、表演游戏、对话游戏和语言游戏，它们相互区别又彼此关联，但在最根本意义上，它们都是在现象学与辩证法之间的指涉人际理解的动态性过程。本论题将在厘清彼此关联与区分的基础上，对四种游戏过程进行详细描述和界定。需要指出的是，此四类游戏与本书下一论题翻译游戏过程构建有着密切联系：体现竞争游戏特征的对话游戏可用于构建译者对原文文本的意义理解过程；向观众敞开意义的表演游戏则可用以构建翻译之语言转译过程；而具有辩证结构的语言游戏则是语言转译过程之所以发生的可能性前提。

依据上述对应关系，本书进入核心论题——翻译游戏过程构建。笔者将以两章（第三章和第四章）对该论题展开论述。本论题首先提出"翻译何以是一种游戏"这一问题，以求对伽达默尔"翻译是一种双重化的诠释学对话"的观点进行理论推进与完善。其次，本论题将构建翻译的双重游戏"Spiel"（game-play）发生过程：对话游戏，作为游戏者的译者与原文文本的对话游戏过程；表演游戏（语言转译），作为表演者的译者面向目标语读者再现意义，实现语言要素与文化要素的保留、舍弃与添加。需要指出的是，本书的原则制定仅针对一般情况下的翻译行为，不涵盖个别译者（如非理性状态下）的个别心理行为。

其中，语言转译的表演游戏是翻译过程分析的关键，牵涉语言、文本、意义、关系等诸多要素，所以，本书将专门用独立一个章节（第四章）对该过程进行分析与描述。

所谓表演就是向观众开放意义，开放意义则要求克服语言困境，将一种语言转译成另一种语言。因此，这一过程是表演游戏过程，也是语言转译的游戏过程。语言转译的游戏过程分析需搞清下面四个问题：语言转译的前提是一切语言都具有辩证结构；语言转译过程是在原文文本、译者、目标语读者他在性与自主性之间博弈妥协的现象学与辩证法的表演游戏，在表演游戏中，译者对原文意义内容进行保留、舍弃与添加，从而使原文意义向目标语读者敞开；为上述保留、舍弃与添加的博弈妥协过程制定一般性原则；明确翻译游戏的最终目的是指向人际间的理解与共识。

翻译游戏视角下翻译问题再思考。在翻译过程描述之基础上，本书第五章将在诠释学视域下，对"作为游戏参与者的译者身份问题""作为过程参与者的目标语读者身份问题""文学翻译的可译性问题""狭义翻译和广义翻译的界限问题"等翻译理论热点难点问题做出重新解释。在游戏视域下，译者是传递意义的表演者，是驻留在文本之中的意义纽带，是隐与显之间的文本要素。在翻译游戏视域下，目标语读者成为翻译过程的参与者，成为译者行为的约束者，成为翻译由动态"过程"向封闭"构成物"转换之中介，成为影响翻译进程的"共在"者。在游戏视域下，翻译是一种介于可译与不可译之间的活动。虽然我们意欲追求翻译的准确性，但完全的翻译却始终不可能。尽管如此，异质语言之间的"可译度"可随着世界的敞开、人际交流的增多而不断加深。

因此，翻译介于可译与不可译之间，正是翻译具有可译度差别，才成就了翻译存在的必要性。只有从理解的角度看待翻译，只有使狭义翻译走向广义的理解和解释，才能使翻译的"不可译度"降到最低，这便是伽达默尔广义翻译观的积极意义。

在翻译游戏过程视域下，本书最终走向对翻译本体论意义的再思考。翻译游戏中所表现出的"游戏先于游戏者"的现象学特征以及"关系"引领下博弈妥协的辩证法原则，都表现了一种差异与困境中的规则优先性以及人之生存的博弈状态。翻译不仅局限于文本或语言的狭义范围内，翻译更是人类生存状态的一种折射与反映。

因之，我们开始思考翻译所具有的本体论意义：翻译不仅是一种有关语言转译之技艺，更是一种有关意义诠释的实践智慧，一种民族传统与文化背景的碰撞与融合。

翻译的本体论模式必将使翻译的未来发展走出文艺学翻译与语言学翻译二条传统翻译发展路径，走向更为广义的文化翻译、政治翻译等跨学科意义上的翻译研究新路径。

第一章 翻译过程研究引入伽达默尔游戏理论的可能性

第一节 伽达默尔的翻译思想及其效用之检视

一、伽达默尔的广义翻译思想

在本书导论部分，笔者已经澄清伽达默尔广义翻译思想的效用指向及理论阈限——狭义的语际翻译问题并不属于伽达默尔的研究领域，伽达默尔缺少谈论狭义语言转译之问题意识。伽达默尔的确是在一种普遍意义上谈论理解与解释问题，本体论视域下的文本、理解、语言问题上升到了世界经验的生存论高度，理解和解释成为人的存在方式，成为"全体的古老的形而上学问题"的基础。因此，伽达默尔对翻译问题的探讨具有一定的效用指向，指向"普遍性的理解"，由此导致伽达默尔并未对"如何克服语言转译困境"问题进行深入探讨。换句话说，伽达默尔的翻译思想具有特定的效用指向，因而缺乏关注语言差异及差异语言转换的问题意识，进而致使其翻译思想形成了一定的理论阈限。

但无可否认，翻译问题也是伽达默尔作品中经常谈论的问题。伽达默尔笔下的翻译论题多作为理解和解释的特例而出现，零星散落在他各个时期关于语言和理解问题的作品中。在此，笔者需重申本书对伽达默尔翻译思想进行理论检视的前提：鉴于本书学术旨趣的需要，笔者暂且把伽达默尔本"不做重点"研究的翻译问题，放在狭义语际翻译视域下，检视其应用于狭义语际翻译的可能性、效用指向及其理论阈限，引申出本书所致力构建的"翻译游戏过程论"奠基其上的（伽达默尔并非用于谈论翻译的）游戏理论，从而完成本研究的基础批判。

纵观伽达默尔对翻译问题的探讨，伽达默尔翻译思想中始终存在一种广义化倾向。伽达默尔把翻译看作一种对话，一种阅读，一种解释①。在《真理与方法》中，伽达默尔把翻译比作一种双重化的诠释学对话过程：如果诠释是一种苏格拉底式（涉及对话双方的参与）对话，那么"翻译是一种特殊的诠释，它使谈话双重化了：一方面是自己（对话一方）同翻译者的谈话，另一方面是翻译者与对方的谈话"②。在《翻译如阅读》中，伽达默尔认为翻译与阅读具有同质性："阅读和翻译已经算是'解释'了。二者都从意义和声音中创造出一个全新的文本整体；二者都需要在相似的符号之间进行一次富有创造力的转换。每一名读者都如同半个译者，在阅读中需要不断对文字符号做出某种挑战性背叛。"③

无论早期的"翻译即对话"还是晚期的"翻译如阅读"，伽达默尔始终强调翻译与诠释的同质性：翻译只是一种更为严重的诠释学困难，翻译者的再创造任务同一切诠释学文本所提出的一般诠释学任务并没有质的不同，而只是程度上的差别④。可以说，伽达默尔始终秉承一种广义翻译观。

相对于拘泥于语言和文本的微观翻译思想，伽达默尔的广义翻译观具有鲜明的优势：把翻译等同于理解，使翻译摆脱了工艺学的制约，从而最大限度凸显了使翻译之存在的原初目的：向目标语群体开显原本负载于陌生文本中的意义，通过将陌生经验转化为熟悉经验而让目标语群体扩大对生存意义的感知与理解，进而扩大人际理解与交流。

然而，我们不得不承认，关注语言差异以及由语言差异带来的困境是翻

① Gadamer H-G. *Gesammelte Werke Band 8*［M］. Tubingen: Mohr Siebeck, 1993: 279–287.
② 伽达默尔. 真理与方法（Ⅱ）［M］. 洪汉鼎，译. 北京：商务印书馆，2010：542.
③ Gadamer H-G. *Gesammelte Werke Band 8*［M］. Tubingen: Mohr Siebeck, 1993: 286.
④ 伽达默尔. 真理与方法（Ⅰ）［M］. 洪汉鼎，译. 北京：商务印书馆，2010：545.

译理论研究无法规避的核心问题。正是针对解决差异语境困境问题，传统翻译过程研究大多从词汇、句法、语义等语言内部的微观层面对源语与目标语进行比较，这种翻译研究思路显然与伽达默尔旨在"一般理解和解释"的本体论诠释学的思路大相径庭。针对这一问题，国内学者李河教授对伽达默尔翻译广义翻译观进行了效用检视，并指出了伽达默尔翻译思想的特定效用指向以及由此产生的理论阈限。

二、伽达默尔翻译思想的效用检视

李河教授在其著作《巴别塔的重建与解构——解释学视野中的翻译问题》中指出，伽达默尔诠释学的根本缺陷在于："它虽名义上关注的是所有'语言共同体'，但其考察的原本却只是某个'同质语言共同体'（homogeneous language community）中的理解、解释问题。"[①]由此，伽达默尔诠释学思想中有两个盲点：理论视角的阈限性与理论效用的特定指向性。

第一，李河指出，伽达默尔诠释学所关注的只是"文本流传"的时间性视域，忽视了在当下时代具有重要地位的"异质语言共同体"之间"文本流通"的空间性视域，与之相对，伽达默尔诠释学中的重要概念"传统""前见""时间间距""视域融合"等都只具有线性延续的时间性特征。伽达默尔未对"空间间距""视域覆盖""传统断裂"等因地缘性差异所造成的空间性概念做出深入探讨。伽达默尔诠释学理论具有"时间性"视域阈限，从而缺乏"空间性"理论视角。

第二，李河指出，伽达默尔虽然强调理解的普遍性，但他主要囿于"同质语言共同体"内部谈论理解问题，致使伽达默尔作品中的意义理解常常带有强烈的语内色彩。因此，伽达默尔将理解、解释作为诠释学核心概念的同时，实际上忽视了"异质语言共同体"（heterogeneous language community）

---

① 李河. 巴别塔的重建与解构——解释学视野中的翻译问题［M］. 昆明：云南大学出版社，2005：30.

之间的语际翻译问题。我们可以说，伽达默尔诠释学理论具有理论效用的特定指向性，指向"同质"下语内理解而忽视"差异"下的语际翻译。

因此，李河认为，对伽达默尔而言，雅各布森对翻译概念所做出的"语际性和语内性的区别是不必要的，因为语际翻译无非是解释，语际差异也无非是一种文本差异"[①]。由此得出结论，伽达默尔诠释学视野下的广义翻译思想缺乏一种对于翻译过程之"差异语言转换问题"的有效问题意识，是一种"普遍主义叙事方式"的表现，掩盖了不同语言共同体之间的语言差异性以及差异语言转换过程中的特殊性与复杂性。导致这一结果的原因在于，伽达默尔虽试图以其本体论诠释学颠覆"逻辑真理中心论"，但在本质上却仍是一种"西方语言中心论"[②]。换言之，伽达默尔刻意在某种意义上规避了语言差异性问题，以维护西方语言的霸权地位。从这一立场出发，李河认为，在"可扩大到一般意义上的理解"之本体论诠释学思想的支配下，伽达默尔广义翻译思想会误导人们，"使人们忽视翻译问题的特殊性和复杂性"[③]。

我们必须明确，李河是站在"解构主义诠释学"的立场下，以建构"走向语际翻译的诠释学"为目标，开展对伽达默尔翻译思想之效用检视，他对伽达默尔的理论检视服务于他欲以"翻译目标语言异质性"表征人之"居间存在状态"的理论旨趣。换句话说，李河强调翻译之语言"差异性"的一面，而伽达默尔更关注翻译达成理解"一致性"的一面。

我们亦必须承认，李河对伽达默尔翻译思想的效用检视有其合理性。如李河所言，无论伽达默尔把翻译比作对话还是阅读，都忽视了"从一种语言到另一种语言的转换究竟发生了什么"这一核心问题，即伽达默尔对翻译之语言转译问题缺乏一种有效的"问题意识"。如上文所述，这种"问题

---

① 李河. 巴别塔的重建与解构——解释学视野中的翻译问题 [M]. 昆明：云南大学出版社，2005：137.

② 李河. 巴别塔的重建与解构——解释学视野中的翻译问题 [M]. 昆明：云南大学出版社，2005：138.

③ 李河. "解构论解释学"与解释学的范式转换 [J]. 哲学动态. 2013（6）：37.

意识"的缺失源于伽达默尔本体论哲学旨趣：不同于德里达试图以翻译的巴别塔打破西方语言中心论，也不同于奎因尝试用翻译的不确定性表征意义的不确定性，伽达默尔旨在把理解问题扩大到生存论高度，构建人际间普遍理解。这一本体论理论目标本身就决定了他的翻译思想必然具有特定的效用指向——指向世界经验的共通性，指向一般意义上的理解与共识。特定的效用指向便决定了特定的理论阈限，如此一来，也就不难理解他为何很少谈论语言差异性，而更多在理解一致性上谈论翻译问题了。

在承认伽达默尔广义翻译观在问题意识、效用指向以及理论阈限的同时，笔者认为，伽达默尔哲学诠释学对于狭义语际翻译的效用是肯定的，虽然不能将伽达默尔主要强调在"人与人之间理解与共识的达成"的广义翻译理论直接应用于狭义语际翻译过程，但在伽达默尔哲学诠释学中占据重要位置的游戏理论却可以应用于狭义的翻译过程并且会产生积极的效应。当翻译被当作一种游戏来理解时，伽达默尔诠释学可以应用于语际翻译就更加有其理论及实践上的根据。游戏中游戏者、游戏对象、观赏者博弈妥协的辩证精神完全可用于描述伽达默尔广义翻译思想所忽视的"克服语言差异困境"过程（原文、译者和译文读者的博弈妥协）。此外，翻译是"面向目标语共同体敞开意义"的活动，这符合伽达默尔游戏最终指向的"理解与共识"这一根本宗旨。

因此，笔者主张在狭义的语际翻译过程中引入伽达默尔的游戏理论，从游戏与翻译过程的关联性入手，对狭义的翻译过程理论进行一种哲学诠释学重构。如此一来，本书需要处理的问题自然是对伽达默尔游戏理论是否能够应用于建构翻译过程进行一种理论的批判考察。

第二节　伽达默尔游戏理论能否用以构建翻译过程

一、游戏与翻译过程

从广义来讲，翻译发生过程涉及理解与解释两个步骤：译者对原文文本的理解过程；译者通过语言转换，使意义向目标语读者开放的解释过程。这两个程序在贝尔和斯坦纳的翻译过程研究中也有所体现。伽达默尔把上述两步骤描述为双重化的诠释学对话——译者与原文文本展开的苏格拉底式对话以及译者与目标语读者的对话。

对于伽达默尔"翻译是双重的诠释学对话"的观点，笔者持部分赞同意见。如伽达默尔所言，翻译过程的第一步骤（理解过程）可以表征为译者与原文文本的对话游戏。但如果把翻译过程的第二步骤（语言转译过程）仅仅用"译者与目标语读者的谈话"来表征，则不足以阐明"从一种语言到另一语言的转换中究竟发生了什么"这一翻译核心问题。或者说，如若仅从"双重对话"结构来理解整个翻译过程，我们无法看清楚如何实现从第一重对话到第二重对话的过渡，而此过渡，正是克服两种自然语言之语言困境的问题，也正是何以实现翻译过程的关键性问题。

相对于对话，翻译过程的第二个步骤用表演游戏来表征则更为恰当。伽达默尔指出，同样作为游戏的不同表现形式，表演游戏与对话游戏的根本区别就在于"是否向观众敞开意义"这一界限标准。表演游戏以其"向观众敞开意义"的特征凸显自身，而"向目标语群体开显陌生文本意义"也正是翻译之第二个步骤——语言转译——发生的基础和目的。

因之，语言转译的过程与表演游戏的过程相互对应，对应关系表现如下：第一，表演游戏之"关系优先性"原则适用于原文文本、译者以及目标语读者三者之间"关系优先性"原则。第二，表演游戏之博弈妥协的辩证法原则适用于语言对译之意义保留、舍弃与添加的辩证语言游戏。第三，表演与翻译都是旨在向更广泛人际开显陌生意义，扩大人际理解与交流。在此意义上，表演游戏可适用于构建翻译之语言对译的过程。

因此，翻译发生过程应还原为理解–解释的语言游戏（Spiel/game-play）过程，具体分为以下两种。对话游戏：作为游戏者的译者与原文文本的对话游戏过程，也可表征为体现竞争游戏（game）精神的理解过程。表演游戏：作为表演者的译者面向目标语读者再现意义的语言转译过程，亦可表征为体现表演游戏（play）精神的解释过程。

在证成游戏与翻译过程的对应关系之中，本论题继而进一步具体阐释游戏之"关系主体"的几个主要要素——译者、文本、间距等是否可用于探讨翻译问题，以求进一步细化对游戏理论的批判性分析。

二、游戏之关系主体要素分析

伽达默尔游戏精神可以用于构建翻译发生过程，现象学与辩证法精神"关系优先性"贯穿始终——以游戏者、游戏对象、观赏者三方"关系"为主体，引导游戏进程，形成"游戏先于游戏者"的现象学动态发生过程，"关系主体"的优先性原则成为游戏的关键性特征。

"关系优先"具有两重含义。首先，我们需要明确"关系"的主体是谁。在游戏中，关系是游戏者、游戏对象以及游戏观赏者之间的关系；具体到翻译游戏中，关系则表征原文文本、译者以及目标语读者之间的关系。换言之，翻译游戏过程之"关系主体"的主要组成要素包括译者、原文文本以及目标语读者，三方在相互制约下实现博弈妥协，三者都是"关系主体"不可或缺的组成部分。

其次，我们需要明确什么是"关系优先"。伽达默尔的游戏精神突出表现为游戏的现象学特征，而游戏的现象学特征又突出表现为"关系主体"对游戏过程的引导作用，即游戏中的"关系"三方都无法主观操游戏控，而是仅仅在"关系"作用下作为参与者被卷入游戏中，"关系"成为引领游戏过程的核心力量。这便是"关系"先于游戏者的现象学特征。

那么，下一个需要面对的问题是"关系优先性"何以产生。"关系"何以引领游戏者行为？关系优先性产生于上述游戏三方在"间距"作用下彼此之间博弈妥协的辩证张力。由此看来，游戏的现象学与辩证法特征相互约束、彼此生成，正因如此，伽达默尔把游戏看作"在现象学与辩证法之间"的游戏。具体到翻译而言，产生关系的张力来自空间间距作用下造成的自我和他者之间的陌生性。在空间间距作用下，原文、译者、目标语读者三方相互制约，形成他在性和自主性作用下的博弈妥协。在此意义上说，"间距"成为产生"关系优先"原则的主要动因。

在明确了"关系优先"的具体含义之后，本章首先围绕构成"关系主体"的几个主要要素（译者、文本、译文读者①），以及"关系"优先性的关键性成因（间距）进行批判分析，以便为下文的翻译游戏过程描述扫清障碍。

（一）何谓文本

关于文本，通常具有两种界定方式，一种是从文本构成成分的角度提出的语言学定义："一个文本就是一组用作符号的实体，这些符号在一定语境中被作者选择、排列并赋予某种意向，以此向读者传达某种特定的意义。"②另一种是从文本产生过程的角度提出的语文学定义："文本是任何通过书写固定下来的话语。"③

区别于上述两种文本定义，伽达默尔则从"理解与解释"的角度提出了

---

① 构造游戏关系的要素包含译者、文本、译文读者。其中译者、目标语读者将在本书第五章第一节、第二节内容中做具体讨论，本章将着重对游戏关系之文本要素进行深入探讨。

② J.E.格雷西亚. 文本性理论：逻辑与认识论［M］. 汪信砚，李志，译. 北京：人民出版社，2009：16.

③ Ricoeur P. *Hermeneutics and Human Sciences*［M］. Cambridge: Cambridge University Press, 1981: 148–149.

文本概念："文本是理解事件的一个阶段。"①不同于语言学和语文学视角下的文本定义，诠释学视角下，文本成为具有原典性和开放性特征的非完成品或非终极产品。

伽达默尔指出，语文学意义上的文本概念是指通过"书写或文字所固定下来的话语"，但这个概念本质上以下列两种方式进入现代语言中。语文学意义上的文本概念首先是作为人们在宗教信仰中进行解释的圣经文本进入语言之中的，因此，文本是圣经注释工作的基础。另一个文本概念则产生于它与音乐的联系之中，在音乐中，文本是对歌唱内容进行解释的文本，文本是在人们信仰实践和歌唱实践中积淀流传的东西。伽达默尔认为，这两种文本都与诠释概念相关："唯有从理解与诠释出发，文本概念才能被构造为语言性结构的中心概念，文本并非是预先给定的，而常常是理解与解释行为导致了文本的产生。"②

因此，文本与诠释紧密相连，文本不应被看作人们对之进行语法分析的文字成品，与之相反，文本应该是一种中间产品，是理解的一个阶段，从诠释学意义上，文本表征理解事情某一阶段的固定化或抽象化③。这与语文学对文本的定义方式恰恰相反。语文学家并不从理解的角度去澄清文本传达了什么，而是想澄清文本表达的语言功能本身，即文本以何种语言或符号进行意义传达。但从诠释学的角度来讲，理解被说出的话语乃是唯一重要的事情，语言功能不过是文本的一个前提条件。

这就形成了诠释学文本概念的第一个特征：文本必须具有可读性，如果是话语文本，其表达是否能被听懂；如果是文字，其意义能否被破译。也就是说，文本必须具有面向读者的开放性、可读性，只有以文本面向读者开放意义为前提，理解才可能发生。

---

① 伽达默尔. 真理与方法（Ⅱ）［M］. 洪汉鼎，译. 北京：商务印书馆，2010：433.

② Gadamer H-G. *The Gadamer Reader: A Bouquet of the Later Writings* ［M］. Richard Palmer(eds.). Evanston: Northwestern University Press, 2007: 168.

③ 伽达默尔. 真理与方法（Ⅱ）［M］. 洪汉鼎，译. 北京：商务印书馆，2010：428.

那么，文本的可读性前提又是什么？当我们说一篇文章不可读时，意思是说，文章的语言没有把文本中记述的事情表达清楚，致使我们的理解受阻。所以，可读性总是从理解的角度提出的，理解是文本的可读性前提。显然，语文学家的任务是把制造某种可读性文本作为己任，而可读性文本总是以理解作为其出发点。也就是说，语文学家在创造可读性文本时，已然考虑到文本面向读者的开放性，对读者来说，文本语言必须是可读的。这一点在翻译中体现尤为明显，因为译者只有在掌握一门外语，知道目标语读者阅读习惯的情况下，才能完成翻译。

语言学家撇开理解，仅关注文本的语言符号；而诠释学家则刚好相反，把文本理解看作一种语言遗忘的情形，忽略文本的表达形式，关注文本讲述的事情，而只有当理解受阻时，文本的语言问题才被提出，文本才需要一种语言重建（如翻译）。

伽达默尔列举了非文本的例证，来证明文本必须具有面向读者的意义开放性。伽达默尔指出，口译笔记、科学报告以及私人书信都属于非文本形式。首先，伽达默尔指出，口译员的符号笔记不是文本，因为它只是口译员作为回忆的线索或手段，帮助其想起记录文字的含义，它不具备面向读者敞开的性质，所以口译笔记不是文本。在此，我们需要对口译笔记与翻译文本加以区分。口译笔记仅仅作为实现翻译过程的辅助工具而存在，随着翻译作品的实现，它必将隐去自身，退出翻译过程。而相较于口译笔记，翻译作品却具有向观赏者敞开意义的性质，甚至可以说，"向观众开放意义"是翻译作品存在的最根本理由。所以，口译笔记的非文本形式恰恰证明了翻译文本具有诠释学意义上的文本性质。

其次，对科学共同体内部成员而言，科学报告也不是文本，因为科学共同体成员对科学报告的理解限定了明确的理解前提。一般情况下，科学报告并非面对所有理解者，而只是面向某一科学共同体成员。科学报告仅需用科学共同体成员熟悉的学术语言阐释他们所熟知的研究状况即可，从而无需回溯到科学报告作为文本的文本，便可在科学共同体成员之间达成一致的理解。当然科学报告对于科学史家来说则又具有了不同的意义，对他们而言，科学报告就是文本，他们的任务是解释这些科学报告，使一般读者了解科学发展的一般状况。

出于同样的理由，在写信时，写信者的目的是报告他所意指的事情，这就包含了对收信人的预期，写信人具有和收信人共同的意义前提，并期望得到收信人的理解。收信人则能从文字中抽取其含义，从而理解这封信。然而，书信是以文字表达意义的，这与谈话不同。如柏拉图对话所描述的情形一般，谈话始终在境遇中发生，我们可以根据对话者的反应来对我们的谈话方向进行修正和辩解。但一切文字固定下来的东西都与理解境遇相分离。

那么，书写固定下来的文字是否仅仅指向作者意图呢？其实不然。因为任何书写文本都是面向读者开放意义的。作者写作过程受控于对读者的预期，期望读者能产生符合意义的理解。正如在谈话中，我们通过对方的回答修正谈话进行的方向，我们甚至可以通过语调和手势的辅助，以达成理解；在书写中我们也需要开辟一个理解和解释的视域，这个视域必须由读者来填写。伽达默尔认为，书写并非记录一切，书写虽指向作者，但"必定也要有前瞻性"[①]。一切话语总是指向相互理解。

由此，我们可以做出总结，从诠释学的视角来看，一切文本都指向理解，"文本并不是一个给定的对象，文本是事件的一个阶段"[②]。所以，诠释学视角下的文本具有的第二个特征在于：文本指向理解和意义传达，这进而决定了文本具有形式多样性。从形式上来说，文本已经从狭义的"语言合成物"或"书写固定的话语"扩展到更广义的范围，文本不仅包含文字文本，也包含话语文本，甚至一切可理解的东西——语音或书写、艺术或历史，都可成为文本。不管是书写的文字文本还是口头的话语文本，文本形成的前提是可读性与可理解性。而可读性和可理解性则依赖于交往，交往超出了文本

---

① 伽达默尔.真理与方法（Ⅱ）［M］.洪汉鼎，译.北京：商务印书馆，2010：433.
② 伽达默尔.真理与方法（Ⅱ）［M］.洪汉鼎，译.北京：商务印书馆，2010：433.

中固定的意义内容，走向意义背后的语言、文化、传统。从诠释学文本概念的内容来讲，并非所有书写或话语内容都会成为文本，文本必须是经过不断实践和理解的著作，文本必须是对人们的理解具有一定意义和价值的内容，所以，文本是经典。

综上所述，在伽达默尔诠释学视角下，文本具有不同于传统文本概念的特点：第一，文本具有可读性与面向一切读者的意义开放性，文本具有可读性。第二，文本具有形式的广义性。第三，文本必须具有内容的经典性。

毫无疑问，相对于伽达默尔"一切可理解的都是文本"这一广义概念，语际翻译中的文本无疑必须回到狭义语言或文字性的文本中去。但这并不意味着语际翻译的目的仅仅在于研究两种语言何以进行词汇、句法意义上的符号转换，仅在于澄清文本的语言功能本身。我们完全可以从诠释学的视角出发理解翻译中的文本概念。

第一，从诠释学视角下文的可读性来说，语际翻译最重要的目标仍然是理解被说出的话语，异质语言转换只不过是理解的前提。因此，译文文本是理解的中间阶段，译者作为居间的解释者出现，译文形成的前提是可读性和面向目标语群体的意义开放性。这是翻译存在的基础，也是译文得以形成的基础。

第二，就诠释学视角下文本的广义性特征而言，翻译中的文本涵盖话语文本（口译）和文字文本（笔译）两种形式，在此意义上，口译和笔译可统称为文本翻译：当译者面对话语文本时，翻译是口译的过程；而当译者面对文字文本时，翻译是笔译过程。甚至在广义翻译概念中，翻译文本也包括肢体、符号、艺术等其他一切以理解解释为目标的非语言形式（符际翻译）。

第三，就诠释学视角下文本的经典性特征而言，翻译文本既包含笔译中的经典文本，也包含口译中的一般话语文本。在这一意义上讲，翻译文本具有比诠释学文本更广阔的范围。但历史上的经典作品往往源于口口相传的话语文本，源于人们不断的理解实践。因此，从经典背后广泛的文本境遇来看，我们仍然可以说，诠释学视角下具有经典性的文本概念可以表征翻译中的文本概念。

所以，从以上三重视角来看，我们可以从伽达默尔诠释学视角出发看待翻译中的文本概念。有鉴于此，翻译中的话语文本（口译）以及文字文本（笔译）都可以用具有可读性和形式多样性的诠释学文本概念来表征。于是，在本书下面章节中，笔者将不再对口译过程和笔译过程做详细区分，均称为文本翻译。

此外还需明确的是，我们不仅可以从诠释学意义上理解翻译文本概念，诠释学文本还能积极地参与翻译游戏发生过程之中，成为制约译者翻译行为的他在性因素，反作用于翻译游戏过程本身，推动翻译过程的发展。

因此，我们必须承认文本"参与"翻译过程的积极作用。正是由于原文文本内容的存在，翻译才与自由的创作不同；正是由于原文文本的存在，才决定了译者的任务不是意义创作而是对文本意义的传递。在此意义上说，文本是翻译之"关系主体"之中最为基础的组成要素，是译者进行翻译的基础根源。文本的根源性地位导致了古今中外的翻译理论把"信"或"忠诚"原则作为指导翻译行为的第一准则。

综合来说，翻译文本概念不仅可以从诠释学意义上得到理解，而且诠释学意义下的翻译文本还可以作为积极因素参与翻译游戏的发生过程，制约着译者的翻译行为，推动着翻译过程的发展进程。故而，诠释学意义下的翻译文本是"关系主体"模式下翻译游戏的核心构成，是解读翻译游戏不可或缺的重要因素。

（二）间距等时间性概念能否用于空间视角下的语际翻译

除了上述"关系主体"的构成要素之外，间距是形成游戏之关系优先性的重要张力，也是李河对伽达默尔理论检视的关键性问题之一。因此，本书对间距问题的探讨首先需要回到本章第一节李河对伽达默尔的理论检视上来。

李河认为，伽达默尔在"同质语言共同体"中看待理解与解释问题，伽达默尔诠释学所关注的只是"文本在历史中流传"这一个时间性状态，而忽视了文本在"异质语言共同体"之间的"空间流通"这一空间性状态，并由此导致了伽达默尔诠释学中以"时间间距"为代表的重要概念，如"间距""传统""前见"以及"视域融合"都只具有线性延续的时间性特征。由此得出结论，伽达默尔诠释学缺乏对"空间间距""视域覆盖""传统断裂"等空间地缘性差异概念的深入探讨。

笔者认为，应从正反两方面看待上述质疑。

一方面，必须认识到间距等时间性概念并非阈限于时间意义之上，它们泛指文本再次进入读者视域的一般状况，泛指理解发生的"境遇"与"处境"意识，泛指由于差异、异己性以及他在性而形成的理解的积极因素。也就是说，伽达默尔使用这些概念真正意图在于：强调理解者在理解过程中的心灵开放状态，理解者充分尊重他者、聆听对方，不让自身的主观性遮蔽文本真理的显现。

以时间间距概念为例，时间间距并非仅仅意味着由于时间所造成的视域差别，而是一种广义上的间距，涵盖了时间间距与空间间距双重含义。关于时间间距的空间性问题，伽达默尔在《现象学与辩证之间》一文中专门提出："也许，首先在一种一般意义上谈论距离的诠释学功能更为符合事实。它并非总是涉及一种历史距离，也并非总是那种能够克服错误的共鸣和歪曲的应用的时间间距。时间间距即使在同时性中也表明一种诠释学因素，例如，在两个通过谈话试图寻找共同基础的谈话者之间，以及用外语讲话或在陌生的文化中生活的人之间进行的谈话。"①因此，虽然伽达默尔在《真理与方法》中主要从历时性视角论证间距的作用，但其真正意图是以间距的时间性特征为例，强调文本"再次进入读者视域"所包含的处境差异。

当传统诠释学把时间间距概念作为造成误解的根本原因，作为理解过程中需要克服的消极因素时（施莱尔马赫的"重建作者心理"和狄尔泰的"移情说"都是为了克服间距的消极的作用），伽达默尔把时间间距视为理解过

---

① 伽达默尔. 真理与方法（Ⅱ）［M］.洪汉鼎，译，北京：商务印书馆，2010：10.

程中的积极因素："我引进的时间间距的诠释学含义非常令人信服，这就完全为他者之他在性的根本性意义以及适合于作为谈话之语言的根本作用做好了准备。"[1]一方面，时间间距凸显了他者之他在性，使对话双方的"差异"得到凸显。在对话中，"我"意识到自己的理解是一种前见作用下的理解，而对话另一方的"你"的观点作为他在性因素被分离出来并获得重视。伽达默尔正是看到了"他者"这一特殊现象，并试图在谈话中建立自己和他者之间世界定向的语言性。[2]另一方面，时间间距也并不是横亘于对话双方断裂的鸿沟。伽达默尔指出："时间间距并非是一种由于其分离而必须被沟通的鸿沟，时间间距乃是限制根植于其中的事件的根本基础。"[3]事实上，我们必须把时间间距作为一种使理解得以可能的肯定积极因素："时间间距并非一个张着大口，需要被填平的鸿沟，而是由习俗和传统的连续性所填满，正是由于这种连续性，一切传承物才向我们呈现出来。"[4]事物只有进入历史性的传递进程，传递才能彰显意义。时间间距被对话双方由于时间和空间差异所形成的不同传统和习俗所填满，时间间距包含着一种连接性，一种从"我"到"你"的过渡。

　　然而，传统和习俗的差异并非仅由时间的延续性产生，空间间距同样可产生差异的传统和习俗。因此，如果我们从差异、异己性以及他在性等广义视角来理解伽达默尔的时间间距概念，就能看到伽达默尔的本来意图并非把间距概念限定在时间性的狭义视角之中。

　　由此可知，时间间距不仅指因时间改变而造成的间距（如现代人读古代人的文章），也可指因空间差异而造成的间距（语言、民族以及文化差异），间距形成的是一种"效果历史意识"。伽达默尔认为历史主义的问题在于其对间距作用的忽视，从而无视自身的前见。间距形成了一种真正的历

---

① 伽达默尔. 真理与方法（Ⅱ）［M］. 洪汉鼎，译. 北京：商务印书馆，2010：10.
② 伽达默尔. 真理与方法（Ⅱ）［M］. 洪汉鼎，译. 北京：商务印书馆，2010：10.
③ 伽达默尔. 真理与方法（Ⅰ）［M］. 洪汉鼎，译. 北京：商务印书馆，2010：420.
④ 伽达默尔. 真理与方法（Ⅰ）［M］. 洪汉鼎，译. 北京：商务印书馆，2010：421.

史思维，真正的历史思维必须同时意识到自身的历史性，间距的积极作用在于："我"在间距中学会认识自己的他者，并因而认识自己和他者。真正的历史对象不是对象，是间距中的自己和他者的统一体或一种关系，在关系之中，理解者不会在理解中同化他物并因此忽略他物的他在性。这就是效果历史的作用。

从这个意义上说，时间间距的本来含义已然涵盖了语际翻译的空间差异视角，只不过伽达默尔没有对之进行特别强调或突出而已。

与之相似，站在"差异"视角下，"视域融合"也不再特指过去与现在、历史与当下的融合，而是泛指一种差异性、异质性作用下的融合。文本异质性使理解者修正自身的前见视域，理解者也就不断扩展并构成了自己新的视域，这一视域必然包含文本的原有视域，文本视域以理解者自身的方式不断呈现、修正、重构。因此，"在我们的理解中，他者以我们自己的方式呈现自身，以致不再有'何者为我''何者为他'的疑问"[①]。差异下的融合当然也不仅仅包含时间造成的差异，当然也包含空间造成的差异，甚至即使是生活在同一时空境遇中的不同理解者对同一文本筹划的"视域融合"也不尽相同。所以，视域融合的前提是视域差异，差异泛指一切异己性和他在性因素。正所谓"横看成岭侧成峰，远近高低各不同"，说的就是这一道理。

因此，伽达默尔的"前见""效果历史"等具有时间性特征的概念也同样意指理解者和理解对象之间的差异性，以及理解发生时的境遇性和处境性。可以说，伽达默尔的时间性概念的本质在于他对差异、异己性和他在性的强调。在此意义上说，以间距为代表的时间性概念在其意义上完全可以涵盖语言翻译这一空间性差异视角。也就是说，间距概念可以适用于论证语际翻译问题。

但另一方面，我们也必须承认，伽达默尔在其代表作《真理与方法》

---

① 李清良. 伽达默尔自相矛盾吗？——"视域融合"说辨析兼论诠释学辩证法的立足点 [M]//洪汉鼎, 傅永军. 中国诠释学（第七辑）. 济南：山东人民出版社，2010：58.

中，也的确主要是从历时性的时间向度来谈意义理解问题，换句话说，有关空间间距造成的理解历史性问题的确不是伽达默尔的理论重点。从这个意义上说，伽达默尔诠释学确实有其视角上的理论阈限。这就为本书进一步深挖空间间距下的语际翻译问题留下空间。

通过对文本、间距等要素的批判考察，本书认为"关系主体"的游戏完全适用于探讨翻译问题。在游戏视角下谈翻译，既能凸显伽达默尔广义翻译观中所忽视的语言差异问题，又能保留伽达默尔广义翻译观的优势，使狭义翻译向广义的理解和解释靠近，从而把翻译带入本体论视角，翻译理论不再表现为服务于翻译实践的技术或工艺，翻译获得了其独立存在的本体论意义。

第三节　能否在本体论意义上谈论翻译过程

从某种意义上来说，伽达默尔的广义翻译观使翻译上升到人之生存的本体论高度，凸显了翻译存在的原初目的——使负载于陌生文本中的意义向目标语群体开显，从而扩大人们对原有生活经验的感知，进而增进人际间理解。

然而，我们不禁要问，在本体论意义上谈论翻译是否具有可行性呢？不同历史时期，人们对翻译的态度有所不同，也决定了人们在不同意义上谈论翻译问题。

就传统翻译理论而言，翻译被看作一种工艺学的技术理论，一门可以传授和学习的技艺。在这一观念影响下，翻译理论研究的重点也自然放在"如何才能实现更好的翻译"这一核心问题上来。西方早期翻译主要以《圣经》翻译为主，追求如何才能实现对《圣经》原意的忠实成为当时翻译理论的唯一目标。自此以后，传统翻译中的许多话题千年未变。无论是西方还是中国，翻译理论的探讨仅仅局限于"直译与意译之争""信、达、雅"原则等方面。这些理论的讨论无非是帮助人们改进翻译技艺，更好地实现精确通达的翻译。在翻译技艺学思维的影响下，翻译理论只能是指导和改进技艺的方法原则，固然无法上升到本体论高度。

当然，我们同时亦无法否认，翻译技艺学思想并非是一种错误思想，翻译始终无法规避语言转译问题，所以如何更好改进语言转译的技艺问题必然应该是翻译理论研究的重点。因此，现代翻译理论也大多建立在翻译技艺学思想的基础之上。如奈达的对等翻译原则，旨在通过制定翻译原则，更好地指导翻译实践；认知心理学派试图还原译者翻译心理的研究，是为了找到译者在翻译过程中遵循的某些认知规律，以更好地帮助译者明晰翻译中应该采取的翻译策略和方法；当下最为流行的基于语料库的翻译理论研究也是在大数据帮助下，以统计原则为基础，意图找出最佳目标语表达。由此可见，翻译技艺学仍然占据翻译理论研究的主流。

但翻译仅仅是一种技艺吗？人们不断改进翻译技艺的目的是什么呢？如果我们从翻译旨在扩大异质语言共同体人群之理解和交流这一原初目的出发看待翻译问题，那么翻译就不仅是一种可以不断改进的技艺，更是空间间距作用下，人际间的理解与差异下共识的达成，是两种世界经验的碰撞与融合。甚至可以说，在文化融合的现代社会，语际翻译代表了一种人们在差异之中寻求理解共识的"居间存在"的普遍生存状态[①]。如同译者在原文和目标语读者之间，在自主性与他在性通过作用下博弈与妥协一般，在生活世界中的每个个体都在自我与他者之间博弈妥协，在交往中敞开自身的存在。在此意义上说，语际翻译问题不应仅仅定位在经典文本理解之技艺与方法原则层面。语际翻译问题完全有上升到人之存在的本体论高度，这与伽达默尔语言本体论的诠释学不谋而合。

---

① 李河. 巴别塔的重建与解构——解释学视野中的翻译问题［M］. 昆明：云南大学出版社，2005：310.

基于以上分析可知，伽达默尔"关系主体"的游戏理论可以用于探讨语际翻译问题。在此基础上，本书尝试把游戏理论的一般规则放在语际翻译的特定背景下，以游戏精神为核心，就翻译发生机制展开以过程为导向的描述性翻译研究。通过对翻译发生过程的描述性分析，阐释翻译游戏与其置身传统、文化等境遇的密切关联，从而在本体论意义上证明翻译是一种体现人之存在方式的实践智慧。因此，在下一章中，笔者将首先对本书的奠基性理论——伽达默尔游戏理论进行全面综合考察。

第二章 伽达默尔的游戏理论

伽达默尔游戏理论是本书得以展开的奠基性理论。在本书中，作者对游戏理论的考察将从两个层面展开：第一，将哲学诠释学的游戏概念放在伽达默尔对前人游戏概念的理解中进行考察，亦放在欧陆哲学辩证法及现象学传统中进行考察；第二，系统解读伽达默尔游戏理论的主要内容。

第一节 伽达默尔对前人游戏概念的理解

一、欧陆哲学传统中的游戏概念

游戏概念并非由伽达默尔独创，荷兰作家赫伊津哈所著的《游戏的人》①一书从游戏的文化属性出发，对游戏特征展开描述，赫伊津哈对伽达默尔的游戏概念产生了重要影响②。

赫伊津哈指出，游戏的首要特征在于"它是自主的（free），实际上是自由的（freedom）"③。游戏的自由特性源于游戏的愉悦（fun）精神，游戏者被轻松愉悦感吸引到游戏中，自愿进入游戏，感受游戏的轻松自由。赫

---

① 约翰·赫伊津哈.游戏的人［M］.北京：中国美术学院出版社，1996.
② 伽达默尔.真理与方法（Ⅰ）［M］.洪汉鼎，译.北京：商务印书馆，2010：153.
③ 约翰·赫伊津哈.游戏的人［M］.北京：中国美术学院出版社，1996：15.

伊津哈继而指出，游戏的第二个特征与游戏的自由特性紧密相关，即"游戏不是平常的或真实的生活"①，游戏"只是在假装"或"只是玩玩"，游戏脱离生活。此外，赫伊津哈还认为，游戏具有固定的规则和秩序，具有时空界限，推动着社会团体的形成，于是，规则性成为游戏的第三个特征。最后，游戏的最重要特征表现为旨在"为某事物的竞争"，或成为"对某事物的表现"②，二者可以合称为"游戏再现（represent）某种竞争"。"再现"即展示，在"再现"特征中，游戏通向了观众，游戏表征具有社会性的人际间交流与差异下共识。

无可否认，伽达默尔游戏理论中的部分观点，如游戏是"竞争""再现"，游戏通向观众等观点，直接源自赫伊津哈。

伽达默尔也并非第一个用游戏谈论艺术的人，康德和席勒都用游戏谈论过艺术。康德首先把游戏概念引入艺术美的鉴赏活动之中。康德把游戏分为三类：博彩的游戏、音调的游戏和思想的游戏③。博彩的游戏要求兴趣④，强调一种游戏主体想获取胜利、想战胜对方的兴趣，这是一种竞争精神的体现。音调的游戏要求感觉的交替，感觉都与激情相关⑤，强调游戏使游戏者激情投入游戏之中的吸引作用。而思想的游戏仅仅产生自判断力中诸表象的交替，思想的游戏虽然没有产生任何带有某种兴趣的思想，但能振奋心灵，使人快乐起来⑥。

综合看来，康德强调游戏的竞赛精神、对人的吸引作用以及游戏的娱乐精神。但与此同时，娱乐性的游戏"还是可以被知性的运用，合目的地运用到它的事务上"⑦。康德把美的艺术分成三类：语言的艺术、造型的艺术和

---

① 约翰·赫伊津哈.游戏的人［M］.北京：中国美术学院出版社，1996：15.
② 约翰·赫伊津哈.游戏的人［M］.北京：中国美术学院出版社，1996：15.
③ 康德.判断力批判［M］.李秋零，译注.北京：中国人民大学出版社，2011：153-154.
④ 康德.判断力批判［M］.李秋零，译注.北京：中国人民大学出版社，2011：154.
⑤ 康德.判断力批判［M］.李秋零，译注.北京：中国人民大学出版社，2011：154.
⑥ 康德.判断力批判［M］.李秋零，译注.北京：中国人民大学出版社，2011：154.
⑦ 康德.判断力批判［M］.李秋零，译注.北京：中国人民大学出版社，2011：149.

感觉游戏的艺术①。其中，语言的艺术又可划分为演讲术和诗艺②。康德援引演讲术的例证："演讲是一种游说的艺术，亦是一种通过美的幻相来骗人的游戏，是一种辩证法，这种辩证法在人们作评判之前就为演讲者自己的好处而赢得人心并剥夺其自由所必需的东西。"③

在上述康德游戏概念中，已经出现了伽达默尔"游戏对游戏者的吸引、游戏的辩证法因素以及游戏包含艺术和语言"等观点，但康德游戏概念着重凸显的是一种"主体性美学"观点，即美作为主体在审美活动中的自由特征，主体通过游戏的自由无功利性实现想象力、知性以及对象三者间的一致性。因此，审美活动是主体对对象的纯粹形式加工时引起的想象力的自由活动，这一活动具有游戏的自由特征，游戏以其轻松自由精神实现审美主体心灵机能之间相互作用的活动状态。

所以，康德对游戏自由精神的强调，仍然是其一贯秉承的先验原则和主体论哲学观点的具体体现。康德从先验主体的鉴赏判断力出发，认为美是审美主体从"想象力以其自由而知性以其合法性原则"④相互作用的游戏中得到的愉悦与轻松。在康德游戏中，游戏者作为游戏主体成为游戏中唯一重要的因素。

席勒继承了康德的主体性游戏思想，坚持从主客分离的视角看待游戏。在康德游戏观的基础上，席勒把艺术仅仅归结为游戏者"游戏冲动"的对象性产物。席勒的游戏思想继承并发扬了康德主体性哲学色彩，更为密切地围绕"人"这一主题展开。席勒认为，美可以恢复人性的完美，克服感性和理性的片面性，"艺术生成于审美游戏中自由形式的创造；艺术生成于创造自由形式以表现任性自由的审美游戏冲动之中"⑤。通过游戏，人的感性和理

① 康德. 判断力批判［M］.李秋零，译注. 北京：中国人民大学出版社，2011：143-144.
② 康德. 判断力批判［M］.李秋零，译注.北京：中国人民大学出版社，2011：149.
③ 康德. 判断力批判［M］.李秋零，译注.北京：中国人民大学出版社，2011：149.
④ 康德. 判断力批判［M］.李秋零，译注.北京：中国人民大学出版社，2011：112.
⑤ 曹峻峰，朱立元.西方美学通史（四）［M］.上海：上海文艺出版社，1999：469.

性得以弥合，人才能成为自由的人。席勒的游戏概念更为显著地突出了游戏者在游戏中的主体和中心地位，游戏服务于游戏者这一游戏中唯一重要的主体。因此，席勒的游戏概念继承并发扬了康德的主体性美学，二者的游戏观共同体现了十九世纪德国美学的主观化倾向。

　　伽达默尔的游戏虽然是在赫伊津哈、康德、席勒游戏观基础上形成的，但此游戏却与上述游戏有着根本的不同。首先，伽达默尔把康德席勒的游戏概念从艺术领域中延伸出去。伽达默尔的游戏不仅包含艺术游戏，同时包含了发生在两个对话者之间以理解为目的的对话游戏，以及发生在文本与读者之间的文本理解的对话游戏。不仅如此，伽达默尔更是把理解的对话游戏延伸到语言的内在结构之中，试图找到语言自身超越陈述内容的对话结构。正是具有对话结构的语言游戏本身向人们诉说、建议、沉默、询问，并在回答中实现了一与多的辩证统一，才实现了语言对世界经验的表征。因此，伽达默尔的游戏概念是艺术与语言的结合贯通，是贯穿其本体论诠释学始终的核心概念，是理解一切世界经验的基础和灵魂。其次，伽达默尔把现象学与辩证法精神引入游戏概念中，游戏成为一种"关系"引领下，游戏者、游戏对象和游戏观赏者之间博弈妥协的动态发生过程，这一观点通过赋予游戏以"过程先于主体"的现象学特征，彻底打破了康德、席勒以来主体性游戏观以及"游戏者支配游戏"的艺术主观化倾向，使人文科学的理解问题走出先验哲学的限制，走向境遇背后的世界经验。

二、伽达默尔与维特根斯坦：异曲同工的语言游戏

　　游戏理论的另一个杰出代表是维特根斯坦的语言游戏理论。维特根斯坦思想的形成时期略早于伽达默尔，但伽达默尔认为，他的游戏思想并非源自维特根斯坦的影响："我在完成了《真理与方法》之后才开始仔细阅读维特根斯坦，当时他的语言游戏在德国已经非常流行。"①

---

① Gadamer H-G. *Gesammelte Werke Band 10* ［M］. Tubingen: Mohr Siebeck, 1993: 338.

　　然而伽达默尔也曾多次表达自己对维特根斯坦后期思想的赞同，可以说二者的游戏理论虽而殊途，却致同归。在《在现象学和辩证法之间——一种自我批判的尝试》（1985）中，伽达默尔指出："我在30年代关于游戏概念的想法同后期维特根斯坦的思想具有一致性。"[①]在《事物的本质和事物的语言中》，伽达默尔在谈论欧陆哲学与分析哲学的相似之处时，也提到了他对维特根斯坦后期思想的赞同与欣赏："近几十年语言现象占据哲学研究的中心并非偶然……正如海德格尔在现象学的发展中承认了人的此在有限性和历史性从而根本改变了形而上学的任务一样，逻辑实证主义反形而上学的热情也随着承认说出的语言具有独立的意义而被消解（维特根斯坦）。"[②]在《真理与方法》第二版序言中，伽达默尔指出："我对游戏或语言的分析应被认为是纯粹现象学的。因此当我接触到维特根斯坦的语言游戏概念时，我就觉得这个概念是完全自然的。"[③]在《现象学运动》中，伽达默尔更是直接向维特根斯坦发问："维特根斯坦后期把奥古斯丁的唯名论的语言理论径直用作他的自我批评的出发点。他是否可能没有向柏拉图的辩证法学到某些东西呢？"伽达默尔在其后期的一些文章中也曾多次提到自己思想与维特根斯坦的相通之处："语言的作用完全符合维特根斯坦对私有语言不可能的理论，同时也证实了对话的首要性。"[④]"维特根斯坦凭借自己的体悟，并出于与我截然不同的形而上学批判目的获得的游戏概念，与我的游戏概念具有相似性。"[⑤]

　　从伽达默尔的上述言论中，我们可以看出，伽达默尔完全赞同维特根斯坦语言游戏之核心内涵——在语言活生生的使用中理解语言，并由此消除传

---

① 伽达默尔. 真理与方法（Ⅱ）［M］. 洪汉鼎，译. 北京：商务印书馆，2010：5.

② 伽达默尔. 真理与方法（Ⅱ）［M］. 洪汉鼎，译. 北京：商务印书馆，2010：88.

③ 伽达默尔. 真理与方法（Ⅱ）［M］. 洪汉鼎，译. 北京：商务印书馆，2010：563.

④ Gadamer H-G. *Gesammelte Werke Band 10*［M］. Tubingen: Mohr Siebeck, 1993: 389, 431.

⑤ Gadamer H-G. *Gesammelte Werke Band 10*［M］. Tubingen: Mohr Siebeck, 1993: 389, 432.

统形而上学的弊病。伽达默尔与维特根斯坦的游戏理论都以反对现代语言的逻辑形式为出发点，旨在找到逻辑语言掩盖下的语言的本真形式。二者观点的不同之处在于，伽达默尔通过找出逻辑语言背后的对话结构，反对现代逻辑思维对语言的主观操控；而维特根斯坦则通过对日常语言的再分析，找出语言的本真状态。二人虽采用不同途径，却都把语言的落脚点放在语言与生活实践的联系之中，语言只有在交往之中，在人之生活的世界境遇之中，才能获得其本真意义。

我们在找到伽达默尔和维特根斯坦思想相通之处的同时，也必须明确，伽达默尔的游戏理论和维特根斯坦的游戏理论植根于不同的哲学传统之中：伽达默尔的语言游戏以其现象学与辩证法特征，深深植根于欧陆哲学之现象学-诠释学传统之中，通过语言中的对话结构彰显世界经验，突出强调语言观即世界观的本体论思想，显露出欧陆哲学的一贯风格。而维特根斯坦无疑扎根于英美分析哲学传统，他以拒斥语言形而上学为根基，认为语言的意义存在于语言在日常生活中的使用中，通过对日常语言中各种语言游戏的科学分析，澄清现代语言的弊病，他对语言始终贯彻一种科学主义精神态度。

但总体而言，伽达默尔和维特根斯坦通过从不同声音下的语言游戏出发，反对笛卡尔式的主体性哲学，强调语言对主体意识的超越性，强调语言与文化、社会、生活的整体关联性，共同表征了二十世纪哲学的语言性特征。

第二节　伽达默尔的游戏理论的欧陆哲学渊源

通过上一节分析可知，前人的游戏概念无疑对伽达默尔游戏理论的形成起到至关重要的作用。除此之外，其游戏理论的形成亦离不开欧陆哲学辩证法与现象学-诠释学传统的浸润和影响。

"游戏"概念是衔接伽达默尔诠释学之人文科学（艺术、历史与语言）

的关键性主线。在《真理与方法》第一章"艺术作品本体论"页首，伽达默尔就用显著的标题"作为本体论阐释主线的游戏"①指明了游戏概念在其整个诠释学体系中的核心地位。在后《真理与方法》时期，伽达默尔更加强烈地意识到游戏对他的本体论诠释学理论的贯穿作用。在《在现象学和辩证法之间——一种自我批判的尝试》（1985）一文中，伽达默尔指出："我在书中（《真理与方法》）先是讨论艺术游戏，然后考察了与语言游戏有关的谈话的语言基础（对话游戏），这样就提出了更宽广更有决定性的问题，即我到底在多大程度上做到了把诠释学向度作为一种自我意识的对立面而显露出来，这就是说，在理解时不是去扬弃他者的他在性，而是保持这种他在性。这样，我就必须在我业已扩大的语言普遍性的本体论观点中重新召回游戏概念。这就使我把语言游戏同艺术游戏更紧密地相联系。这样就显然容易使我按照游戏模式去考虑我们世界经验的普遍语言性。"②

这段话可以从以下层面理解。第一，游戏概念贯穿伽达默尔诠释学的始终。一切人文科学的理解问题——艺术的理解、历史科学的理解乃至世界经验的普遍语言性，都可以用游戏精神来表征。第二，游戏中内涵了一种在他在性与"自我意识"的"关系"间展开的博弈妥协的现象学与辩证法精神。第三，同艺术游戏相似，世界经验的语言普遍性具有游戏特征，游戏指向人际间关于世界经验的理解、解释与交流。

综上所述，在伽达默尔诠释学视域下，游戏是一种在现象学与辩证法之间的活动，欧陆哲学之辩证法传统以及现象学诠释学传统的影响，是伽达默尔游戏理论不可忽视的理论渊源。

一、辩证法的影响：从柏拉图到黑格尔

伽达默尔游戏的辩证法精神最直接来源就是柏拉图的对话辩证法思想。

---

① 伽达默尔. 真理与方法（Ⅰ）［M］. 洪汉鼎，译. 北京：商务印书馆，2010：149.
② 伽达默尔. 真理与方法（Ⅱ）［M］. 洪汉鼎，译. 北京：商务印书馆，2010：163.

伽达默尔也多次表达了柏拉图对他的影响:"我的思想构成得益于柏拉图的对话。"① "我特别喜欢有关苏格拉底同智者们争论,用他的问题使他们陷于绝望的描写。"②

伽达默尔在《柏拉图〈第七封信〉中的辩证法和诡辩》一文的开篇就指明了自己对柏拉图辩证法的理解。众所周知,柏拉图辩证法开始于苏格拉底引导下的谈话。但伽达默尔认为,谈话不能涵盖柏拉图辩证法的全部内容,从苏格拉底谈话艺术中发展起来的是两种辩证式思维:"第一是对立面的思维训练。第二是如何把'一'与'多'相互联系起来,即如何把表象纳入一般共相之中。"③

这两种辩证思维分别突出体现在柏拉图前期与中后期的对话思想中。伽达默尔在《作为画家的柏拉图》一文中指出,柏拉图对话中的苏格拉底以两种形象出现。前期作品中的苏格拉底以"无知者"的形象出现,柏拉图对苏格拉底的描绘在这一时期是模糊不清的,他这样做的原因是意欲通过弱化对话者,而着重凸显对话中的问答结构,通过对话,苏格拉底和"可教的青年"一起走向开放性与限制性共存的对话过程④。例如,在柏拉图早期对话"Euthyphron"关于"虔诚"问题的讨论中,苏格拉底就是以无知者的形象出现的。柏拉图早期作品中的苏格拉底更像一名"助产士",通过提问、反诘、修正,引出对方谈话中的矛盾,不断修正这种矛盾,从而使对话者改变其原有观点。在对话中,问题、对话中的他者、矛盾以及对话达成的视域融合都是对话辩证法的关键性要素。

正是在柏拉图对话的基础上,伽达默尔重新赋予柏拉图对话的诠释学特征,并将面对面的对话领域移植到了文本理解之中,把解释者与文本的关系

---

① 伽达默尔. 伽达默尔集 [M]. 严平, 编选. 邓安庆, 等译. 上海: 上海远东出版社, 1997: 8.

② 伽达默尔. 哲学解释学 [M]. 夏镇平, 宋建平, 译. 上海: 上海译文出版社, 1994: 12.

③ 伽达默尔. 伽达默尔论柏拉图 [M]. 余纪元, 译. 北京: 光明日报出版社, 1992: 103.

④ Gadamer H-G. *The Gadamer Reader: A Bouquet of the Later Writings* [M]. Richard Palmer(eds.). Evanston: Northwestern University Press, 2007: 293.

也看作一种对话关系，从而将文本理解引向"对话"过程①。可以说，伽达默尔哲学诠释学理论重新唤醒了柏拉图早期的对话辩证结构中的重要内容。

但在柏拉图中后期的作品中，苏格拉底的形象逐渐发生了改变，他不再以"助产士"的角色出现，而更多以全知者的角色"独白式"地阐释自己的观点。苏格拉底的全知者形象在《斐多》篇、《会饮》篇以及《巴门尼德》篇以及其晚年作品《第七封信》中体现得尤为明显。随着苏格拉底形象的改变，辩证法的方向也由对话式的问答模式转向学园式的教导讨论模式。在教导式讨论的叙述模式下，柏拉图的辩证法更多表现为用"一"与"多"的辩证法对概念提出逻辑论证。

典型的例证体现在柏拉图在《第七封信》"附论"中对"什么是圆"这一概念的论证中。柏拉图区分了认识圆的四种途径②：名字或词，解释或概念规定，现象、例子或图形，关于圆的见解。

首先，柏拉图指出，这四类途径归根结底都是"词"或"语言"，即它们都是通过言谈进行表述的。其次，这四类途径都不是"圆"本身，都不是"事物本身"的本来面目，它们同"圆"本身相关。或者说，"圆"本身是"一"，是理念，四途径则是"事情本身"的"多"，是理念的分有。圆的例证告诉我们，柏拉图的辩证法旨在把共相（圆本身）从表象（四途径）之中揭示出来。

"圆"是"一"与"多"的辩证统一，那么，"一"与"多"如何实现辩证统一的呢？表象之间彼此差异，但差异背后却站着共相——理念"一"，这种差异之中的统一的关系是通过模仿而实现的。

模仿源自毕达哥拉斯，在毕达哥拉斯那里，模仿是这样一个事实："宇宙本身、天穹以及我们听到的音调和谐，都可以以一种奇妙的方式通过数的

---

① 对话辩证法的哲学诠释学应用是游戏精神的重要体现，也是本书的核心内容之一，本书的第三章及第四章将分别对该内容进行详细阐述，在此不再赘述。

② 伽达默尔. 伽达默尔论柏拉图 [M]. 余纪元，译. 北京：光明日报出版社，1992：110-111.

比例再现出来。"①模仿是语言数和数之间的比例，这是一种我们只能在心中构想出来的"关系"。因此，模仿代表的是一种秩序。辩证法的主体不是对象，而是对象之间的"关系"，是对象按照"关系"进行的再现。

柏拉图的"一"与"多"辩证思想无疑孕育了伽达默尔语言的辩证结构——语言是"一"与"多"的辩证统一的思想。而"一"与"多"辩证统一的最终根据在于模仿体现了一种"关系"先对"数"的优先性原则；而伽达默尔正是以"关系优先性"的"游戏"为中心建构了在现象学与辩证法之间的诠释学。在此意义上，伽达默尔曾多次明确表明自己注定"只能终生作柏拉图的学生"②的坚定立场，也就不足为怪了。

此外，柏拉图后期的概念化与逻辑化倾向也成为黑格尔辩证法的基础。黑格尔的辩证法并非源于对话，而是源于"矛盾"。"矛盾"在柏拉图的《巴门尼德》篇首次出现，并被亚里士多德发展成为辩证法。伽达默尔认为，从亚里士多德到黑格尔到现代逻辑学有一条"概念化"③思想的发展线路。柏拉图后期的辩证法思想正是这条传统形而上学路线的"概念化"奠基者。

然而，伽达默尔仍然为柏拉图做出辩护。他认为柏拉图在以其理念论和伦理学为形而上学奠基的同时，又借助对话辩证法和模仿限制了其所有断言，因此，柏拉图不是柏拉图主义者："正像运用习惯性反讽的苏格拉底知道如何与他的对话伙伴一道达到它的结论一样，运用对话-诗歌技术的柏拉图也知道如何给他的读者去除他设想的优越性。"④也就是说，使哲学走上形而上学道路并非柏拉图的本意，而是柏拉图之后的柏拉图主义者们对柏拉图理

① 伽达默尔. 伽达默尔集［M］. 严平，编选. 邓安庆，等译. 上海：上海远东出版社，1997：491.

② Gadamer H-G. *The Gadamer Reader: A Bouquet of the Later Writings*［M］. Richard Palmer (eds), Evanston: Northwestern University Press, 2007: 297.

③ 伽达默尔. 伽达默尔集［M］. 严平，编选. 邓安庆，等译. 上海：上海远东出版社，1997：8.

④ 伽达默尔. 伽达默尔集［M］. 严平，编选. 邓安庆，等译. 上海：上海远东出版社，1997：8.

念论的强化以及对其对话辩证法的忽视所导致的。伽达默尔认为，即使在柏拉图晚期思想中，他也一直在强调对话语言对真理的揭示作用。正如伽达默尔在《柏拉图〈第七封信〉中的辩证法和诡辩》一文的最后所说："哲学总是在苏格拉底的讨论中寻求自己的源头，纯粹的谈话，谈话本身，不管多么不可信，总能够在人们之中产生理解，这就是说，都能使人成为人。"①

哲学辩证法家中最突出的一元论者无疑是黑格尔，一元论是一种"从一种逻辑规定到另一个逻辑规定的内在演进，它被认为不是从任何假设性断定开始，而是随着概念化自我运动，在思想自身的逐渐展开之中呈现出它的内在结构"②。

黑格尔也被看作第一个深刻把握柏拉图辩证法的哲学家。柏拉图晚期对话《巴门尼德》篇以其"令人头疼的逻辑"和"思辨性的刺激"③，开启了黑格尔的辩证法之路。从《巴门尼德》篇中，黑格尔得到的是思辨性的辩证法，他认为柏拉图超越了特殊而指向一般，让"一"从与之对立面"多"的统一之中展现出来，让"普遍性在对立统一中展现普遍性"④。因此，《巴门尼德》篇被黑格尔称为"古代辩证法最伟大的著作"⑤，也正是在黑格尔的影响下，《智者》篇、《巴门尼德》篇等柏拉图后期作品才被认定为柏拉图哲学的真正核心。

但对黑格尔而言，《巴门尼德》篇中的逻辑和思辨性是不纯粹的，因为它们是从假设前提出发，这些假设前提并不按照某种内在必然性而彼此产生。因此，黑格尔的思想更多依赖于苏格拉底对话的全部方式——在苏格拉底对讨论的引导之中，走向思想的内在形式和自我展开。黑格尔意识到，在苏格拉底对话中，那些对话者所起的看似平淡无奇的作用，却证明了发展

---

① 伽达默尔. 伽达默尔论柏拉图［M］. 余纪元，译. 北京：光明日报出版社，1992：136.

② 伽达默尔. 伽达默尔论黑格尔［M］. 张志伟，译. 北京：光明日报出版社，1992：2.

③ 伽达默尔. 伽达默尔论黑格尔［M］. 张志伟，译. 北京：光明日报出版社，1992：1.

④ 伽达默尔. 伽达默尔论黑格尔［M］. 张志伟，译. 北京：光明日报出版社，1992：6.

⑤ 黑格尔. 精神现象学（上卷）［M］. 贺麟，王玖兴，译. 北京：商务印书馆，1979：58.

着的思想的内在必然性。他称赞与苏格拉底对话的年轻人是真正温顺的年轻人，他们随时准备丢弃可能扰乱进程的一切顽固成见和奇想，也就是说，对话中的"他者"的存在正是推动对话进行的内在矛盾和否定因素，黑格尔看到了"他者"的否定力量①，并将其看作推动对话进行的"内在力量"。

黑格尔亦是从苏格拉底对话中的"他者"力量中看到古希腊辩证法自我认识的运动特征。运动问题也是晚年柏拉图辩证法所面临的问题。对柏拉图来说，理念世界的僵死静止状态不可能是真理，理念之间相互关系是运动和存在相伴相生的结构，因此，正是运动使理念成为相互协调的灵魂。亚里士多德发展了柏拉图的运动观，把运动的最终目标指向了绝对。而黑格尔则理所应当地继承了亚里士多德，从而更突出强调理念论高于辩证法的观点。

可以说，黑格尔思想虽受到柏拉图早期对话的影响，却最终并没有走向其早期对话，而是坚定的走向独白式的一元化"自我展现思想的理想"，这种方法论概念更多依赖于笛卡尔方法的原则，在笛卡尔式自我原则的引导下，黑格尔走向了"柏拉图理念论和亚里士多德的实体本体论的思辨倾向"②，走向了"绝对知识"和"绝对精神"。

正在基于这一原因，海德格尔对黑格尔是完全拒斥的。伽达默尔的学生帕尔默曾在英文版《黑格尔的遗产》的序言中提到他亲见海德格尔与伽达默尔在1965年一次演讲中就黑格尔问题发生的争论。海德格尔指出："伽达默尔忽视了一个基础性的东西——黑格尔的哲学体系最终指向的是绝对知识，这个前提使一切都变得不可能。"③

然而伽达默尔却坚持认为黑格尔对海德格尔的影响是无法忽视的。海德格

---

① 伽达默尔正是在吸纳了黑格尔辩证思想发展之关键动因——"他者"因素——的同时，摒弃了黑格尔对陈述语言的推崇，归复到柏拉图早期具有问答结构的对话语言，从而构建本体论诠释学。

② Gadamer H-G. *The Idea of Good in Platonic—Aristotelian Philosophy*［M］. P. Christopher Smith (trans.). New Haven: Yale University Press,1986: 1.

③ Gadamer H-G. *The Gadamer Reader*: *A Bouquet of the Later Writings*［M］. Richard Palmer(eds.). Evanston: Northwestern University Press, 2007: 323.

尔的本质主张中隐藏在辩证法因素①——被抛与筹谋、本真与非本真、存在与遮蔽、真理与谬误、揭示与存在之间的无的辩证张力都与黑格尔的辩证法不无联系。于是，伽达默尔指出："海德格尔对形而上学的消解并没有剥夺黑格尔的成就：在当时，唯有徜徉于精神的主观性，黑格尔的人为的思维方法，才使得自身成为可运动的，并使自身成为对现代主观性的唯一解决方法。海德格尔把自身放在自我意识的确定性的背后，难道不也是黑格尔的意图吗？"②

在肯定黑格尔积极影响的同时，伽达默尔随即指出了自己以及老师海德格尔对黑格尔的超越："我与海德格尔共有的关于语言普遍性的倾向，以及我们接近世界的语言性之主张，难道没有表明既超越黑格尔又返回黑格尔的步骤吗？"③

伽达默尔继而指出，他的工作便在于用诠释学循环的无限性超越黑格尔的有限性的绝对精神，他致力于挽救"恶无限"的坏名声。这就是一条语言之路，伽达默尔超越了黑格尔式的陈述和判断，走向对话式的自然语言。于是，伽达默尔本人思想的一个重要核心主题脱颖而出，即自然语言乃是逻辑语言和陈述语言的基础，是概念的根源。因此，对哲学文本的解释意味着给作为"被言说语言"之"所言说之物"提供根据。于是，对自然语言的特殊感情，使伽达默尔归复到古代哲学的辩证法，回到柏拉图早期苏格拉底与无知青年问答对话的结构中，这就是对话游戏的问答结构。

二、"关系优先"的游戏：伽达默尔对海德格尔的弥合与继承

（一）传统诠释学与海德格尔诠释学的视域差异

诠释学自古以来就是一门与文本、方法密切相关的学科。早期诠释学的

---

① 伽达默尔. 伽达默尔集［M］. 严平，编选. 邓安庆，等译. 上海：上海远东出版社，1997：206.

② 伽达默尔. 伽达默尔集［M］. 严平，编选. 邓安庆，等译. 上海：上海远东出版社，1997：13.

③ 伽达默尔. 伽达默尔集［M］. 严平，编选. 邓安庆，等译. 上海：上海远东出版社，1997：14.

划分方式（圣经诠释学、法学诠释学）便体现出诠释学"为文本理解建立科学方法论"的理论初衷与学科性质。到了近代，人文科学不可避免地受到自然科学模式的影响，主客二分式的思维模式成为一切人文科学的前提与基础。以施莱尔马赫为代表的浪漫主义诠释学把理解界定为避免误解的技术，加剧了诠释学主客分离的方法论特征。施莱尔马赫之后的狄尔泰虽然看到了人文科学与自然科学的区别，认识到理解具有历史性，但理解的历史性却作为理解的消极因素被加以排斥，理解者必须超出自身偏见，突破人的历史性局限。然而，超出人的历史性的客观性理解是无法达到的，最终，狄尔泰走向了历史意识分析中科学与生命的冲突——人类无法超越自己所处的历史年代，形成一种无前见的客观认识。

正是海德格尔把诠释学从方法论带入了本体论，伽达默尔指出："海德格尔把理解概念深化成一种生存论概念，亦及深化成一种对人的此在的绝对基本规定，这对我非常重要。"[①]海德格尔认为，作为方法论的理解概念是历史主义陷入迷茫的一种表现，是一种竭力发现认识的"阿基米德点"[②]的企图。海德格尔克服这一问题的做法是不再把此在之历史性看作此在理解的消极性限制以及人文科学实现客观性的障碍，而是从积极意义上把此在的历史性纳入现象学式的诠释学循环，从而克服了历史主义之理解的认识论路径，理解不再是关于终极绝对的认识论问题，而是此在对其存在自由选择的可能性意识。在此意义上，海德格尔诠释学彻底摆脱了作为文本诠释的语文学学科的旧有性质，上升到本体论高度。

海德格尔在改进方法论诠释学的同时，也带来了问题——海德格尔的现象学立场，决定了他必然把精神科学的理解问题降低为一种次要或派生的立场。海德格尔诠释学仅在此在生存论向度谈论理解问题，此在是"烦"与"常在"状态下生存于世间的时间性、历史性存在，通过此在的理解与筹谋

---

① 伽达默尔.真理与方法（Ⅱ）[M].洪汉鼎，译.北京：商务印书馆，2010：415.
② 让·格朗丹.哲学解释学导论[M].何卫平，译.北京：商务印书馆，2009：172.

的诠释学循环，存在得以揭示。可以看出，生存论视角下此在诠释学未曾谈及传统诠释学中的文本理解问题，此在的理解诠释学是内嵌于其存在论之中的。

由此可知，海德格尔虽然通过肯定"历史性"这一积极因素把诠释学带入本体论高度，但他解读此在的生存论视角与传统圣经诠释学、一般诠释学的"有关文本理解"的诠释学理论旨趣之间存在明显的语境断裂。造成这种断裂的原因与海德格尔的生存论旨趣相关。海德格尔的首要理论目标并非关注"文本理解和解释"的诠释学，而是通过此在之理解诠释学（此在的历史性或此在的语言性[①]）引出对存在问题的追问，以澄明被遮蔽的存在意义。只有在澄明存在意义的基础之上，才能说"此在之在世"或"诗性语言"是一种理解和解释行为。因此，关于意义理解的诠释学只是海德格尔理论中用来引出对存在追问的附属线索。伽达默尔看到了海德格尔与传统诠释问题视角的差异，他指出："我自己的动机之一是试图找到海德格尔关于并非在者存在那样的存在的讲法的道路。这又一次把握更有力的引导到古典诠释学的历史，并迫使我在对它的批判过程中重新发挥它的作用。"[②]

伽达默尔的做法就是把海德格尔的诗性语言带回到古典诠释学的历史之中，带回到"精神科学的浪漫主义传统及其人文主义遗产中，并在此找到一种批判的立场"[③]。伽达默尔对传统诠释学的回归并不是要接续狄尔泰的"方法论"诠释学，相反，伽达默尔在（通过证明狄尔泰追求普遍有效的认识论基础的无效性）批判狄尔泰的基础上，把海德格尔本体论意识带入传统诠释学之中。因此，"与历史主义的冲突只是海德格尔次要的兴趣，而对于伽

---

① 海德格尔后期思想拒绝使用"诠释学"一词，但伽达默尔认为海德格尔后期思想（通过对荷尔德林等浪漫派诗歌的解读通达诗性语言）仍具有诠释学性质。海德格尔前期关注此在的历史性，后期关注诗与思的对话，二者都通向存在意义问题。因此，海德格尔前后期思想的研究目标还是一致的。

② 伽达默尔. 真理与方法（Ⅱ）[M]. 洪汉鼎，译. 北京：商务印书馆，2010：416.

③ 伽达默尔. 真理与方法（Ⅱ）[M]. 洪汉鼎，译. 北京：商务印书馆，2010：420.

达默尔来说则成了主要的任务"①。

在《真理与方法》开篇，伽达默尔重新回到精神科学传统之中，他的目标是从艺术真理出发"发展一种适合于整个精神科学的真理"——精神科学的历史传承物也同样"经常居间地传达我们必须一起参与其中去获取的真理"②。伽达默尔认为，人们对艺术作品的理解乃至对整个精神科学的理解行为都是一种与世界经验相关的历史性真理，需要人们在历史和传统的经验中获得。伽达默尔巧妙地避开了海德格尔诠释学中的弊端（海德格尔仅从此在的世界经验层面谈论理解和解释问题，从而忽视了其与关注经典文本意义理解传统诠释学的衔接性③），而是把对艺术与历史科学的理解和解释行为与人的世界经验相结合，通过论证艺术经验、历史科学经验与世界的关联性，把传统诠释学中关注的人文科学中的文本理解问题带入人之生存经验的本体论高度。因此，伽达默尔诠释学体现为一种"关系"诠释学。

"关系"诠释学的具体体现——游戏概念正是衔接人文科学（艺术、历史与语言）的关键性主线。通过游戏概念，伽达默尔保留了海德格尔诠释学中的现象学本体论特征，又使诠释学回到其传统之中——艺术、历史与语言的理解问题。通过赋予游戏现象学与辩证法特征，诠释学关注的问题不再是"如何对文本进行解释"的问题，而是"理解和解释是什么"的问题；理解和解释行为不再是正确与否的问题，而是世界经验的问题。如此一来，一方面，伽达默尔把圣经诠释学和一般诠释学致力于研究文本诠释方法的传统诠释学研究模式带入海德格尔诠释学之人之存在的本体论研究模式之中；另一方面，通过游戏"关系优先性"原则，伽达默尔把海德格尔存在论诠释学带入传统诠释学的话语背景之中，试图在本体论高度上重新谈论人文科学理解

---

① 让·格朗丹.哲学解释学导论［M］.何卫平，译.北京：商务印书馆，2009：172.

② 伽达默尔.真理与方法（Ⅰ）［M］.洪汉鼎，译.北京：商务印书馆，2010：5.

③ 笔者认为，海德格尔诠释学的弊端与海德格尔的理论旨趣相关。海德格尔的首要理论目标并非是诠释学的，而是存在论现象学的；诠释学只是他理论中的隐性主线。伽达默尔正是看到了海德格尔理论中的这条隐形主线，并把它带入诠释学传统之中，建立本体论诠释学。

问题，以弥合传统诠释学与海德格尔诠释学"意义理解"问题的语境差异。

（二）海德格尔前后期的思想的语境差别

除了与传统诠释学的视域差异外，海德格尔前后期诠释学之间也存在一定程度的语境差别。

海德格尔前期思想表现为通过关注此在的历史性，进而揭示存在的意义。在《存在与时间》中，此在历史性是通过此在的理解行为得以实现的：此在能筹划自身，理解（verstehen）概念不再是对客观对象的占有，而成为此在在世存在的方式。此在对自身的理解成为对存在意义的追问，自我理解由此在海德格尔那里获得了历史性含义。在此意义上，海德格尔前期思想也可以理解为一种基于此在理解的本体论诠释学。

然而，海德格尔后来完全放弃了此在诠释学概念，因为他发现此在诠释学仍是一种人学诠释学，对此在前理解结构的先验设定无法冲破先验反思的领域，存在意义无法通过此在得以揭露。于是，海德格尔后期旨在从诗性语言的根植性角度来谈论存在的真。海德格尔之所以选择诗性语言来表述存在，与他对存在本质（essence）的现象学界定不可分。海德格尔从四个层面对存在本质做出了现象学的界定，其中第四个层面①便是语词存在的本质："语词的'本质'不在于其表达，而在于其遮蔽，正如无语和沉默。"②语词的本质可表征为"在那儿"——"包括在场的与不在场的存在，如同荷尔德林的'上帝的缺乏'，正因为这种沉默决定了它们是在最诗性的意义上的存在"③。

---

① 其他三个层面分别为：工具的存在本质，工具的存在本质不在于其客观坚固性，而在于其使用上手性；艺术品的存在本质。艺术将真理保持在自身之中。对于观赏者来说，"本质"在此只相应于他逗留于作品之际；物体存在的本质。物体作为唯一自存的实在，不能为我们的目的服务，并且与消费对象——如工业产品——的概念相对立。（Gadamer H-G. *The Gadamer Reader: A Bouquet of the Later Writings* [M]. Richard Palmer (eds.). Evanston: Northwestern University Press, 2007: 350）.

② Gadamer H-G. *The Gadamer Reader: A Bouquet of the Later Writings* [M]. Richard Palmer (eds.). Evanston: Northwestern University Press, 2007: 351.

③ Gadamer H-G. *The Gadamer Reader: A Bouquet of the Later Writings* [M]. Richard Palmer (eds.). Evanston: Northwestern University Press, 2007: 351.

海德格尔认为，在现代科学主客分离思维模式的影响下，形而上学式的现代陈述语言无法承担存在"在那儿"之中遮蔽与揭示的交互关系。于是，海德格尔把现代陈述语言看作一种"形而上学的语言"加以彻底抛弃，取而代之是荷尔德林等浪漫派诗人作品中的诗性语言。

诗性语言以其遮蔽与显现的功能表征存在与存在者的"关系"。在此在和存在的关系中，"关系"成为首要的东西。伽达默尔指出："语言和理解在海德格尔思想中所具有的优先性是指'关系'，即语言和理解对理解者和理解对象具有先行性。"①语言成为一种"关系"，理解主体（此在）和理解对象（存在意义）在"关系"的动态过程中实现理解，"关系"先于此在及其理解对象。诗性语言表征"关系"，"关系"强调理解过程中的忘我性因素，从而使海德格尔后期思想摆脱对此在对主体性的"自我"和"意识"的依赖。

然而，海德格尔的诗性语言转向也同时导致了诗性语言的表达困境问题。伽达默尔认为，海德格尔后期对前苏格拉哲学（阿勒克西曼德、赫拉克利特和巴门尼德）的理解，对荷尔德林诗歌的解读仍然体现出一种诠释学精神②，但诗性语言无法成为上述诠释学精神的语言表达。海德格尔的本意是通过语言转向来避免主体性问题，但诗性语言对日常语言与生活世界的背离，使海德格尔日益陷入一种语言表达的困境之中，人与存在的关系变得遥不可及——存在成为与人学无关的不可触及之物，变得遥远而神秘。伽达默尔认为，海德格尔在其语言转向中，"日益陷入一种语言困境，从而使许多海德格尔的读者认为在他的转向中更多的是诗而不是哲学思考"③。

伽达默尔无疑看到了诗性语言的表达困境问题。他必须找到一种方式，把语言从"存在意义终点"这一形而上学的枷锁中解放出来。于是，伽达默尔用"游戏"概念沿袭了海德格尔表征"关系"的诗性语言概念。

---

① 伽达默尔. 真理与方法（Ⅱ）[M]. 洪汉鼎，译. 北京：商务印书馆，2010：416.
② 何卫平. 通向解释学的辩证法之途[M]. 上海：三联书店，2001：331.
③ 伽达默尔. 真理与方法（Ⅱ）[M]. 洪汉鼎，译. 北京：商务印书馆，2010：416.

（三）具有"关系"优先性的辩证游戏结构

伽达默尔的游戏结构存在于人们对艺术、历史、语言的理解之中，游戏是理解的基本结构形式。理解的游戏结构具体表现为一种"关系"优先性原则——理解者与理解对象之间的"关系"优先于理解者或理解对象本身。"关系"即辩证关系，表现为一种理解者和理解对象的"对峙"性动态结构。伽达默尔的游戏辩证关系结构经由海德格尔的影响，最终走向的是柏拉图的对话辩证法。

伽达默尔在1975年发表的《汉斯−格奥尔格·伽达默尔自述》[①]一文中讲述了他如何从海德格尔走向了具有问答辩证结构的对话游戏。海德格尔的伟大功绩在于用诗性语言替代了传统哲学中判断陈述式逻辑语言，诗性语言关注的是存在的整体，在诗性语言中祛除了判断陈述中规定的对象性，从而"存在"问题在"通向语言的途中"被重新提出。

伽达默尔并没有跟随海德格尔的步伐，而是走向比诗性语言更为源初的具有问答结构的对话语言辩证法。伽达默尔认为，根本不存在"形而上学的语言"，只存在一个人自己的语言，在这里形而上学传统中形成的概念以各种各样的转换和沉积的形式活着[②]。换句话说，伽达默尔承认现代逻辑语言的客观对象性和概念化特征，但他把逻辑语言定性为一种语言的形而上学使用，正是语言的形而上学使用掩盖了语言的原始结构形态——问答结构的对话语言辩证法。这是一种比诗歌语言更为普遍的语言，一种先于陈述的语言的原始形态，它比诗歌语言更普遍地存在于一切理解活动中。具有问答结构的对话语言是伽达默尔哲学诠释学的核心所在。

当然，伽达默尔对柏拉图对话辩证法的关注仍然离不开海德格尔的影响。海德格尔认为，柏拉图的理念是西方哲学传统"存在遗忘"的起源，随着主体性哲学时代的到来，"存在遗忘"在纯粹想象和客观化中达到顶峰，随

---

① 伽达默尔. 真理与方法（Ⅰ）［M］.洪汉鼎，译. 北京：商务印书馆，2010：607.
② 何卫平. 通向解释学的辩证法之途［M］.上海：三联书店，2001：332.

之出现了普遍趋向权力意志的技术时代。伽达默尔认为，正是柏拉图对话中的辩证法蕴含了最早的存在思想，而海德格尔却把它理解为形而上学对"存在遗忘"的开端。伽达默尔正是在海德格尔对柏拉图的批判中，看到了柏拉图对话中更为原始的、能揭示存在的对话辩证法。

伽达默尔笔下的柏拉图式辩证法也不同于黑格尔式的辩证法。黑格尔式的辩证法是一种反思哲学中的辩证法："使黑格尔哲学彻底动摇的阿基米德点永远不会通过反思而找到。这一点构成反思哲学的形式性质，即任何出发点都包含在回到自身的意识的反思运动中。"[1]黑格尔在我思的自我返回运动中，达到意识的无限性。黑格尔建构的思维对象不是直接性思维，而是通过对对象的思维返回自身，再返回到对象的无限性思维。思维不是对对象的直接性理解，而是通过把对象纳入意识中，使对象在意识中实现，以达到思维对对象存在的理解，这是反思性结构的中介运动。伽达默尔认为，反思哲学下辩证法的问题在于，反思哲学所追求的真理是一种逻辑意义上的真，思维无限性在逻辑中还原的形式真理是永远正确的。因此，伽达默尔指出："这种反思论证的形式主义只在外表上具有哲学的合法性———一种论证的表面合法性。"[2]反思哲学在逻辑上预设了一种永远正确的形式真理，而诠释学则认为，所有认识都是历史性的事实真理，未来对当下的反驳没有价值。相对于黑格尔反思哲学下的形式辩证法，柏拉图的辩证法表现为一种不断变化辩论场景的具体的当下的事实论证，一种拒绝外在反思和形式真理的效果历史意识，这种效果历史意识表现为实在发生在当下历史中的经验。在经验中，你和我不同，经验者成为你的"他"。

伽达默尔用"游戏"来概括柏拉图对话语言辩证法的特征。对话中"提问—回答—反诘—修正—再提问……"循环反复的过程表现为对话游戏双方博弈妥协式的辩证关系：通过（苏格拉底）提出开放式的问题来揭露对方话

---

① 伽达默尔.真理与方法（Ⅰ）［M］.洪汉鼎，译.北京：商务印书馆，2010：486.
② 伽达默尔.真理与方法（Ⅰ）［M］.洪汉鼎，译.北京：商务印书馆，2010：487.

语中的矛盾，对话双方在他者性和自主性的矛盾"关系"作用下被带入对话游戏之中。这种关系使运动过程本身带动游戏者行为，迫使对话者放弃自己的独立意愿，努力适应游戏过程。游戏进程在"关系"制约下得到发展，游戏者意识到自己思想的混乱，怀疑自己以前的知识（前见），迫使自己积极思考，寻求问题的答案。从理论角度讲，"关系"就使个人自我、他者以及自我和他者对自身的理解都融入一个更高的规定之中。

于是，游戏辩证法包含了一种对"关系"优先性的承认。游戏双方的博弈妥协"关系"，成为推动对话进程的关键性张力。在对话游戏中，引导谈话的并非谈话中的人，而是博弈妥协的问答张力引出了陈述和相反的陈述，并使它们相互融合。对话双方在自身前见和对方前见的间距中，走向自我与他者博弈与妥协的辩证关系。张力下的博弈关系并不意味着忽视游戏另一方的要求，而是意味着倾听对方的要求，承认对方意见的合法性存在。他在性意识与自主性意识的对立，以及在这种对立中形成的妥协与融合是"成为游戏对话体现出关系"优先性原则的辩证法精神。"关系主体"下的游戏，使传统哲学中由"对话者"主导对话"过程"转换为"过程"引领"对话者"走向面向未来开放的视域融合，这是由"主体性"思辨哲学向"非主体性"现象学哲学的范式转变。

职是之故，游戏以其"关系优先性"原则，把现象学与辩证法精神纳入诠释学之中，弥合了传统诠释学与海德格尔诠释学的视域差异，实现了对海德格尔前后期思想的继承与发展。

首先，伽达默尔的游戏关系优先性原则与海德格尔的语言优先性原则都祛除了传统诠释学中理解的主体性原则，但是海德格尔的诗性语言始终以存在论现象学为视角，这与以文本理解和解释为主线的传统诠释学存在视域差异。因此伽达默尔提出："我仍然认为有可能在诠释学意识本身中证明海德格尔关于'存在'的陈述以及从'倒转'经验中发展出的问题方向，我在《真理与方法》中做过这种尝试。"①伽达默尔的做法是用理解的游戏结构把海德格尔的诗性语言带入诠释学意识本身，以"游戏先于游戏者"取代海德格尔的"语言先于此在"；用"趋向文本的存在"取代海德格尔"趋向死亡的存在"；以追问艺术品以及我们遭遇的历史的意义来取代海德格尔追问人类此在本身的意义；对话式语言也把海德格尔神秘的诗性语言拉回到人的艺术鉴赏、历史经验与语言对话的人文主义传统之中。在此意义之上，伽达默尔诠释学把海德格尔诠释学带回传统精神科学的传统之中。

其次，以"关系"为优先性的理解游戏也解决了以狄尔泰为代表的传统诠释学中理解主体历史性与理解科学客观性要求之间的冲突。游戏的辩证结构通过"关系"祛除了游戏者对游戏的主体性宰制，在积极意义上肯定了海德格尔诠释学对此在历史性、有限性的正名。因此，狄尔泰之人的历史性与理解的客观性冲突在伽达默尔艺术、历史以及语言的理解游戏中被瓦解。通过理解的游戏结构，伽达默尔既保留了海德格尔诠释学的本体论特征，又把这种本体论特征带回精神科学之中，从而在传统诠释学意识内部解决了传统诠释学中的问题和冲突。在此意义上说，伽达默尔理解的辩证游戏结构弥合了传统诠释学和海德格尔诠释学之差异。

此外，以"关系"为优先性的游戏还是对海德格尔前后期思想的弥合。可以看出，一方面，游戏在"关系先于理解者"的意义上是对海德格尔"语言先于理解者"的继承。伽达默尔发挥了海德格尔"语言先于此在"的思想：如同语言对于此在具有优先性一样，游戏对游戏者和游戏对象同样具有优先性原则。理解并非此在的主观性行为，理解成为连接人和存在的"关系"，理解的诠释学成为一种"关系本体论"。另一方面，伽达默尔的游戏概念弥补了伽达默尔语言概念之不足——海德格尔诗性语言的终点被伽达默尔对话语言的循环与开放所取代。在此意义上说，伽达默尔的对话语言比海德格尔的诗性语言更彻底地解构了西方形而上学。

---

① 伽达默尔.真理与方法（Ⅱ）［M］.洪汉鼎，译.北京：商务印书馆，2010：156.

总而言之，伽达默尔的游戏说并非无源之水、无本之木，游戏理论在辩证法与现象学诠释学的传统中发展而来。伽达默尔对游戏问题的思考也并非一蹴而就的，在《真理与方法》中，伽达默尔只谈论了艺术的游戏特征，并没有用游戏来谈历史科学或语言中的理解问题。在《在现象学和辩证法之间》第二版序以及第三版后记等多篇文章中，伽达默尔表明他愈发清楚地意识到他对游戏概念论述的不充分性：游戏应该从艺术中延伸出去，游戏的现象学与辩证法精神同样体现在历史科学的理解以及语言本身的结构之中，游戏概念贯穿伽达默尔诠释学体系始终且体现其诠释学基本精神。

第三节　伽达默尔的游戏理论

一、对伽达默尔艺术游戏的进一步划分

在《真理与方法》中，伽达默尔并没有对艺术游戏做出更为细致的划分，但在伽达默尔对艺术游戏的论述中，却能清晰地看到对艺术游戏进行细致划分的可能性。伽达默尔对艺术游戏进行划分的依据是意义"是否面向观众敞开"。伽达默尔首先分析一种"未向观众开放"的竞争游戏，他用"猫玩线球"的例证指出了这种游戏具有游戏先于游戏者的现象学特征，以及游戏者与游戏对象在二者"关系"统辖之下的博弈妥协的辩证精神。此后，伽达默尔才过渡到游戏的另一种情形，这就是当游戏"面向观众敞开"之后，游戏就不再单纯表现为发生在游戏者和游戏对象之间的活动，观众作为游戏的第三方因素参与到游戏之中，在这一阶段的论述中，伽达默多用"戏剧"来作为例证阐明游戏的特征。

美国学者乔治娅·沃恩克在其著作*Hermeneutics, Tradition and Reason*一书中道出了伽达默尔游戏的秘密。沃恩克指出，伽达默尔用"Spiel"一词来指称其"游戏"概念。"Spiel"一词具有竞争游戏（game）和表演游戏

（play）的双重含义①。"game"是一种具体的游戏活动，它不强调观众的参与，只强调游戏者之间的关系，如桥牌、棋类游戏；而"play"则专门指一种向观众开放的表演性游戏活动，如戏剧、舞蹈。二者的区别在于游戏是否对观众开放，或观众是否积极地参与到游戏之中。沃恩克指出，伽达默尔在论述游戏本质时，包含了这两种不同性质的游戏，但由于英文中没有与Spiel对应的词，所以，沃恩克用"game-play"来替代伽达默尔的"Spiel"概念②。

考虑到伽达默尔的游戏概念与下一章将要论述的翻译游戏过程的对应关系，本书在继承沃恩克观点的基础上，把艺术游戏做进一步分类，以竞争游戏和表演游戏的二分方式，分别论述二者的本质特征。此划分对本书主题——翻译游戏过程构建具有重要意义。正是根据竞争游戏与表演游戏"是否面向观众敞开"这一关键性区分，笔者尝试把翻译过程划分为译者对原文文本理解的竞争游戏过程，以及使陌生文本意义面向目标语群体敞开的表演游戏过程，即陌生文本的意义解释过程。

此外，我们也必须明确，伽达默尔对游戏问题的思考并非一蹴而就。在《真理与方法》中，伽达默尔只谈论了艺术的游戏特征，在谈论历史科学以及语言问题时，"游戏"字眼甚至很少出现。然而在后《真理与方法》时期，伽达默尔愈发意识到他对游戏概念论述的不充分性，他指出游戏应该从艺术中延伸出去，艺术游戏的现象学与辩证法精神应该体现在历史科学的理解以及语言本身的结构之中，游戏概念理应贯穿伽达默尔诠释学体系始终且体现其诠释学基本精神。我们可以在伽达默尔后《真理与方法》时期的一些作品中③，看到他对理解的对话游戏以及具有对话结构的语言游戏等问题的思

① 乔治娅·沃恩克. 伽达默尔——诠释学、传统和理性［M］. 洪汉鼎，译. 北京：商务印书馆，2009：59.

② Warnke G. *Hermeneutics, Tradition and Reason*［M］. Stanford: Stanford University Press, 1987: 46.

③ 如《自我理解的疑难性——关于去神化化问题的诠释学讨论》（1961）、《真理与方法》（第二版序）（1965）《真理与方法》（第3版后记）（1972）、《在现象学与辩证法之间——一种自我批判的尝试》（1985）。

考，但遗憾的是，这些思考散落在他对其他问题的论述中，始终没有得到详细充分的展开。

职是之故，本论题尝试对伽达默尔在《真理与方法》中详细谈论的艺术游戏概念，以及其后《真理与方法》时期未能深入谈论的对话游戏及语言游戏做出进一步深入分析。因此，本书中谈论的游戏概念涵盖艺术、历史和语言三个方面，包含艺术游戏、对话游戏、语言游戏。其中，艺术游戏又可根据"是否面向观众敞开"之特性分为竞争游戏和表演游戏。总体来说，本书中谈论的游戏可具体分为竞争游戏、表演游戏、对话游戏和语言游戏，它们彼此之间相互区别又彼此关联。我们有必要对四类游戏及彼此间的相互关系进行进一步厘清，以达成对游戏概念的综合性理解。

二、竞争游戏

竞争游戏（game），如桥牌、围棋，强调游戏双方的对抗与妥协。竞争游戏可以不面向观众开放，仅在游戏者和游戏对象之间展开。竞争游戏体现了现象学特征与辩证法精神。

（一）游戏先于游戏者的现象学特征

首先，竞争游戏表现出游戏先于游戏者或"关系"先于游戏者的现象学结构。与康德、席勒的主观化游戏不同，伽达默尔的游戏并非意指人的主观活动，游戏的真正主体是游戏者和其对手在相互"关系"作用下展开游戏的过程本身。所以，游戏先于游戏者也是"关系"先于游戏者，在"关系"作用下，游戏者被吸引进入游戏之中，成为游戏的一个组成部分。"游戏是一种发生，一种生存，而绝非一个对象。"[①]游戏的动态发生过程打破了笛卡尔哲学中的主客分离现象，强调了游戏过程本身，表达了游戏的非主观性特征，具有现象学意义。

---

① Gadamer H-G. *Philosophical Apprenticeships* [M]. Robert R. Sullivan (trans.). Cambridge, Massachusetts and London: MIT Press, 1985: 187.

其次，伽达默尔指出："竞争的游戏特征，可以从游戏活动的往返重复这一基本作用得到解释。"①游戏过程是一种动态式循环的重复过程，游戏的运动特征也是其现象学特征的重要体现，如猫玩线球游戏、零件组合游戏。这些游戏总是指向一种不断往返重复的运动，这种运动不能系在一个使其终止的目的上，旨在不断重复中更新自身，因此，我们无法在循环往复的游戏运动过程中找到某一个固定的游戏主体。伽达默尔由此指出："游戏的原意是一种被动式而含有主动性的意义。"②游戏是一种运动、一种事件、一种"在发生"。

此外，竞争游戏的现象学过程本身决定了其应用性或境遇性特征。对游戏来说，规则并非僵死不变的东西，游戏规则和游戏过程都在具体的"玩"之中展开，游戏存在的目的就是"被玩"，这意味着在不同境遇中，游戏者可以以不同的方式去进行游戏，每一次游戏的结果也不尽相同。于是，不同于僵死的普遍性规则，游戏规则可以根据不同的游戏空间和游戏境遇，做出适当的变化与调整。

伽达默尔用竞争游戏过程的非主观性、运动性以及境遇性特征，道出了游戏的现象学过程。在上述过程表述中，"关系"引领下的游戏者和游戏对象之间的辩证精神呼之欲出。这正说明伽达默尔现象学与辩证法不可分离，二者以相伴相生、融合共存之有机整体的形式存在。但鉴于本书描述翻译过程之理论需求，笔者还是尝试把二者稍作分隔，以求更清晰地展现贯穿翻译过程始终的游戏精神。

（二）他在性与自主性张力下的"关系"辩证法

伽达默尔游戏结构的现象学特征和辩证法特征是互相融合的，他并没有直接指明游戏的辩证法特征，而是"通过现象学的描述展露游戏的辩证性质"③。

---

① 伽达默尔. 真理与方法（Ⅰ）［M］. 洪汉鼎，译. 北京：商务印书馆，2010：155.
② 伽达默尔. 真理与方法（Ⅰ）［M］. 洪汉鼎，译. 北京：商务印书馆，2010：153.
③ 何卫平. 通向解释学的辩证法之途［M］. 上海：三联书店，2001：294.

　　游戏在展现其现象学精神的同时，揭示出游戏过程中存在的他在性（otherness）因素与自主性（autonomy）①因素，这成为构成游戏辩证性张力的两个极点。

　　游戏辩证张力之一来自游戏之中的他在性因素。上文提到，游戏的现象学特征之一表现为游戏过程的动态重复性。因此，虽然游戏中存在一个从事游戏的人，但游戏者并非游戏的主观操控者，游戏成为一种"被动见主动"的过程，游戏的秩序性（Ordnung）使游戏活动中的往返重复展现出来。游戏中往返重复的紧张运动正是通过竞赛而产生，竞争使游戏成为一种活动。竞争状态的产生便源自"他者"的制约性张力。如伽达默尔所言："即使游戏中没有一个'他者'实际参加游戏，但仍必须始终有个'他者'在那里存在，游戏者正是与这个'他者'进行游戏，而且这个'他者'用某种对抗活动来答复游戏者从自身出发的活动。"②于是，游戏中实际存在或潜在的"他者"成为形成竞争游戏辩证张力之一的他在性因素。

　　除了强调他在性因素，伽达默尔还同时强调游戏者的自主性。伽达默尔指出，我们可以说"游戏者与可能性或计划进行游戏"③，即游戏者并未被束缚在某种特定的可能性上，游戏者有选择以这一个或那一个可能将游戏进行下去的理由。因此，一方面，自主性意味着主体对客体的"非主观操控性"，即游戏者并非游戏主体，无法主观操控游戏，即使游戏者试图实现自己在游戏之中的可能性任务或目标，他也只是在做一种尝试或冒险，引领游戏进程的主体只能是自主性与他在性张力下的"关系"。但另一方面，自主性也同时意味着游戏者对游戏过程并非完全失去掌控。游戏并非书本中僵死

---

　　① 笔者使用autonomy（acting independently），而非subjectivity。subjectivity是主客分离思维模式下的产物，暗含主体对客体的支配控制。伽达默尔的游戏概念目的正是祛除游戏者与游戏对象的主客分离状态。他强调游戏者的自主性，即游戏者对自身行为的具有一定的积极主动性，但游戏者的主动性却是在他在性的制约下实现的。游戏过程是自主性与他在性博弈妥协下对话式过程，是"间距"下的主动见被动的现象学发生过程。
　　② 伽达默尔. 真理与方法（Ⅰ）［M］. 洪汉鼎，译. 北京：商务印书馆，2010：156.
　　③ 伽达默尔. 真理与方法（Ⅰ）［M］. 洪汉鼎，译. 北京：商务印书馆，2010：156.

的条文，游戏之所以成为游戏就在于它"被游戏"，尽管游戏者受制于"关系"，游戏者的"玩"仍然在一定程度上规定着游戏发展的大致方向。

因此，游戏的竞争特征表现为游戏者在他在性和自主性的制约"关系"，可称为竞争游戏的辩证特征。游戏双方在他者性和自主性的张力"关系"作用下被卷入游戏之中，"关系"使游戏者努力适应游戏过程，而放弃自己的主观意愿，如同拉锯游戏，锯的自由运动是通过游戏双方的互相适应和妥协，一方回收力量，另一方的力量加强。但这还不是伽达默尔意义上的游戏，构成伽达默尔游戏的主体不是游戏双方的主观性行为，而是运动本身的形态，如同獴和蛇的对峙，此对峙状态不应被描述为一方对另一方侵略意图的反应，而是游戏双方同时性的行为。从理论角度讲，"关系"使个人自我、他者的行为以及他们对自身的理解，都融入一个更高的规定之中，规定就是对游戏另一方的承认，他在性的保持成为祛除游戏者主体性的关键，也是伽达默尔游戏概念的最显著特征。

由是观之，一方面，游戏者在游戏过程中"表现"游戏，游戏者在游戏过程中受到与游戏另一方"关系"他在性因素的制约；另一方面，游戏在游戏者的自主性行为中得到再现。一方面，游戏对游戏者具有优先性，游戏决定了游戏者的游戏目标和精神；另一方面，游戏只能通过游戏者的参与而产生意义。游戏决定了游戏者的行为；与此同时，游戏又是行为本身。因此，游戏的第一个特征表现为游戏者在他在性和自主性制约下的游戏行为，可称为game的辩证精神。

三、表演游戏

当竞争游戏对观众敞开时，就出现了我们称为"表演游戏"的游戏。前者强调游戏之"关系先于游戏者"的非主观性和辩证性，后者则侧重观众的参与性。也就是说，竞争游戏并不强调对观众的敞开，也并不指向观众，更甚至如果竞争游戏一味强调"向观众而表现"，就面临着使自身丧失作为竞争游戏而存在的危险，如在观众面前表现的体育竞争游戏：如果一场球赛过分强调观众的观赏诉求，就会在一定程度上丧失比赛的秩序性与公正性。但当竞争游戏（game）向观众敞开，观众获得了同游戏者同等重要的地位时，游戏的性质就发生了改变，这就是表演游戏（play）。伽达默尔以戏剧（drama-play的一种表现形式）为例说明了表演游戏与竞争游戏的联系与区别。

一场戏剧的实现必须经历两个具体化的过程。作品首先需要具体地实现在它的表演之中，这一过程体现game特征；其次，作品必须具体实现于它的观众经验之中，这就涉及play不同于game的特殊之处，play强调面向观赏者敞开意义，而敞开意义则必须进行"感性形式转换"。表演游戏也可称为意义"再现"的游戏。

（一）与竞争游戏的相似性

从表演者视角来看，表演游戏等同于竞争游戏。

一方面，表演者如普通游戏者一样，遵循竞争游戏的辩证法特征。竞争游戏中自主性与他在性制约下的辩证"竞争关系"也适合于一切表演性艺术。表演者在戏剧规则、剧本等他在性因素的制约下表演。演员必须充分考虑剧本意义，必须以剧本为前提，对剧本意义进行意义之"在的扩充"。因此，戏剧表演不同于文学创作，它不是一种表演者的主观行为，而是表演者的意义转达，必然会受到剧本他在性的制约。与此同时，表演性艺术存在的意义又在于游戏者的具体表演之中，表演者对戏剧具有一定的自主性。因此，表演不是复制，为了再现意义，表演者必然会变化意义的表现形式，用肢体语言、情感语言、行动语言和口头表达等非文字形式再现意义。于是，伽达默尔指出，谁要再现意义，"谁就必须删去一些东西和突出一些东西，因为他在展示，他就必须夸张，不管他愿不愿意"[①]。在此意义上，如同竞争游戏一样，表演游戏也是一种他在性与自主性张力之下的博弈辩证过程。

另一方面，同竞争游戏一样，表演游戏也具有现象学特征。表演"过

---

① 伽达默尔. 真理与方法（Ⅰ）[M]. 洪汉鼎，译. 北京：商务印书馆，2010：616.

程"先于"表演者"成为表演活动的主体。与其说演员表演，不如说表演过程把演员卷入游戏之中。演员在表演中作为角色而存在，被戏剧精神所吸引，忘却自身日常生活的存在方式，成为表演活动的一部分。这种情形如同锤子的使用过程，只有在"使用上手状况"下，锤子才会作为工具而存在，这就是过程先于游戏者，存在先于存在者的现象学发生过程。

表演游戏的现象学特征还表现在游戏的整体性循环过程。演员表演与剧本、观众、舞台组成一个整体。英国剧作家彼得·布鲁克指出："什么才算一出戏？选取任何一个空间，称它为舞台，一个人在别的注视下走过这个空间，这就足以构成一幕戏剧了。"①戏剧是一个包括演出、观众欣赏以及舞台空间三重因素于一身的整体。部分构成整体，而整体的存在反过来影响部分。于是，演员演出是在充分考虑观众意见的过程中，在与舞台效果的配合中，实现对剧本意义的再现与扩充。这是一种整体与部分的诠释学循环。

以上内容是从演员侧度对表演过程的分析，表现为一种与竞争游戏相似的动态发生过程。然而，表演游戏与竞争游戏并不完全一致，二者的根本区别在于：表演游戏更加强调游戏向观众的敞开性与开放性，也就是说，在表演游戏中，观众获得了相对于表演者的优先性。我们可以从观赏者角度出发讨论表演游戏发生过程。

（二）向观众敞开

竞争游戏（如猫玩线球游戏）可能是游戏者自身的行为和目的，可以不掺杂"观众"这一第三方因素，游戏无需使意义向观众开放。而表演则不同，表演游戏最终指向游戏观赏者，观赏者成为游戏的目的，没有观赏者，就没有表演。故而，观赏者作为"关系主体"的第三方，参与到游戏进程之中，成为"三方关系"终端，对游戏过程具有制约作用②。

---

① 彼得·布鲁克.空的空间［M］.邢历，译.北京：中国戏剧出版社，1988：3.

② 在本章节中，观赏者仅作为表演游戏的构成要素之一加以简单介绍，观赏者对游戏的制约作用将在本书第五章第二节内容中予以详细讨论。

在表演游戏中，观赏者的存在获得了相对于游戏者的优先性。首先，观赏者是游戏整体的重要组成部分。观赏者在观赏之中，在表演之外的"间距"之中，实现对舞台效果以及舞台表演的整体性把握。观赏者把自身融入表演游戏的意义连续性之中而表现出一种超越表演者的"间距"作用下的洞见力。所以，观赏者与舞台表演虽然为一个整体，但观赏者与表演却是一种"间距"下的整体，"间距"带来了作品与其当下再现的空间在场，观赏者的存在使"间距"成为戏剧表演的基本条件。在"间距"下，观赏者才能清楚洞见舞台上的意义整体，在"间距"作用下，才能实现戏剧存在的基本条件。"间距"使表演者和观赏者之间产生了一种共同的精神（communal spirit）[①]。戏剧表演在演员和观赏者之间实现了某种意义共鸣，观赏者随剧情的发展而产生情绪的变化。正是这种共通的精神支撑着戏剧表演超越每个个体，走向人际的相互理解。

由此可知，观赏者在戏剧整体中具有重要的"方法论"意义上的优先性。观赏者的优先性体现在一切表演游戏中，即使游戏共同体拒绝观赏者，观赏者延迟出现的情况下，观赏者仍然是游戏之中不可或缺的存在要素。如在琴房中练习弹奏的情形，虽然演奏者不要求观众在场，但他的表演仍需考虑观众的需求，并因此而力求一种更好地表现。故而，在表演游戏中，观赏者的制约作用成为游戏过程中的重要动因。与竞争游戏不同，表演游戏的游戏者在双重他在性因素——游戏本身和游戏观赏者——制约下，完成游戏活动。

（三）意义的再现

"向观众表现"这一特殊存在目的以及观赏者在游戏中的重要地位，决定了表演游戏成为一种旨在意义"再现"的过程，这是它与竞争游戏的另一个重要区别。"再现"（Präsentation, representation）可解释为"让

---

① 伽达默尔. 伽达默尔集［M］. 严平，编选. 邓安庆，等译. 上海：上海远东出版社，1998：552.

在场"，该词从根本上指示一种替代性存在。伽达默尔指出，"再现"一词具有基督教的道成肉身学和肉体神化的含义①。"再现"不同于"表现"（Darstellung, presentation）；"表现"是摹本对原型的摹绘（Abbild, copy），是纯粹的"指示"（Verweisen），如符号指示自身所指称的对象；"再现"则是"指代"（Vertreten），意在象征，让不在场者显示自身。"再现"不是对原型的复制和模仿，而是一种替代、在场、展现，正如耶稣对耶和华的"代替"是一种"三位一体"式的"替代"，耶稣是对"原型"耶和华的意义扩充，是表现与被表现的统一，具有不依赖于"原型"之本体论含义。

伽达默尔指出，时间性艺术的"再现"特征通过游戏得以完成。时间性艺术又称为流动性艺术（Tansitorische Kuensten）②，如戏剧、音乐、语言转译等形式。在游戏过程中，"再现"表现为作品、表演者、观众（读者）组成的游戏整体状态。通过游戏，原型（剧本、原著）被表演者、译者一次次带入不同时间境遇之中，实现艺术作品与其"再现"表演的无区分状态，每一次游戏过程（每一次表演、翻译）都会为原型（剧本、原著）带来新的意义扩充。

由于观众他在性的存在，观赏游戏必须以一种感性形式转换的方式实现意义再现。"再现"意味着以意义表达之"感性形式转换"。"感性形式转换"意味着模仿，模仿就必须抹去一些原型中的东西，并突出另一些东西。于是，原型和再现之间就产生了间距。艺术表演的游戏就是在这种间距作用下，对原型进行删减和突出的意义再现。在戏剧之中，这种删减和突出的活动通过戏剧表演者的表演来完成，表现为表演者以台词、情感、肢体等"新媒介"达到对剧本的新创作。换句话说，表演者把剧本中的文字，通过舞台媒介，加之表演者的表演技巧，以一种"新的感性方式"来完成意义表现，

---

① 伽达默尔. 真理与方法（Ⅰ）［M］.洪汉鼎，译.北京：商务印书馆，2010：207.

② 洪汉鼎. 理解的真理——解读伽达默尔的《真理与方法》［M］.济南：山东人民出版社，2001：112.

通过新媒介形式完成意义扩展。伽达默尔同时也指出，再现也不是一种"完全的自由创作"，它通过演出（Aufführung），使对作品的理解达到新的意义实现形式。

"再现"还意味着观赏者作为积极共在因素参与游戏之中，观赏者在"间距"观赏中获得情感共鸣，以其参与的热情影响并制约表演者的表演。表演者必须考量观赏者的需求并调整其表演策略。"再现"是一种包含观赏者在其中的游戏。

因此，表演游戏中体现了"竞争"和"再现"的双重精神。一方面，从表演者视角来看，游戏者始终在与游戏另一方的博弈关系中展开游戏。另一方面，从观赏者的角度来说，游戏者必须考虑观赏者的存在，游戏必须转变意义的表现形式（把剧本转变为表演），以实现面向观赏者的意义再现。伽达默尔的目的是用游戏的辩证特征，证明艺术与观赏者及其置身其中的周围世界具有密切的关联，以此来批判康德以来德国古典美学艺术脱离生活世界的主观化倾向。综合来讲，不论从表演者视角还是从观赏者视角来看，无论表演者如何博弈妥协的实现意义转换，无论观赏者如何以第三方的参与者身份影响意义转换之整体，表演游戏始终以向目标人群开显陌生文本意义，扩大人际理解和共识为其最终目标，而达成人际理解与差异下的共识也是诠释学经验的最终目标。因此，表演游戏在本质上是一种旨在实现人与人之间的共通精神的诠释学经验。

四、对话游戏

（一）竞争游戏在语言中的延伸

在伽达默尔看来，对话游戏是竞争（艺术）游戏在语言之中的延伸。二者具有相同本质，但由于其置身的具体境遇差异，二者又有不同的具体表现。

对话游戏是指人际理解中普遍存在的对话结构，包括人与人之间发生的苏格拉底式的日常谈话，也包括人与文本之间发生的文本理解对话。

对话游戏具有竞争游戏的现象学特征。伽达默尔在《真理与方法》第二版序言中指出："我对游戏或对语言的分析应被认为是纯粹现象学的。"[①]游戏并不仅仅是游戏者自我意识的结果，语言也不仅仅出现在说话者的主观意识之中，游戏的意义要比主观性行为丰富得多，而语言的意义也比对话主体的主观性行为丰富得多。这意味着，游戏和语言都具有现象学特征，在竞争游戏中，游戏者被游戏本身的规律所限制，被他者的他在性所左右；在对话游戏中，对话者也被对话另一方的参加所牵引，被话题本身所推动。伽达默尔正是在竞争游戏和对话游戏的联系之中，发现了诠释学的结构，并从游戏结构出发考察世界经验的语言性，以此为基础构建本体论诠释。

现象学描述下的游戏也显示出现象学与辩证法特征。游戏先于游戏者表征着游戏者被吸引进入游戏，成为游戏的组成部分，游戏主体和游戏客体不再是支配与被支配的对象化关系。游戏在双方"关系"制约下进行，任何一方都不能成为游戏进程的决定因素。"关系"成为高于正和反的"更高的决定因素"，游戏的辩证法便体现为游戏者和游戏对象在"关系"统摄下的博弈妥协、相互制约的行为。这种结构可扩大为在人与人对话式理解过程中，两个意欲进行交流的理解者之间存在着理解双方的对话过程。在对话双方的意见交换过程，充满二者意见的对抗与妥协，最终达成朝向事情的一致意见。

此外，竞争游戏和对话游戏最终目标都指向了游戏者之间或对话者之间的理解和共识，无论游戏过程如何曲折，游戏的目标还是实现差异下的共识，这是伽达默尔游戏理论的基础性原则。

综上所述，对话游戏与竞争游戏具有同构性：对话游戏体现现象学和辩证法精神，指涉人际的理解和共识。对话游戏可以分为两类：对话发生在人与人之间，如柏拉图笔下的苏格拉底式的对话，苏格拉底经常寻找不同背

---

① 伽达默尔. 真理与方法（Ⅱ）［M］. 洪汉鼎，译. 北京：商务印书馆，2010：563.

景、不同年龄的谈话伙伴，就希腊人关心的各类与生活相关的问题进行讨论。另一种对话发生在理解者和被理解的文本之间，苏格拉底对话中的对话伙伴成了文字流传物——文本①。

（二）问答对话的诠释学过程

伽达默尔的问答结构源于柏拉图式的对话。理解的对话结构如同《柏拉图对话集》中所描述的苏格拉底精神助产术式的对话方式，它是一种"提问—回答—反诘—修正—再提问……"循环反复的过程。在"精神助产术"中，提问远比回答要复杂，苏格拉底正是通过对话或提出开放式的问题，来揭露对方话语中的矛盾，从而引出每个人心目中的真理。

在苏格拉底的弟子色诺芬②所记载的苏格拉底同尤苏戴莫斯关于"正义"的对话③中，对话式辩证结构得以体现。

大致而言，苏格拉底问答逻辑的结构是，苏格拉底引领对话，先让对方表达自己的观点，然后对之进行诘问，找到对方观点中的问题，迫使对方修正其观点。苏格拉底在针对修正后的观点进行进一步诘问，提出新的问题，如此反复，指导对方改变自己原有观点。

然而无论是柏拉图还是色诺芬所描述的苏格拉底式对话，都未能完全体

① 在本节中，笔者将重点对第一种对话形式做出具体分析，文本理解的对话游戏将在下一章中进行详细阐述。

② 柏拉图在《理想国》第一卷中也同样描述了苏格拉底和克拉洛斯关于"正义"的谈话，柏拉图比色诺芬的描述更加具体，也更能体现苏格拉底对话的辩证精神，但本书为了保证引文的简短和完整性，故而引用了色诺芬笔下的苏格拉底式对话。

③ 对话内容如下："尤苏戴莫斯志在成为政治家，苏格拉底有意找他讨论'正义'问题。苏：能否区别正义与非正义？尤：能够。苏：虚伪属于正义还是非正义？欺骗、做坏事、奴役人属于正义还是非正义？尤：非正义。苏：奴役非正义的敌人、欺骗敌人、偷窃敌人的东西，也属于非正义么？尤：不是。苏：是不是可以这样归纳：虚伪、欺骗用在敌人身上，属于正义行为，用在朋友身上属于非正义行为。尤：对。苏：假如在士气低落时，谎称援军来了，儿子生病不肯服药，父亲骗他，把药当饭给他吃，这种行为是正义的还是非正义的？尤：是正义的。苏：你是说，就是对朋友也不是在无论什么情况下都应该坦率行事的吗？尤：的确不是，如果你允许的话，我宁愿收回我已经说过的话。"（色诺芬.回忆苏格拉底［M］.北京：商务印书馆，1984：168.）

现伽达默尔诠释学式的问答逻辑对话。在上述对话中，苏格拉底往往是对话中掌控话题方向的中心，而对话的另一方往往只能跟随苏格拉底的思路，对问题的回答多为简单的附和。这种对谈话伙伴的忽视是伽达默尔式对话结构所不允许的："苏格拉底的那些伙伴是真正温顺的年轻人，他们随时准备放弃可能扰乱思想进程的一切顽固成见和异想天开。"①

伽达默尔的问答辩证法是问答双方"关系主体"下的对话。对话在对立一方的制约下进行，从而保证了问答结构的合理方向。

首先，前见和的完全性预期成为问答对话之"问"的开启者。问答之"问"体现了前见的作用，包含着对作为理解条件的前见的认可。如上述对话之中，从苏格拉底的视角来看，当"正义"成为被提问的事物时，意味着"正义"被苏格拉底从众多的事物中挑选出来，并把自己对"正义"的关注转移给谈话伙伴。苏格拉底挑选"正义"作为话题，逃脱不了前见的影响。与之相似，从尤苏戴莫斯的视角来看，正是因为"正义"话题包含在志在成为政治家的尤苏戴莫斯的前见之中，苏格拉底与尤苏戴莫斯关于"正义区分"的对话才有可能发生。因此，谈话双方之所以能以"正义"为话题展开对话的前提在于双方前见的作用。一方面，前见是理解的前结构，我们总是带着前理解进入理解过程之中。伽达默尔指出："我们必须彻底抛弃如下观点，即在听某人讲话或去参加一个讲座时，绝不能对内容带有任何前意见并且必须忘记自己所有的前意见，相反，应该一直坦率地把自身的前见包括在内，把它们置于与自己所有意见的一种关系之中。"②另一方面，前见有真的前见和流俗之见之分，二者共同组成了理解的前结构。解释者自己不能区分前见的真与假，对前见做出区分的是"事情本身"。

除了前见的作用，开启对话的还有对话双方对彼此的完全性预期或完全性前把握。完全性预期包含两个层面：假设对话另一方完整地表达出本人

---

① 转引自何卫平. 通向解释学辩证法之途［M］. 上海：上海三联书店，2001：278.

② 转引自洪汉鼎. 哲学诠释学的基本特征——伽达默尔《真理与方法》一书梗概［C］. 中国诠释学（第六辑），济南：山东人民出版社，2019：8.

的见解，见解必须作为统一整体置于理解者视野之中；假定对方的意见可能为真，并假定他所谈主题比我们自身的前见更具权威。伽达默尔指出，最初的意义假定的自我肯定性质只有当我们注意"他人所说东西有事实的正确性"[①]时才可以避免。如若我们承认谈话另一方的权威性，我们才能区分可能歪曲意义的流俗之见与阐明意义的真前见。如上述对话中的尤苏戴莫斯，正是尤苏戴莫斯对苏格拉底具有"完全性预期"，才保证了对话在问答模式的引领下顺利进行，如果尤苏戴莫斯根本不相信苏格拉底话语的意义统一性，或不相信苏格拉底的话语具有正确性或权威性，他根本不可能跟随苏格拉底的思路去思考，并走向包含双方前见的视域融合。因此，前见和完全性预期共同开启了双方的谈话。

第二，问答结构开启之后，问答之"问"保证了谈话沿着正确的方向展开。"问"具有开放性和限定性的双重特征，"问"的开放性和限定性与诠释学中一个非常重要的概念——事情本身（Sache selfbst）——密切相关。

第一，问题具有限定性，"问"限定了"答"的方向。苏格拉底的第一个问题是"能否区别正义与非正义？"，预设了答的方向在于"正义区分"，而非其他答案——如"正义的种类"或"正义的标准"。答案可以有不同，但答案的方向是固定的，诠释学意识规定了答案只能朝向事情本身。如果回答者给出的答案不是朝向事情本身的，那么无论他给出的答案如何完整或高深，我们也只能说他是答非所问。因此，问题限定了答案的方向，避免了答案朝向任意的偶发奇想或流俗之见，而是朝向事情本身。伽达默尔指出，谈话中的相互理解中，有一个事情置于谈话之中。事情本事是双方的谈话要取得理解的对象或内容。

伽达默尔研究专家洪汉鼎先生指出："事情本身在语文学家或文学批评家那里就是指富有意义的文本所涉及的对象，我们一般可以以文本所表现的事

---

① 伽达默尔. 真理与方法（Ⅰ）［M］. 洪汉鼎，译. 北京：商务印书馆，2010：276.

理或真理内容来理解海德格尔和伽达默尔所说的事情本身。"①因此，事情本身是一种制约主体流俗之见的客观性因素，是建立合法前见的基础。理解对话始于前见，问答结构之"问"把问题引向事实本身的方向。②于是，洪汉鼎先生指出，作为真理内容的事情本身，作为对前见客观性限制的事情本身是存在的。③如果提问者提出问题，询问一个人的身高是多少，事情本身确保了问题的方向，也就是说回答者必须回答所谈对象的身高，并不能回答体重或其他方面的特征。于是，问题的限定性表现为一种事情本身的限定性。

第二，问答之间具有限定性的同时，还包含着开放性。提问就是进行开放。只有当被提问东西的悬而未决——包含着肯定的被判断的东西和否定的被判断的东西，才能有一种确定的和决定性的回答。因此，限定问题方向的事情本身并非完全客观，它也同样被问题的开放性所制约。伽达默尔指出，作为理解的对象，事情本事通过面向我们的呈现获得生命，它在不同时间、不同地域、不同历史时期，表现出不同的方面④。所以，精神科学的理解对象和自然科学不同，自然秩序中的事情本身是固定精确的，而精神科学中对象的事实本身是历史性的，在文本理解中，事情本身表现为语言表达。⑤在此意义上，问题之间预示着答案的开放性和限定性。

第三，苏格拉底式的提问的另一个特征是一问一答之后的反诘。反诘隶属于问题的一种（特例），因此，反诘中包含了上述"问"所具有的限定性和开放性特征。然而，反诘是一种特殊的提问方式：通过矛盾推翻对话另一方对上一问题做出的回答，从而使对方对自己的前见进行修正。当尤苏戴

① 洪汉鼎. 哲学诠释学的基本特征——伽达默尔《真理与方法》一书梗概［C］. 中国诠释学（第六辑），济南：山东人民出版社，2009：13.

② 伽达默尔. 真理与方法（Ⅰ）［M］. 洪汉鼎，译. 北京：商务印书馆，2010：379.

③ 洪汉鼎. 哲学诠释学的基本特征——伽达默尔《真理与方法》一书梗概［C］. 中国诠释学（第六辑），济南：山东人民出版社，2009：13.

④ 洪汉鼎. 哲学诠释学的基本特征——伽达默尔《真理与方法》一书梗概［C］. 中国诠释学（第六辑），济南：山东人民出版社，2009：17.

⑤ 伽达默尔. 真理与方法（Ⅰ）［M］. 洪汉鼎，译. 北京：商务印书馆，2010：534.

莫斯回答苏格拉底他相信正义与非正义的区分时，苏格拉底的下一个问题却走向否定，即，通过"奴役敌人""骗父亲服药"等反例，以否定正义与非正义的可区分性。否定性诘问本身包含着矛盾的对立与统一——对自我的否定和对他者的承认。一方面，苏格拉底的反问并没有表明自己对正义问题的知识，而是以"无知"的方式对回答进行了否定性质疑，否定性诘问包含了对自我的弃置（Sich aussetzen）。这意味着说话人悬置了自身的前见，听任自己和他人的怀疑。于是，就产生了否定性提问另一层含义，它包含了对苏戴莫斯之他者他在性的承认，承认他者的理性和存在，并在自我和他人之间建立起理性交往的关系。苏格拉底并没有就"正义区分"进行说教式灌输，而是承认苏戴莫斯的存在和理性，并在否定问题中引导他不断修正其原有前见，直到谈话双方达成新的一致意见。因此，反诘式的问题是辩证的问题，是进取的问题，引领着对话朝向新的一致意见。

第四，问答对话的最终目标是达成差异下的理解与共识。无论是发生在两个人之间的对话过程如何屈折，对话始终指向理解——在博弈中走向的共识与一致意见[1]。然而，理解的共识是包含差异的共识，共识是一种差异之下的视域融合。

"视域"一词在胡塞尔现象学中具有重要的意义。胡塞尔把人的意识看作一种动态性意义域，一种兼备流动性和时间性的经验之流。伽达默尔发扬了这一概念，把视域理解为一种"境遇性"要素，包含了人的前见、前理解结构以及人对意义的预期等内容。因此，对话中并不存在绝对的立足点，理解的对话总是伴随着人之视域的变化。理解对话过程，是对话双方的视域融合的过程。对话一方理解了另一方，并不是说把"我"的视域完全去除。相反，"我"完全植入"你"之中，"你"的视域成为"我"理解的条件，成为对话发生的前提。所以，伽达默尔认为，一切理解都是"自我理解"[2]，在

---

① 理解和共识是对话的目的，但并非对话的终点。诠释学循环式的理解与共识将会成为下一对话的起点。

② 伽达默尔. 真理与方法（Ⅱ）［M］. 洪汉鼎，译. 北京：商务印书馆，2010：163.

对话中，对对方的理解总是伴随着对自我的理解，自我理解成为对话双方理解张力的一端，张力的另一端则是对话伙伴的历史视域。正是由于"我"与"你"的视域存在着"间距"，对话双方在每一次交往中都必然遭遇"间距"作用下陌生性与熟悉性的张力。

由此可知，视域融合是一种包含着两种视域的矛盾和差异的理解共识。视域融合不意味着一方对另一方的控制，而意味着矛盾的包容和扬弃：在倾听并包容对方视域的同时，扬弃"你""我"视域中的流俗之见，从而走向一个更广阔视域。在此意义上说，视域融合是一种包含具体普遍性的辩证法。但值得注意的是，视域融合虽然标志着一个更大视域的形成，但它并不是理解的终点，而是理解的一个阶段，并将成为新理解的出发点。因此，理解的对话是一个开放性过程，目的是在差异之下不断实现人际理解与意义交流。

（三）问答对话的现象学与辩证法特征

问答模式具有现象学特征，体现在以下两方面：第一，问答模式的现象学特征首先体现为问答结构之问题优先性原则。正是在问题（而非对话者）的引领下，对话才能得以进行。问题如何提出呢？提出好问题的前提是假定提问者的无知，以排除世人普遍意见（Meinung, general opinion）的干扰。问题的提出源于一种突然的想法，这种突然的想法代表人们对普遍意见的打破，从而进入一种开放性之中，开放了提出的可能。突然的想法是一种否定性因素，打破了人们对普遍意见的认同，因此，在柏拉图对话的问题和答复、知识和无知的戏谑性交替中，包含承认问题对于一切有揭示事情意义的认识和谈话的优先性。对话过程在问题与诘问的引领下进行，"问"开启"答"，并限定"答"的方向。问题对于答具有优先性，问题对一切谈话具有优先性，"揭示某种事情的谈话需要通过问题来开启该事情"[1]，所以，问题对于理解具有优先性。第二，问答模式还表现为一种现象学式动态循环。问答模式中所达成的视域融合并非谈话的终点。新的视域代表一种新的前

---

① 伽达默尔. 真理与方法（Ⅰ）[M]. 洪汉鼎，译. 北京：商务印书馆，2010：530.

见，开启新的问题，从而形成新的理解过程。在此意义上说，问-答模式消除了起点和终点，也消除了理解者对对象"主客分离"的理解模式。

于是，在"提问—回答—反诘—修正—再提问……"的循环模式下，问答模式的对话展现了辩证法特征，形成了陌生性与熟悉性、他在性与自主性的对抗关系。首先，对话过程中存在辩证法特征，伽达默尔指出："实际上存在着一种熟悉性和陌生性的两极对立，而诠释学的任务就是建立在这种两极对立上。"①一方面，来自对话者主体的前见和完全性预期是对话者熟悉的东西，前见和完全性预期帮助对话者从众多话题之中把被理解对象选择出来，形成共同话题。前见和完全性预期反映了理解者的自主性。另一方面，对话的进展意味着双方不能囿于自身的前见，而必须承认他者的存在，听取对方的意见。文本或他在的事情本身代表修正前见的陌生性或他在性，诘问性问题的提出也表征着对前见的悬置以及对他在性的承认。

其次，问答辩证法要求谈话双方的平等性——谈话伙伴与谈话人具有同样的发言权。苏格拉底的对话伙伴经常的答案为"是的"。这种单调的答案经常被忽略，以至于对话伙伴的角色经常被忽略。然而这种单调回答的积极方面是"论题在谈话中得以向前进展的内在逻辑必然性"②。进行谈话不是要求否证对方的观点，而是要求真正考量对方观点中的实际力量。对话伙伴这一他在性因素的制约，正是对话辩证法中的否定性矛盾的来源。伽达默尔认为："辩证法不在于试图发现所说东西的弱点，而是那种能从事物本身出发增强反对意见的思考的艺术。"③正是在正反意见的相互对峙中，对话双方被要求着，直到所讲东西的真理最后涌现。苏格拉底助产术式的对话，虽然是针对谈话伙伴个人提出的话题（如正义），但使话题真理内容向前推进的主体却是谈话本身。在谈话中展现的逻各斯不是你的也不是我的，它超出了谈话伙伴的主观意见，引领谈话者靠近事情的本来面目。这正就是辩证法式谈

---

① 伽达默尔. 真理与方法（Ⅰ）[M]. 洪汉鼎，译. 北京：商务印书馆，2010：418.
② 伽达默尔. 真理与方法（Ⅰ）[M]. 洪汉鼎，译. 北京：商务印书馆，2010：518.
③ 伽达默尔. 真理与方法（Ⅰ）[M]. 洪汉鼎，译. 北京：商务印书馆，2010：519.

话的特征——相对于陈述的语言而言，谈话的语言在问与答、给予和取得、相互争论和达成一致的过程中实现意义沟通。

此外，问答对话走向的差异下的视域融合也具有辩证特征。视域融合意味着矛盾的包容和扬弃，意味着"我"对他在性因素"你"的倾听，意味着把"你""我"视域融入一个更广阔视域之中。在此意义上说，视域融合是一种包含具体普遍性的辩证法。

综合以上观点可知，作为伽达默尔游戏概念的核心组成部分，对话游戏具有动态的诠释学过程，具有现象学与辩证法双重特征，最终指向人际间理解与差异下的共识。

（四）从理解的对话游戏到偶缘性的语言游戏

对话结构不仅体现在人与人之间的日常对话中或人对文本的理解对话中，也同时存在于语言内在的辩证结构之中。

伽达默尔指出，一场真正以相互理解为目的的谈话就是"我们力图在其中寻找到一种谈话双方共同语言的谈话"[①]。"共同语言"并不是翻译意义上的同种语言，而是超越一切以陈述逻辑为基础的现代语言，超越一切对象性规定而指向存在的、具有对话结构的自然语言。于是，伽达默尔带来了一种诠释学的尝试，从对话出发思考语言。

伽达默尔对语言问题的思考与维特根斯坦的语言游戏具有相同的理论旨趣。维特根斯通过语用分析强调语言在其日常使用之中，伽达默尔则通过指明语言"一"与"多"的"辩证结构"，以及话语"说出的成分"与"未说出成分"之间的"对话结构"共同指向了语言的偶缘性或境遇性特征，从而进一步表明语言的真理是语言与境遇的对话。有限的语言指向无限开放的世界经验，指向存在本身。

这是语言的现象学与辩证法的一致性。每一个语词都想从一个中心迸出来并同整体相关联，每一个语词作为当下发生的事件都带有"未说出的成

---

① 伽达默尔.真理与方法（Ⅱ）［M］.洪汉鼎，译.北京：商务印书馆，2010：643.

分"，语词同"未说出的成分"之间具有问与答的辩证关系。于是，伽达默尔指出，人类话语"使一种意义整体发生作用，但不能把意义整体完全说出。具有对话结构的语言是对每一种逻辑语言固定用法的超越，是对逻辑语言主客限定的超越，语言中的对话结构是语言超过其语词的界限，一切人类讲话是有限的，但在有限的讲话之中存在着意义的无限性"[①]。

因此，语言是一种辩证的游戏。就语言内部而言：任何语词都是"一"与"多"的统一；而就语言外部而言，说出的意义与未说出的意义之间，书写文字与字里行间的语境之间，都具有对话结构，有限语言指向无限意义，指向语境背后的世界经验。

语言的游戏使我们在游戏之中实现对世界的理解。如艺术游戏一般，我们作为游戏者，不是游戏的主体，而是作为参与者被吸引到游戏之中；与之相应，我们不是使用语言去游戏，而是我们处于语言的游戏之中，游戏向我们提问、沉默、诉说，我们在对问题的回应中走向理解。

五、语言游戏

（一）语言的偶缘性特征

语言之所以是一种游戏，是因为语言具有偶缘性特征。偶缘性（Okksionalitaet）是伽达默尔在艺术本体论中提出的概念。偶缘性是指"意义是由其得以被意指的境遇从内容上继续规定的，所以，它比没有这种境遇要包含更多的东西"[②]。换句话说，偶缘性是指艺术作品的内容由它产生于其中的境遇（Gelegenhit）所决定。语言与艺术具有相似的偶缘性特征，也就是说语言由其置身其中的境遇所决定。

语言的偶缘性表现在两个方面。首先，从语言内部来讲，语言是"一"与"多"的辩证结构。语言是"一"是指不同语言后面隐含着共同的"事情

---

① 伽达默尔. 真理与方法（Ⅰ）[M]. 洪汉鼎，译. 北京：商务印书馆，2010：538.
② 伽达默尔. 真理与方法（Ⅰ）[M]. 洪汉鼎，译. 北京：商务印书馆，2010：211-212.

本身"。语言是"多"是指语言是"一"的流射，不同语言在表达事情本身的意义的同时，还指向某意义域。语言是"一"与"多"的统一的辩证结构是异质语言之间实现可译性的前提，这一论题将作为翻译过程实现的基础前提，放在下一章来具体探讨，在此不再赘述。

语言之"一"与"多"的辩证结构决定了语言与境遇之间具有一种隐含的对话性关联，这是陈述语言与其背后"未说出意义"的对话。语言的真理隐含在逻辑语言背后的问答对话结构中，这是语言偶缘性的最本质特征。正是由于语言的偶缘性本质，伽达默尔才多次指出，他和维特根斯坦的语言游戏没有本质区别，语言的意义在其使用之中，在语言与境遇的关联之中。

（二）语言的对话结构

伽达默尔认为，文本之所以能向理解者提出问题，是因为文本语言之中包含一种比陈述逻辑更具先在性的问答逻辑。[①]西方现代语言存在着向科学语言靠拢的趋势，每一种语言中都以语言的逻辑化为目标，陈述（Aussage，statement）替代了"话"（Wort，word）。"话"不是指句子中的某个词，而是日常生活中，他人对自己说的口头话语，"话"是在确定的生活境遇中出现的，其意义的统一性也只能在生活境遇中获得。

相较而言，陈述则是一种逻辑形式化，源于亚里士多德通过陈述句及其推论关系的形式化创立了三段论式的逻辑：人会死，苏格拉底是人，所以苏格拉底会死。这是一种西方科学秩序下的逻辑构造。作为现代逻辑意识下的产物，同其他一切语言形式相比，只有陈述句中隐含着主客分析的模式。陈述句中，逻辑语言成为主客分析的对象。所以，对于一名中国译者而言（以英译汉为例），明确西方语言（英语）的逻辑结构是完成译者对原文之语内理解过程的重要前提。

伽达默尔明确西方语言之逻辑陈述形式提出质疑：真的存在纯粹陈述吗？我们是否可以把一个陈述和它的动机联系相分离？

---

① 伽达默尔.真理与方法（Ⅱ）［M］.洪汉鼎，译.北京：商务印书馆，2010：242.

现代科学方法论不把陈述和其动机相联系，是因为陈述句从方法论上保证了真理，而事实上，陈述句不可能在孤立中发生，一切陈述都有动机驱使。法庭上的审讯和作证成为了最好的例证。在法庭上，为了避免证人有意为被告开脱或加重罪责，证人需要在脱离语境的情形下，回答某些问题。辩护人会刻意引导证人回答问题："你只需回答是或不是。"当证人试图把他的回答放在某种语境关联中进行解释时，辩护人会打断他的解释："法官，我的问题问完了！"这就是陈述拒绝追问的虚构性，正是这种"仅限于事实"的陈述虚构性给了辩护人以辩护的机会。这一例证告诉我们，陈述的含义并不完全包括在自身之中，这就是陈述语言背后的偶缘性。

所以，语言的偶缘性尤其置身其中的境遇所决定。偶缘性兼具"偶"与"缘"双重含义。偶缘性一词的英文对应词是"occasionality"，词根"occasion"兼具二重意义：一为偶然却直接的原因（immediate but incidental cause），强调与源头的关系；二为场合（particular time at which an event takes place），强调意义与境遇的关联以及意义不完全包含在自身之内的延伸性。如我们在日常对话中，常常会说出"这里"一词作为对某个提问的回答。"这里"并不仅仅包含其字面含义，还暗含说话人和听话人共同知道的某一地点。"这里"一词把情境和时机都包括在其意义内容之中。英国语言学家奥斯丁提出表征语言表达的重要观点："如何用语词来做事？（如何仅通过使用语词来做某件事情？）"[1]奥斯丁的观点使我们看到，说话可能超越自身，转化成行为。这种观点与现代科学逻辑思维下（意义仅在自身之中）的陈述概念形成了鲜明对比。

因此，人们做出陈述的背后，隐含着一种回答，先于陈述逻辑存在的是一种疑问逻辑，对某问题的回答必然唤起新的问题，回答问题意味着开放问题的意义。唯有陈述背后的问题才赋予该陈述意义，因为对陈述的理解离不

---

① Gadamer H-G. *The Gadamer Reader: A Bouquet of the Later Writings* [M]. Richard Palmer (eds.). Evanston: Northwest University Press, 2007: 104.

开对它要回答的问题的理解。

诠释学意识告诉我们，当某个传承下来的文本成为解释的对象时，解释者应该看到陈述性文本背后存在的问题，看到文字背后规定文本意义方向的问题视域。也就是说，在阅读中，读者需对文本书字做出超越文字意义的回应。对文本文字做出回应意味着必须超出文本中的文字陈述，追问文本背后的广阔的境遇世界，我们必须从问题出发把文本中的陈述语言理解为一种对问题的回答。在翻译中，尤其当译者欲意把外语翻译成母语时，译者想要看到源语（外语）陈述背后的问题则更为困难。这就要求译者不仅熟悉源语之文字符号、语法结构，还要了解源语文字的偶缘性意义，要求译者熟悉语言共同体内部业已达成的有关历史、文化、传统、习俗的一致意见。正是一致意见构成了语言背后的偶缘性意义，构成了语言之陈述逻辑背后的问题逻辑。

在此可以看出，伽达默尔带着海德格尔对逻辑语言的批判和质疑，走向逻辑语言背后的问答语言。问答模式的语言使理解走出逻辑语言的界限，而指向逻辑语句背后更为广阔的偶缘性境遇。语言的意义不在于对主体的命名或判断，而在于命名和判断背后更加丰富的世界经验；语言不仅在其说出的意义，更在于蕴含在语言之中未说出的东西。因此，语言性就是人类世界经验的语言性，语言是世界经验本身。

以上便是本书对伽达默尔并未深入讨论的游戏概念所做出的进一步理解和解释。综合以上多种游戏，如伽达默尔在《真理与方法》第二版序言中所述，游戏特殊性表现为一种现象学辩证法精神[①]。伽达默尔的游戏概念是一个充满现象学—辩证法精神的概念，这也可以被看作伽达默尔游戏概念的基本特征。在《真理与方法》中，虽然读者能在伽达默尔对艺术游戏的描述中读出现象学与辩证法精神，但他并未明确指出，现象学与辩证法精神就是游戏的本质精神。直到伽达默尔中后期的一系列作品中，"游戏是一种在现象学

---

① 伽达默尔.真理与方法（Ⅱ）［M］.洪汉鼎，译.北京：商务印书馆，2010：563-564.

与辩证法之间的活动"[①]的观点才逐渐明晰。

值得注意的是，伽达默尔的游戏辩证法，并非直接用黑格尔思辨性辩证法的方式去分析游戏，而是通过柏拉图的对话以及对对话的现象学分析来澄明游戏之中的辩证性质。所以，伽达默尔的辩证法并非外在和反思的，而是内嵌于游戏之动态现象学发生过程之中的，是内在的原则和灵魂。辩证法与现象过程是相伴相生、共为一体的：游戏的一方与另一方以及游戏观赏者之间，或对话双方之间，或文本和解释者之间，又或者创作者和观赏者之间，再或者译者与原文及译文读者之间，它们的本质是相同的：在"关系"引领下，游戏三方相互制约、相互博弈、相互妥协、相互对话，从而超出各自原有视域而进入新的视域融合。

我们还需要明确的是，无论游戏以哪种方式进行，无论游戏的过程如何屈折，在现象学与辩证法之间的游戏的最终目标始终在于达成游戏人与人之间的意义理解与差异性共识。因此，理解始终是游戏存在的基础和理由。

由此可知，伽达默尔笔下的游戏概念是一个十分复杂的概念。竞争游戏、表演游戏、对话游戏、语言游戏，其形式各不相同，实现方式也各有千秋。但所有游戏的结构与目的都具有根本的一致性：在游戏结构上，它们都体现出游戏先于游戏者的现象学特征，以及游戏双方的博弈式现象学与辩证法特征；在游戏目的上，它们都以促进交流、达成理解为最终目标。

翻译过程包含原文文本、译者以及译文读者三重关系，指涉人际理解与达成共识的目的，涉及语言转译之过程，因而包含了上述四种游戏的综合性特征。这决定了我们可以尝试把翻译过程构建为融合上述四种游戏的综合过程。其中，体现竞争游戏特征的对话游戏可用于构建译者对原文文本的意义理解过程，向观众敞开意义的表演游戏则可用来构建翻译之语言转译过程，而语言游戏之语言的辩证结构则是语言转译得以实现的前提条件。

---

① 伽达默尔.真理与方法（Ⅱ）［M］.洪汉鼎，译.北京：商务印书馆，2010：3-5.

第三章　翻译游戏过程构建

第一节　翻译游戏过程的框架结构

一、语言媒介与翻译

语言的偶缘性特征告诉我们，无论是发生在两个人之间的谈话还是文本理解中的对话，都具有一个置于其面前的"事情本身"。在苏格拉底谈话中，苏格拉底和尤苏戴莫斯就"正义"这一具体问题展开对话；与之相似，在文本理解中，理解者也总是理解文本对其述说的"事情本身"。于是，对话的理解是一种对"事情本身"的理解，而对"事情本身"的理解则通过语言而产生。所以，伽达默尔认为："理解的实现方式——不管是涉及文本还是涉及那些把事物呈现给我们的谈话伙伴——就是事情本身得以语言表达。"①因此，语言是对话双方进行相互了解并对某事取得一致意见的核心所在，一切理解都是语言问题，一切理解都在语言媒介中进行。

语言在理解中的媒介作用更为具体地体现在语际翻译中。当对话双方操着不同语言进行交流时，相互理解受到阻碍。翻译的作用就在于把相互谈论的话题置于同一种语言背景之下。在翻译中，语言媒介通过译者的传达被巧妙的制造出来，"制造"的过程成为操着两种不同语言的谈话者能进行问答对

---

① 伽达默尔.真理与方法（Ⅰ）［M］.洪汉鼎，译.北京：商务印书馆，2010：534.

话并取得相互理解的前提。

语言的媒介作用让我们看清了语言在诠释学中的核心地位，也同时引导笔者把目光转向"诠释学与语际翻译的关系"问题视野。在谈话双方（我—你）[①]语言不通的情况下，翻译者必须要把自己理解的意义置入另一个谈话人的生活语境之中。当然，译者的理解不是任性的，谈话一方"我"的话语意义被保留，但获得保留的意义必须在一种新的语言世界（目标语）中被人理解，所以这种意义必须在目标语世界中以新的方式发生作用。因此，伽达默尔指出："翻译就已经是解释（Auslegung）。"[②]

从诠释学的意义上来说，翻译的过程是理解与解释的过程，是译者对先行给定语词进行意义理解的过程，也是译者把脑中存留的意义置于新的语言环境之中进行解释的诠释学过程，该过程可进一步细分为两个环节：第一，译者对原文文本的理解过程；第二，译者转换语言形式，使意义向目标语群体开放的过程。这两个环节的区别可以用阅读和再现的区别加以表征。

二、翻译之二重游戏过程的区别

伽达默尔虽然从广义上提出了"翻译如同阅读"的观点，但他在《在现象学与辩证法之间》一文中，也曾专门指出阅读和再现的区别。[③]简单来说，阅读和再现的区别在于是否需要转换意义的感性表现形式，使意义向更广泛的观众群体敞开自身。因此，阅读和再现的区别，也就是竞争（对话）游戏和表演游戏的区别，也就是翻译过程之"译者对原文理解过程"和"语言转译的意义再现过程"的区别。

阅读是理解的对话过程，读者把文字意义转换成新的意义存在方式——意义以"存留在读者脑中"的实现方式存在，读者无需对"存留其脑中"的

---

① 为了叙述的方便，操着两种不同语言的谈话者双方可用"我—你"来表征，译者作为谈话的第三方出现。这正是口译的实际情形。

② 伽达默尔. 真理与方法（Ⅰ）［M］. 洪汉鼎，译. 北京：商务印书馆，2010：540.

③ 伽达默尔. 真理与方法（Ⅱ）［M］. 洪汉鼎，译. 北京：商务印书馆，2010：21.

意义进行进一步感性形式转换。再现则是解释的意义再现过程，在理解的基础之上，解释者需要对理解获得的"存留在读者脑中"的意义进行进一步感性形式加工。从广义上讲，阅读和再现都是理解与解释；然而，具体而言，根据解释对象的不同，解释可分为不同类别——阅读性理解与再现性解释。

首先，阅读和再现的区别表征了理解和解释的区分。伽达默尔认为，阅读以实现对意义的"理解"为目标，阅读才是理解文本的方式，阅读不仅存在于文字文本中，而且存在于对绘画和建筑作品的理解中。再现则不同，它以意义解释为目标，通过声音和音调等感性材料达到一种新的实现，它是一种新的创作。如伽达默尔所述："再现将把真正的作品表现出来，正如戏剧在舞台上的表演以及音乐在演奏中的表现，我认为这种生动的再现具有解释的名称乃是正确的。"①

其次，阅读和再现的意义实现方式不同。再现以声音、表演等"新媒介"达到一种新的创作。再现需要表演者把剧本中的文字，通过舞台媒介，加之表演者的表演技巧，以一种"新的感性方式"来完成意义表现，是一种通过新媒介形式完成的意义实现与意义扩展。阅读则不同，在阅读时，文字的意义实现是封闭在阅读过程中的意义进程自身，意义并未如再现那样发生感性形式转变。阅读实现的意义封存在读者心中，以意义自身的方式存在，它保留着读者用各种想象去进行补充的可能。

此外，阅读与再现生成意义的方式不同。阅读是通过上一章所述竞赛游戏或对话游戏中的竞赛（game）精神生成意义的。再现的意义生成则通过一种为观众而进行的表演（play）而完成，体现"为……而表现"的他在性原则。正是因为观赏者的出现，表演者才需要把阅读转变为再现。因为表演者需要用观赏者更容易接受的方式——声音、表演等感性形式达到一种新的创作，从而使观赏者在游戏中同样得到满足。"为……而表现"恰恰体现了演员与观众之间的"间距"，在承认"间距"的前提下，达成理解与共识。

---

① 伽达默尔.真理与方法（Ⅱ）［M］.洪汉鼎，译.北京：商务印书馆，2010：22.

因此，阅读和再现体现了竞争游戏和表演游戏的特征。阅读和再现都涉及一种过程，通过这种过程，被固定在文本中的内容就提升为新的陈述并得到新的具体实现。真正的谈话本质在于含义总是会超出所说的话语。一切阅读和再现都会超出文本中的文字（作品或剧本）而通向所表达的意义本身，因此，阅读和再现都是一种参与，一种共同的活动。谁通过阅读或舞台表演把文本表达出来（即使阅读并非发出声音），谁就把该文本具有的意义指向自己开辟的意义之中。

让我们再次把目光转回与理解、解释密切相关的语际翻译。伽达默尔曾把翻译的语言转译过程看作再现的形式之一[①]。阅读与再现的区分恰恰体现了翻译过程之理解（译者对原文文本的理解）和解释（把源语的意义内容转换成目标语）的双重过程。于是，阅读和再现的区分可表征翻译过程的两个阶段：语内翻译阶段是指在源语语境内把原文文字意义转换成译者脑中的意义存留形式；语际翻译阶段则把理解过程中获得的意义存留形式转换为目标语言形式，从而实现意义的再现。

综上所述，阅读和再现的区别是翻译过程两个步骤的区别，也是对话游戏与表演游戏的区别。下文将分别对翻译过程之对话游戏以及翻译过程之表演游戏展开详细阐述。

第二节　翻译对话游戏过程

译者在翻译之前，必须首先要阅读原文。事实上，译者必须是一名出色的阅读者，他必须全面深入地理解原文，以求对原文文本（笔译）或谈话一

---

① 伽达默尔. 真理与方法（Ⅰ）［M］. 洪汉鼎，译. 北京：商务印书馆，2010：563.

方话语（口译）进行意义理解①，从而把原文文本中的文字意义或源语对话者的话语意义转换成译者脑中的意义存留形式。在源语是外语（把外语翻译成母语）的情形下，译者对原文文本的阅读理解过程体现得尤为重要。然而在翻译过程理论研究中，该过程却常常被研究者忽视。

译者对原文文本阅读理解过程可表征为上一章的柏拉图式对话结构，也是"提问—回答—反诘—修正—再提问……"循环反复的过程，文本理解成为具有谈话的原始性质和问答结构的游戏。在游戏过程中，问题视域和理解者视域实现融合，从而达到对事情的理解。

然而，相对于发生在谈话者之间的对话，原文文本与译者间的对话表现出自身的特征。译者对原文文本的理解发生在源语语境内，作为理解者的译者无异于一般文本阅读者②，他仅仅需要克服由自身前见造成的一般理解困境（普通读者在阅读中造成的理解困境），就可完成对话。此步骤可还原为读者阅读原文文本，从而生成意义的过程。

一、"文本之问"与"自问自答"对话过程描述

如上文所言，陈述性文本背后的问题逻辑开启了文本与读者的循环式对话③。在文本理解的对话结构中，提问者由苏格拉底变成了文本。于是，文本理解过程中的问答结构的首要环节便是"文本之问"——文本向读者提出问题。

我们不禁要问，文本毕竟不是苏格拉底，文本如何能提出问题呢？笔者认为，"文本之问"是文本通过读者对问题的重构得以提出的，也就是说，文本提问首先意味着读者需要重构陈述性语言文字背后的问题。问题的重构要

---

① 在本书第一章笔者已经阐明了诠释学视域下文本概念是一种广义文本概念，可以涵盖话语文本和文字文本两类情形。所以，在下文中，笔者不再区分口译和笔译，把译者进行翻译的对象共同称为原文文本。

② 语内理解阶段译者身份相当于一般读者，为了表述方便，作者在本节写作中，有时用"读者"和"文本"代指"译者"和"原文文本"。

③ 具体内容详见本书第二章第三节"语言的对话结构"论题。

求读者的前见和文本背后的历史境遇既有某种视域差异又有某种视域融合。

问题的产生首先来自读者与文本的视域差异，而这种差异主要源于前见的参与作用。理解者之所以能看到文本背后的问题，是因为他的前见与文本所呈现给他的历史视域有所不同，否则他无法提问，因为完全相同的视域并无问题可言。当读者自身的前见遭遇文本的历史性视域时，势必产生视域差别，从而产生问题。

在此必须指出，施莱尔马赫把前见视为文本理解中需要排除的消极因素的旧有观点，被伽达默尔彻底放弃。前见的参与所带来的视域差别是开启问题的积极因素，成为理解发生的可能性前提之一。当译者面对的原文文本是外来语时，这种视域差异会体现得尤为突出。因为在翻译的特殊情形下，视域差异不仅表现为其个人（职业、性别、年龄等个体因素造成的）前见所造成的视域差异，更表现为作为另一个民族或语言共同体共有前见所造成的差异，即文本的历史视域与译者所代表的民族共同体之间因"空间间距"造成的视域差别，显然要大于同一语言共同体内部成员之间的视域差异。然而，外语文本阅读中的"空间间距"不应该被当作阻碍理解的消极因素而简单加以排斥；与之相反，"空间间距"之视域差距的存在更有利于开启文本与读者的问答结构，视域差异越大，问题越容易凸显，完全相同的视域无助于任何质疑性问题的提出。

我们面临的下一个问题是，如何保证"文本之问"朝向事情本身的方向发展，进而保证"文本之问"之问题客观性呢？正是读者循环往复的筹划与修正保证了"文本之问"面向事情本身。通过读者的预先筹划避免让前见、前有、前把握以偶发奇想和流俗之见的方式出现。理解又对先前的筹划进行修正，修正乃是对意义理解的进一步筹划，如此循环往复，直到确定意义统一体。正是这种不断更新的筹划，在构造理解和解释的意义运动的同时，也排除了并非来自事情本身的"流俗之见"的干扰。

读者前见与文本历史视域差异开启"文本之问"，循环往复的筹划与修正是保证"文本之问"面向事情本身的前提，而读者对文本的"完全性前预期"也是使文本背后的问题向读者敞开的条件之一。"完全性前预期"是读者在开始文本阅读之前，对文本所持有的意义预期，具体包括读者对文本意义统一的预期和对文本内容真理性的预期。一方面，读者在阅读文本之前，需要设定一个引导理解的前提：只有当文本表现为意义统一体时才可被理解，这是理解的完满性前提。与此同时，意义统一与文本内容无法分割，所以，"完全性前预期"引导读者的理解，但它本身又规定内容。正如我们相信某个记者带来的消息真实有效，是因为他当时在场或消息灵通，同样，当我们面对传承下来的文本时，也开启了这种可能性——文本可能比我们自己的前见知道得更清楚。又比如读者选择阅读一部小说，他一定有自己的理由：为什么选择这一本而非那一本？他之所以做出选择是因为读者在前见的作用下做出对于这本书的"完全性前预期"，断定这本书比那本书更有阅读的价值，这本书更能充分表现统一性的意义真理。

"完全性前预期"不仅保证了文本应该说出的意见，还意指读者相信文本说出的东西具有真理性。读者对文本的"完全性前预期"不受文本语言类别的影响。当译者面对一本来自外来文化的文本时，他更需要具有对该文本的"完全性前预期"——相信自己的前见（包括语言前见和知识前见）能够把握该文本的"意义统一体"并信任该文本具有值得阅读或值得翻译的价值和意义。译者对原文文本"完全性前预期"决定了译者为何选择阅读或翻译这一文本（而非选择另一文本）的理由。

但仅有差异和"完全性前预期"仍然无法开启问题，问题的重构包含文本和理解者的视域融合。读者从文本引出问题，并对这个问题进行重构，重构必然是一种包含视域融合的重构，一个被重构的问题不可能只包含文本原来的视域，还受到提问者内在视域的影响。于是，问题的重构已经包含了读者前见与文本历史差异下的博弈与妥协，已经"包含了现代与文本的历史自我中介的任务"①。换句话说，只有当我们理解了某事物是其回答的问题，

① 伽达默尔. 真理与方法（Ⅰ）［M］. 洪汉鼎，译. 北京：商务印书馆，2010：528.

我们才能理解该事物，并且被理解事物的意义同我们自己的前见不可分。

如此一来，重构的问题又变成了我们的提问。于是，问题和答案的关系被颠倒了。文本向我们提出一个问题，为了回答这个问题，被问的人必须提出新的问题。但是，我们的提问必须超出文本原有的历史视域，才可能提出新的问题。在重构中被描述的历史视域不是一个包容一切的视域，重构意味着把读者（对文本文字做出反应的人）的视域包含其中，所以重构问题绝不可能处于它原来的视域之中。文本逻辑要求把重构的问题放入其可质疑的开放状态中，文本的问题面向我们呈现。只有当我们理解了文本背后隐含的问题，我们才理解文本，但理解始终无法与我们自己的意见相分离。重构文本问答模式的意义理解其实变成了我们自己的提问：我们重构文本问题的过程也是我们提出问题的过程，我们通过提问寻求文本向我们提出的问题的答案。

于是，文本理解的问答模式以读者自问自答的方式呈现。读者向文本提问并自问，并试图倾听作品的回答，读者即是思考者、提问者又是回答者。如伽达默尔所言："真正的理解活动在于：我们是这样重新获得一个历史过去的概念，以致它同时包含我们自己的概念在内，我把这种活动称为视界融合。"[①]在对外文文本的阅读中，视域融合不仅表现为译者自身前见视域与外文文本原有视域的融合，同时还表现为译者所置身其中的语言共同体共同拥有的前见视域和文本原有视域之间的融合，这种融合更是一种文化、传统与语言习惯的视域融合。

综上可知，文本理解的循环模式在问题的推动下得以展开，而问题源于理解者和文本之间间距之下的差异与融合，也就是说，问题的真正开启者正是理解者和文本之间的"关系"。

二、"关系主体"模式的现象学与辩证法特征

读者"自问自答"式的诠释学循环成为文本理解的形式，"自问自答"式

---

① 伽达默尔. 真理与方法（Ⅰ）［M］.洪汉鼎，译.北京：商务印书馆，2010：433.

的文本理解体现为具有现象学与辩证法双重特征的"关系主体"模式下的动态发生过程，过程中充满了意义递交的具体性和历史性，充满了理解者和文本之间的博弈与妥协，但文本理解的最终目的始终指向人与人之间的理解与差异之下的共识。

文本理解的"自问自答"模式首先体现出"关系主体"的现象学特征。

第一，"自问自答"之"问"先于"答"，体现了"问题优先性"原则的现象学特征。我们把文本理解比作一场谈话，但实际上，谈话并非按谈话者意愿而进行。与其说我们进行了一场谈话，不如说我们被卷入了一场谈话。在谈话中，某个问题引起下一个问题，某个词引出了其他的词，问题引导谈话双方，在他在性与自主性之间博弈。因此，在对话理解中，问题先于理解的人具有优先性。而开启问题、修正问题，再提出问题的过程主导者并非理解者本身（虽然问题以理解者自问自答的方式呈现），而是理解者和文本在间距作用下的视域差异与融合。在差异与融合中，在文本他在性与理解者自主性的张力中，问题得以开启，并推动理解活动向前发展。一言以蔽之，正是理解者和文本之间的"关系"决定了文本理解的对话进程。

第二，在"关系主体"的推动下，意义递交是一种具体的、历史的动态发生过程，从而实现由"过程"引领"理解者"走向视域融合的理解进程。没有人能中立地、不带任何前见地对待文本，任何人都具有理解的前结构，与文本的遭遇和对它的解释考验着并改变着人们的理解前结构，这就是理解的任务；在循环式理解路径中，并不存在理解的人对被理解物的占有，而是在关系引领下，"过程"引领"理解者"在新的方向上实现意义递交，这就是解释的任务。因此，意义总是朝向新的方向的意义，意义总是历史性的，是发生在某个特定解释者身上的具体的、历史的事件。于是，意义解释是动态的，在理解者和被理解物之间存在着相互理解和意见交换。理解以及解释（说出理解的内容）存在自身建构；经过理解的循环过程，理解的人和理解对象都发生了变化：二者都被过程本身所改变，走向理解对话的任何一方都无法全然主观操控的视域融合。

第三，我们必须铭记上述现象学发生的过程是理解者和文本之间诠释学循环的过程。文本问题向读者开启，读者对文本文字做出反应，读者对文本文字的反应表现为读者带着自身前见对文本提问进行的重构性筹划，筹划必然超出文本原有的历史视域，把读者自身前见视域包含其中，从而形成新的理解；而新的理解意味着对前一问题的修正，必然导致读者提出对前一问题的新的反诘。于是，在问答之"问"的引领下，文本理解以读者"自问自答"（文本之问—筹划—反诘—修正……）的方式完成了上一章柏拉图对话中"提问—回答—反诘—修正……"的循环往复的现象学发生过程。在上述过程中，对整体的理解离不开对部分的理解，而对部分的理解又和对整体的把握分不开。这一过程在外文文本阅读中被无限放大了，这便可以解释语料库成为翻译手段的必要性：当我们尝试理解一个自己不认识的外语单词时，把它放在文本上下文语境中或互联网时代语料库大数据之中去理解，比查词典更能充分理解这个词的含义。

其次，除了现象学特征，整个自问自答的对话体现着辩证法精神——读者要在文本他在性意识的引领下，在文本熟悉性与陌生性之间展开博弈式的辩证运动。如上文所言，"自问自答"却并不意味着理解者是唯一的对话者，"自问自答"始终在文本他在性意识的引领下得以展开，"自问自答"一词本身便有"否定之否定"的辩证法意味。文本他在性意味着读者不能以总想赢过文本的心态下进行对话，读者必须在承认自身的可错性、有限性和历史性的同时，信任文本意义具有统一性和真理性。与此同时，文本他在性也意味读者必须对文本提出新的问题，而从打破对文本意义统一性和真理性的信任。信任意味着在读者与文本之间建立起来的熟悉性，而提问则意味着熟悉性的打破与陌生性的出现。于是，文本他在性意识下的阅读对话过程是一种在熟悉和陌生之间的辩证博弈过程。文本作为读者之外的"他者"，居于熟悉性和陌生性之间的中间位置，这一位置乃是"具有历史意味的已远逝的对象性和对传统的隶属性之间的中间地带"①。

当作为译者的读者面对的是一本用外文书写的文本时，阅读过程中熟悉性与陌生性的对立则体现得更为强烈。译者在建立自己与文本熟悉性——相信自己用足够的语言能力和知识能力把握文本意义统一体，并相信文本意义为真——的同时，更面临着语言陌生性与意义陌生性的双重挑战。译者把文本文字内容转换为自身脑中意义存留的过程意味着译者需要在文本熟悉性与陌生性之间进行辩证性循环式动态发生过程："完全性前预期下"熟悉性的建立→陌生性的出现与熟悉性的打破→对陌生性的克服与新的熟悉性的建立→把文字意义转换成译者脑中的意义存留。

在上述熟悉和陌生之对立中，文本与读者始终处于"间距"之中。"间距"对于理解具有积极作用："间距"是无法克服的，读者无法吸纳文本方方面面的全部信息，因而只能把文本当作"距离"中的他者，在一定问题视域之中实现理解。伽达默尔指出："认为我们可以置身于时代精神之中，以该时代的概念而不是以自己的概念和观念来思考，并以此达到历史客观性，这只不过是历史主义的天真的前提。"②文本不是一种理解的对象，而是自己和他者的统一体，是一种"间距"之中的"关系"，因此，真正的理解必须学会在"间距"中认出自身的他在性并因而认识自己和文本他者。"间距"中的理解是一种真正的历史性思维，历史思维要求读者在理解文本的同时，意识到理解者自身的历史性。只有意识到自身的历史性和有限性，理解者才能学会在文本中认识自身的他者，从而认识自身和他者。总之，真正的理解对象并非对象，而是自己和他者的统一体，是一种"关系"③，在统一"关系"之中，理解者在他在性意识中，走向与他者的融合。

在译者对原文文本的理解中，间距更突出的表现为一种"空间间距"——因读者和文本所置身其中的空间距离而造成的彼此间在文化、习

---

① 伽达默尔.真理与方法（Ⅱ）［M］.洪汉鼎，译.北京：商务印书馆，2010：78.
② 伽达默尔.真理与方法（Ⅱ）［M］.洪汉鼎，译.北京：商务印书馆，2010：78.
③ 伽达默尔.真理与方法（Ⅰ）［M］.洪汉鼎，译.北京：商务印书馆，2010：424.

俗、语言乃至思维方式的差异。如同"时间间距"一样，"空间间距"不应该是读者努力抛弃的消极因素，而应成为理解的积极因素：承认文本与自身的"间距"意味着承认文本具有他在性的同时，也承认自身的有限性和历史性，只有这样，译者才不会把文本当作主观操作的对象。

"间距"下的他者意识归根结底是一种效果历史意识。效果历史意识意味着理解者意识到自身历史性和有限性的诠释学意识，效果历史概念表明了传统的价值和意义，重新界定了保存的要求，效果历史意识表现为一种诠释学处境原则。要取得这种处境意识是十分困难的，我们并非处于处境的对面，我们处于处境之中。我们自己与我们所要理解的文本处于相互关联的处境关系之中，我们无法置身事外进行某种完全客观的理解。处境表现了一种限制视觉的可能性立足点。

效果历史原则告诉我们完全置身事外的客观理解不可能，理解的前提是承认它物与自己前见的差异，并把自身置于它物之中，理解是一种辩证法：从视域差异和读者对文本的"完全性前预期"作用下开启的文本之问，到读者对文本意义预期的修正，再到读者提出新的问题（文本之问—筹划—反诘—修正……），在循环往复的过程中，读者达到了对文本的意义理解：对"完全性前预期"的部分扬弃，以及对自己原有视域的部分修正，从而达成新的视域融合，这就是在间距作用下理解过程的"正反合"式（信任—怀疑—新的信任）辩证结构。

历史理解证明了"无差异"的理解不可能，但"无差异不可能"不意味着"理解不可能"。无论文本理解还是苏格拉底式的对话，都是为了达成对话者之间的相互理解。理解并非要求达到完全的一致，理解对话的实质内容仅仅作为了解他人视域的一种手段。如同医生对病人的问诊：医生并非想要达到与病人的完全一致，但他可以获得对话中的主要信息，并以此达成对病人状态的了解。历史性的理解也是同样的，具有历史思维的人可以理解文本的意义而无需与文本取得完全的一致。在历史自为中，我们看到了一种从手段到目的的过渡，让自身置于历史处境中，从历史的观点看待文本，并重建自身和文本的历史视域。在此过程中，理解者已然存在对他者异己性的承认，所以在很多情形下，文本在被理解过程中，已经远离了它原本要说出的真相。

因此，理解始终以达成共识为最终目标。共识并不意味着理解者抛弃自身前见全盘接纳文本，而是指理解者试图平等地考量文本，承认对方的观点和理性，指出其中的错误，并表述一种更接近真理的理解和共识。

由是观之，译者对原文文本的理解体现对话游戏的特征。第一，文本理解是一种现象学式的游戏发生过程：问题先于游戏者（读者），问题引领读者和文本的对话，文本始终作为他在性要素参与理解过程中，理解并非读者对文本的主观宰制，而是强调"关系"引领下的"过程优先性"作用。在理解中，文本与读者相互作用、彼此促进，形成部分与整体的理解的诠释学循环。第二，阅读过程表现为读者他在性意识下，在熟悉性与陌生性之间的辩证法精神。读者的自问自答式的问答循环，始终在对文本的信任和质疑之间转换，问题重构意味着原有信任的瓦解和质疑的产生。第三，文本理解过程（语内翻译过程）是一种以达成共识为目标的视域融合。文本成为熟悉性与陌生性之间的他者，读者在与文本的熟悉性与陌生性之辩证关系中，认识文本他者，进而认识自身。文本理解意味着新的更大视域的产生——对原有文本视域的部分扬弃，并把自身正确前见加入其中。文本理解指向的是一种承认差异但最终走向共识的活动：共识是一种承认差异下达成的一致，承认差异意味着扬弃和博弈，但理解的最终目标还是在保留差异的前提之下达成共识。追求一致理解和达成差异下共识是诠释学和翻译的基本精神。第四，阅读式对话过程实际上是一种语内翻译，语内翻译的结果是实现作为读者的译者与原文文本的视域融合，实现的意义无需转化为新的感性形式，仅以意义自身的方式存在于读者心中[①]，即意义由源语文字转化为译者脑中的意义存留形式。

---

① 阅读游戏中的意义封存与下文中即将论述的表演游戏的意义再现形成对比。

第三节　语言转译过程何以是表演游戏

译者与普通读者对待文本的方式不同。普通读者只需把文本意义转换成存在其脑中的意义存留形式，保留着用各种想象进行补充的可能；而译者还需以"新语言媒介"完成意义实现与意义扩展，使意义向目标语群体敞开。所以，语言转译的过程与表演游戏的过程具有相似性：二者都是"关系主体"下的博弈辩证的意义重组过程；二者均以向观众开放意义为目的，译者如同表演者，目标语读者如同观赏者。不同之处在于表演需把文字语言转译成话语、情感等新媒介形式，而翻译则需要把一种语言转译成另一种语言。

因之，翻译之异质语言转译过程是在现象学与辩证法之间的博弈妥协的表演游戏过程，也是意义保留、舍弃与添加的语言过程。笔者试图在还原这一过程的同时，为意义保留、舍弃、添加制定一般性原则——即在语言转译的一般情形中，存在意义传递的博弈妥协过程，也存在意义保留、舍弃与添加的语言转译原则。本书的原则制定仅针对一般情况下的翻译行为，不针对个别译者的个体心理行为，如非理性状态下的翻译行为。

在论证表演游戏与语言转译过程的相似性之前，首先让我们回到伽达默尔对表演游戏的论述上来。表演游戏是伽达默尔艺术游戏理论的重要组成部分，是伽达默尔《真理与方法》"艺术本体论"不可或缺的组成部分。伽达把艺术分为时间性艺术和空间性艺术。时间性艺术的意义再现通过表演游戏得以完成。在游戏过程中，原型（剧本、原著）被表演者、译者一次次带入不同的时间境遇之中，实现艺术作品与其表演性再现的无区分状态，每一次游戏过程（每一次表演、翻译）都会为原型（剧本、原著）带来新的意义扩充。戏剧表演是意义再现活动的典型代表之一，演员以肢体语言、声音语言、情感语言等新媒介再现剧本文字语言中的意义。

表演游戏与翻译之语言转译具有相似的过程结构。

从意义再现的形式来看，语言转译和戏剧表演都意味着意义形式的转变。二者的不同之处在于：戏剧表演是把剧本文字以肢体语言、情感语言、口语台词等非文字形式再现；而语际翻译则仍以"另一种语言"的方式再现原文意义，也就是说，意义再现的实现方式是"从一种语言到另一种语言"的语言过程。因此，翻译过程研究的关键便是阐明意义再现的语言过程，具体分为以下三方面。第一，语言转译中究竟发生了什么——放弃了什么，保留了什么，又添加了什么。这一论题的重点在于厘清语言转译中博弈妥协的现象学辩证式语言过程，并为该语言过程制定一般普适性原则。第二，语言转译实现了什么？该论题旨在阐明该语言过程的最终目的是实现不同语言共同体人群之间差异下的相互理解与一致共识。第三，翻译可能实现的前提是什么？语言是人类世界经验"一"与"多"的流射，这保证了不同语言能表达相同的意义，保证了人们理解的共通性、意义的可交互性，进而保证了语际翻译存在的可能性与必要性。

从意义再现的过程来看，语言转译过程与和表演游戏过程都可表征为"关系主体"制约下的动态辩证过程。

首先，表演游戏和语言转译都表现为"关系主体"模式下的现象学过程。在戏剧表演中，表演者被戏剧精神所吸引，作为参与者卷入戏剧表演过程之中，成为表演发生过程的一部分。在表演过程之中，演员才作为脱离生活状态的演员而存在。与之相似，译者翻译过程并非译者的主观行为，译者翻译时在原文和译者读者双重制约下展开语言转译。译者脱离其日常生活状态，专注于语言转译的博弈妥协之中，正如锤子只有"在其使用之中"才作为锤子而存在，而锤子本身也成为修葺过程的组成部分。因此，语言转译过程与表演过程都是"关系主体"下"过程"引导"译者（表演者）行为"的非主观性现象学过程。

"关系主体"模式决定了表演者和译者都需要在他在性与自主性的张力

制约下，与陌生他者遭遇，克服陌生性，这就是表演游戏的博弈妥协的辩证过程。如同表演面临剧本以及观赏者的制约，翻译过程也面临原文文本以及译文读者双重他在性因素的制约。首先，译者面临原文意义内容的制约。译者的翻译是一种对原文意义的再现，再现意味着模仿，意味着译者在语言转译时，必须保留原文面向事情本身的意义内容，可以说，翻译过程并非意义创作，而是意义传递的过程。语言转译中保留原文中面向事情本身的意义内容之所以可能，其根据在于语言本身具有的辩证结构——不同语言能表达相同事情。其次，译者也面临译文读者的制约。一方面，翻译的最终目的是面向目标语共同体人群敞开意义，所以译文读者的语言使用习惯限制了翻译过程中的译者行为或动机。译者必须充分尊重目标语共同体人群的语言异质性，必须充分尊重两种语言之间不可克服的间距性和界限性，才能完成语言转译过程。另一方面，目标语读者也不仅仅是"关系"末端的被动守望者，他们以与游戏"同在"的方式参与到游戏过程中，作为制约"关系"的他在性张力，推动着翻译过程的变化与发展。

由此可知，译者在双重他在性制约下展开语言转译的过程。从"关系主体"的视角出发，解读从一种语言到另一种语言的翻译发生过程，可把翻译中包含的各项因素用诠释学经验加以概括总结：与陌生他者的遭遇以及对陌生性的克服和修正。这正是翻译过程的辩证要素。伽达默尔指出："翻译是阐明理解之内部张力的最佳例证。当译者面对用外语写成的文本时，文本语言显现出语言陌生性。译者既不能把陌生性当作纯粹性的他在因素，将其弃之不顾；又不能对之进行拷贝式的语言对译。翻译是一种过去与当下的永不停息的视域融合。这就是理解的本质。"[①]

从表演游戏的视角来看，语言转译的现象学特征还表现在游戏的整体性循环过程。没有人能中立地不带任何前见地对待一件事，译者也具有理解

---

① Gadamer H-G. *Truth and Method* [M]. Weinsheimer J., Donald G. Marshall (trans.). Second Revised Edition. New York: Crossroad, 1989: 385.

的前结构。与原文文本遭遇和在异质语言中对其进行解释考验着并改变着译者的理解前结构，这就是理解的任务；在循环式理解过程中，并不存在理解的人对被理解物的占有，而仅存在新的方向上的意义递交，这就是解释的任务。语言转译是意义的理解与解释，意义总是朝向新的方向的意义。经过理解的循环过程，理解的人和理解对象都发生了变化，二者都在"过程"的牵引下，改变自身。在此意义上说，语言转译的过程是意义不断递交的诠释学循环的动态发生过程。循环的语言转译过程对译者角色具有特殊的要求：译者角色相当于戏剧表演中的"导演—表演者"，译者并非意义创造者和主宰者，而是意义交换的协调者与组织者，重组语言，再现意义。因此，如同表演者需要专业表演技巧一般，译者也有角色特殊性——熟练理解并掌握两种语言，并具备在两种语言之间转化意义的能力。

最后，同戏剧表现的"观众开放性"一样，语际翻译表现为"面向……的表现"，虽然当原文文本是文字文本（笔译情形）时，译文读者是在"游戏"转换成"构成物"[①]之后才延迟出场，但译者在语际翻译游戏发生过程中，已然考虑到目标语读者的存在，也就是说，译者之所以需要以"新感性形式"再现"存留其脑中的意义"，关键原因在于翻译的"面向……的表现"性质。[②]所以，语言对译之所以发生，译者之所以需要做出博弈，归根结底还是在于翻译本身就有向观众敞开自身的表演再现性质。

故而，如同戏剧表演游戏中观赏者相对于游戏者的优先性，在语言对译中，已然在场（口译）或尚未出场（笔译）的译文读者具有相对于译者在

---

① 当观赏者（译文读者）获得同表演者（译者）同等重要的参与性时，语言转译的过程就完成了向构成物的转化。如同表演变成了艺术作品一般，语言转译就成了具有独立意义的构成物——译作产生。译作的产生标志着对话过程中形成的意义在新的感性形式中得到再现。此问题还要在本书第五章第二节"目标语读者的'共在'意义"中做具体阐释。

② 即使目标语读者延迟出场，翻译仍具有为某目标语读者而表现的性质，如同表演艺术总是指向观众，即使没有一个正在倾听或观看的人存在。

"方法论"意义上的优先性地位[①]。优先性体现在如下方面：首先，就目标语读者而言，不管其与译者同时在场或延迟出场，都是游戏整体的重要组成部分。正是出于译文读者的要求，原文意义才得以在目标语语境下实现自身、扩展自身。其次，目标语读者与译者在"间距"之中实现共在意义。世界上无法找出两种完全一致的语言，即使同一种语言也处于不断变化发展之中，所以语言之间的差异无法克服，因而译文读者和原文之间的"间距"也无法克服。因此，目标语读者无法克服原文的陌生性，所以只能在目标语共同体的语境之中"欣赏"意义内容。如此一来，如同戏剧表演中的观众一样，目标语读者在"间距"中对语言意义转换提出整体性要求。因此，目标语读者是否能在"间距"之中、在目标语语境下理解原文意义是考察翻译是否成功的重要标志；也正是在"间距"中，目标语读者才能在目标语境中对原文意义进行再审视，才能证明语言转译存在的价值。于是，我们可以说，"间距"实现了表演者和观赏者之间、译者和目标语读者之间的共在（Debeisein）与共通的精神（communal spirit）[②]。即使目标语读者延迟出场，他仍然以与游戏共在的精神参与到游戏进程之中，他的积极参与影响并左右着译者的行为，影响着翻译过程的发生、发展及意义实现，成就了翻译存在的可能性与必要性。

通过以上分析可知，语言转译过程与戏剧表演过程具有同构性。在戏剧表演中，感性形式转换的关键性步骤体现在导演布局下的演员表演过程——演员通过肢体、情感等对剧本完成意义模仿，从而使剧本文字意义以新的感

[①] 目标语读者具有"方法论"意义上的优先地位并不意味着译者与目标语读者在地位上"孰轻孰重""孰先孰后"。所谓目标语读者在"方法论"意义上的优先性是指在意义实现方式方法的层面上，目标语读者首先使意义实现；正是在目标语读者那里，翻译的动态过程首次转化为具有封闭意义的"构成物"。所以我们说，目标语读者仅仅具有相对于译者的"方法论"的优先性。"方法论"一词表明伽达默尔的游戏理论绝不是一种"读者中心论"。

[②] 伽达默尔. 伽达默尔集［M］. 严平，编选. 邓安庆，等译. 上海：上海远东出版社，1998：552.

性形式面向观众敞开；在语言转译中，译者作为导演和演员的双重角色出现，主要工作是把译者在源语中理解得到的"脑中存留的意义"用目标语言重新组织、表述并面向目标语读者开显原本陌生的文本意义。因此，同表演游戏一样，语言转译的过程是以新感性形式再现意义的过程。实现这一过程的关键是对意义的感性表现形式进行转换。如果说在戏剧表演中，表演者实现的是以肢体、语言的新媒介转换方式完成从剧本意义到面向观众开放的意义再现；那么在翻译中，译者则通过"从一种语言到另一种语言"新媒介转换完成从原文到面向译文读者的意义再现，即译者致力于从两种感性形式（两种语言）中找到面向事情本身的意义内容，以实现源语共同体和目标语共同体成员之间的相互理解与一致共识。在上述意义上说，语言转译是一场旨在面向目标语群体敞开意义的表演游戏。

在明确了语言转译和表演游戏的同构性之后，我们将着重分析语言转译的发生过程，这一过程是体现表演游戏特征的语言过程，因此兼具表演游戏和语言游戏的特征，但无论是表演还是语言，始终有一种现象学与辩证法精神贯穿其中。这一过程是翻译过程分析的关键，牵涉语言、文本、意义、关系等诸多要素，所以，笔者将另起一章，对该过程进行详细分析与描述。

第四章 翻译表演游戏过程

由于语言转译经历了"一种语言转变为另一种语言"的感性形式转变，它不仅是表演游戏，还是一种特殊的语言过程。而同对话游戏的语言过程相比，表演游戏的语言过程则表现为一种更为严重的诠释学困难，表现为由语言陌生性造成的诸多困境。因此，厘清"从一种语言到另一种语言"究竟发生了什么这一问题，成为厘清语言转译过程的关键，这一问题主要包括以下内容。第一，语言转译的过程是什么？语言转译是表演游戏，体现play精神，这是一种译者在（原文文本和译文读者）他在性和（译者）自主性张力下的博弈下妥协的现象学辩证过程。博弈妥协意味着选择，也就意味着舍弃、保留与添加。这一过程也就可以表征为博弈妥协的过程中舍弃了什么，保留了什么，又添加了什么。保留、舍弃与添加的内容并非译者的主观性行为，而是原文、译者以及目标语读者三方"关系"引领下辩证式的语言过程。厘清这一辩证过程并为意义的保留、舍弃和添加制定普遍性原则，成为本翻译过程研究阐释的重点。需要澄清的是，舍弃、保留、添加普遍性原则仅针对一般意义上的翻译发生过程，不对个别译者的个别翻译行为负责。第二，我们必须明确，无论此过程如何屈折，语言转译的目的始终在于扩大人际间理解与共识，这是翻译存在的基础和目的，脱离此基础，翻译无从谈起。在本章中，我们将对以上问题做出逐一论述。

第一节 面向"事情"的意义保留

语言转译是表演而非创作,这决定了译者希求能在语言转译的动态结构中保持某种固定不变的东西,进而保证意义传递的完整性。也就是说,与原文说出相同的意义是目标语文本的首要目标,二者表述的意义必须要达到某种统一性。

然而,译者不得不面对以下事实:即使译者声称译文完全忠实于原文,他无论如何也无法跨越两种语言之间存在的"间距"。翻译仍然是一种决断:决定哪些因素应得以强调和凸显,而哪些因素必须被忽略和抹去。伽达默尔指出:"严格来讲,译文总是比原文更肤浅,因为总有一些东西要在翻译过程中被舍弃和丢失。"①

语言转译过程是表演游戏的过程,而游戏的辩证性首先体现在原文、译者、译文读者三者博弈与妥协的动态结构,那么我们只需搞清楚在动态的转换中,什么被舍弃,什么得以添加,而又是什么才是那个恒定不变的东西。翻译中的困境始终在于:什么是我们优先需要保留的东西?

"从一种语言到另一种语言"的语言转译中必须优先得以保留的无疑是面向"事情(Sache)"的意义内容。只有保留面向事情本身的意义,在两种不同语言共同体之间实现理解和交流才得以可能,翻译才有其存在的价值和意义。这一个论题可以更详细划分为以下三个问题:语言对译为什么是一种意义保留?保留的内容为什么是面向"事情"的意义?如何保留面向"事情"的意义?

---

① 伽达默尔. 真理与方法(Ⅰ)[M]. 洪汉鼎,译. 北京:商务印书馆,2010:543.

一、语言转译何以是一种意义保留

首先让我们来看第一问题：语言转译为什么首先意味着保留。翻译是意义传递的表演，而非任意的意义创造，决定了保留面向事情本身的意义成为翻译可能的根本性前提。保留意味着说出相同的东西，说出相同的东西则意味着译者试图在操不同语言的谈话者之间寻找一种共同的语言媒介。

以表演游戏的视角看待语言转译过程，寻找共同语言媒介并非译者一个人的行为或心理。原文文本、目标语读者的需求以及译者自身前见的限制，都规定或约束译者行为或心理发展方向，在这种意义上说，在异质语言人群之间寻找一种共同语言媒介的活动是一种"关系主体"引领译者行为或心理走向"译者未能主观操控"的未来视域的现象学过程。翻译的困境在于即使译者深刻领会了文本内容，努力追寻到文本灵魂意义，仍然达不到翻译的要求。好的翻译必须在符合目标语人群的语境要求的同时，与原文意义保持某种一致性，正如演员把剧本内容以舞台表演的方式呈现给观众，表演既不能脱离剧本，又必须在观众之中产生共鸣。翻译是一种译者无法任性决断的行为，目标语群体的要求与原文文本的制约往往引导译者对语词、句法、文体等内容的保留、舍弃或添加。

但这并不意味着语言转译完全走向完全的相对主义。在语言转换中，三方参与者的要求是各不相同的：从原文的角度讲，原文要求其原始意义在目标语表达中尽量得以保留，正是原文之意义保留的要求决定了翻译之为翻译，而非任意的创作；从目标语读者角度讲，他们希望自己读到或听到的东西尽可能清楚明白，希望他们读到的意义符合他们置身的语言环境，符合他们浸润其中的文化、传统以及习俗；从译者角度讲，他必须在上述要求之下做出某些博弈妥协的取舍，以在最大程度上均衡二者的利益。但即使三方都处于与他者的博弈对抗之中，以争取自身利益最大化，但他们必须遵守一个共同的前提——保留面向"事情"本身的意义。这是翻译存在的前提，翻译是意义传递的表演，而非任意的意义创造，决定了保留面向"事情"本身的意义这一根本前提。因此，对"事情"本身意义的保留能体现原文和目标语读者共同的他在性要求，也是译者自主性要求努力达到的方向，是"关系"三方共同遵循的基本原则。

二、面向"事情"的意义

意义保留是语言转译的基本要求，但为什么要保留面向"事情"的意义，什么才是面向"事情"的意义呢？伽达默尔认为，"事情"和事物（Ding）都是不太确定的所指物。"事情本身"和"事物的本质"是指"以论战的方式否认和事物打交道时的主观任意性，尤其否认纯粹的意见、任意的猜测或对事情的断言、任意的否定或固执己见"①。然而，事情不仅仅表达了"res"（物）概念。伽达默尔指出，在德语中，事情含义中主要体现的是拉丁语"causa"（问题或讼争）所指的东西——需要商谈的有争议的东西。②它置于争执双方的中间位置，指示一种需要做出抉择而尚未被抉择的居间状态。

伽达默尔指出，"事物的语言"有着与上述"事情本身"有着相同的意向。③事物的语言是我们应该更好听从的东西。"事物的语言"表达了对事物的尊崇："我们谈到事物的语言，这使我们记起事物实际上是什么东西，它不是供使用被消费的材料，而是在自身中有其存在的东西。它本身的自在存在由于人专横的支配欲而遭到忽视，从而成为人们要倾听的语言。"④于是，"事情本身"或"事物的语言"并不指向对象化的物，而是揭示"事物如其所是的存在"⑤的语言。伽达默尔否认现代逻辑语言是揭示事物是其所是存在的"事物的语言"，从而鼓励人们摒弃现代逻辑语言的限制，在诗性语言中发现语言中的"事情"。

---

① 伽达默尔. 真理与方法（Ⅱ）［M］. 洪汉鼎，译. 北京：商务印书馆，2010：81.
② 伽达默尔. 真理与方法（Ⅱ）［M］. 洪汉鼎，译. 北京：商务印书馆，2010：83.
③ 伽达默尔. 真理与方法（Ⅱ）［M］. 洪汉鼎，译. 北京：商务印书馆，2010：83.
④ 伽达默尔. 真理与方法（Ⅱ）［M］. 洪汉鼎，译. 北京：商务印书馆，2010：83-84.
⑤ 伽达默尔. 真理与方法（Ⅱ）［M］. 洪汉鼎，译. 北京：商务印书馆，2010：84.

正是基于伽达默尔对"事情本身"或"事物的语言"的现象学揭示，笔者才提出了语言对译中，不应优先保留语言的外在逻辑形式，而应保留"揭示事物如其所是存在的意义"的观点。"揭示事物如其所是存在的意义"是任何语言形式背后共同的东西，是语言背后的"一"。

三、保留的实现方式——基于理性共通性的理解

那么，该如何实现对面向事情本身意义的保留呢？这就要求我们找出异质语言共同的"一"，找到人类理性的共通性，找到世界经验的可沟通性。理性的共通性与世界经验的可沟通性要求一种基于理解意义保留。海德格尔指出："我们的母语中也存在翻译，我们把陈述式的语言，翻译成为我们自己的话语……在与自身的某一次对话中，翻译的真正本质得以显现。"[1]诠释学指向的正是发生在意义和语言之间的游戏，翻译的困境在于即使译者深刻地领会了文本内容，努力追寻到文本灵魂意义，仍然达不到翻译的要求。好的译者能抛开个体语言逻辑形式的制约，把他领会到的意义灵魂"锚定"在另一种语言之中，以目标语语言媒介形式，表达"揭示事物如其所是存在"的关于"事物的语言"。于是，原文中对于"事情"的表达向目标语言共同体敞开意义。

由此可知，在差异语言形式背后，任何语言都存在"揭示事物如其所是存在"的关于"事物的语言"。这是语言的本质、理解的本质，也是翻译的本质。正是在语言转译之间，存在着共通的面向事情的意义内容，不同语言共同体之间人们的理解才得以可能，差异下的共识才可能达成。因此，面向事情意义的共通性与操不同语言的人群之间理解可能性具有内在一致性。在这一前提之下，在语际翻译中实现对面向事情本身的意义的保留是可能且必需的。

---

[1] Gadamer H-G. *The Gadamer Reader*: *A Bouquet of the Later Writings* [M]. Richard Palmer (eds.). Evanston: Northwest University Press, 2007: 346.

意义"保留"可能并不等于在两种异质语言间实现对意义原封不动的"完整复制"。在两种语言之间保留面向"事情"本身的意义是一个博弈妥协的辩证过程——译者面对原文文本、目标语言受众群体的双重他在性以及译者自主性的张力制约下实现语言转译之过程。译者与原文之间如同一场对话的双方，每一方都想占领对方的位置，但每一方又必须找到充足的理由，以坚持自己的立场，反对对方的入侵；与此同时，译者也必须维护目标语的权利，在符合目标语语境的前提之下，解释原文中所表述的意义。

我们不得不承认，在直接说出的话与使用外语对该话语进行的解释之间存在一种难以克服的间距。由于语言之间不可克服的间距和差异，在保留面向"事情"本身意义的同时，势必存在源语语言形式以及意义的舍弃与丢失，以及目标语语言形式与意义的创新与生成。于是，翻译之语言转译过程就走向"得"与"失"之间的博弈过程。

第二节　间距下的博弈之"失"

在语言转译过程之中必然会有舍弃与妥协，这是由两种语言在语词、句法、文体、语篇等不同层面存在的"间距"所决定的。伽达默尔认为，现代逻辑划分下的陈述语言掩盖了语言的本质，真正的语言是逻辑语言背后的问答语言。语言背后含有丰富的语境含义，语言与语境的紧密关联决定了在两种语言间进行意义转换时，语言中丰富的语境必然会有所丢失，于是，翻译是一种博弈与妥协。

一、"说出"的意义与"未说出"的意义

伽达默尔对现代逻辑语言模式下的语词观进行了批判与纠正。伽达默首先批判了胡塞尔"语词具有单义性"的观点。

在《逻辑研究》中，胡塞尔对符号和语词做出区分。他指出，语词在使用中的多义现象只不过是语词使用中引起的心理形象，一个词只有一种含义，词义的唯一性使之有别于具有多义性的符号。①伽达默尔则不赞同上述观点。首先，他认为，尽管语词有确定的含义，但却不仅仅具有单一含义："词具有一种摆动的含义范围，而正是这种摆动性才构成了说话的冒险性。"②其次，他还指出，语词并不是对句子进行语言分析的语法单位，而是日常生活中被活生生地使用，是包含语词意义和语音语调的整体，甚至语调比语词外形和含义具有更重要的地位。因此，作为说话之中的最小单位的语词并不等同于语法上的最终成分。

此外，伽达默尔认为，《旧约·创世界》对"命名"一词就给出了错误的定义，命名的过程并非把特定名称随意地分配给世界万物。因此，日常说话中的语词也不是一种命名，我们说出某个语词不是一个命名的过程："我们处于命名的任意性和自由性中，恰恰这一点不是我们的基本语言关系。"③也就是说，命名并非与语词具有基本对应关系，因此，并不存在第一个词，每一个词的含义都建立在某词义体系的基础之上。伽达默尔继而指出，如果有人说"我想引进（introduce）一个词"，这种说法无疑是对自己的高估和误判。④没有人能发明语词，词的形成并非由某个人所决定。

综合以上观点，语词并未与事物一一对应，语词不是语法的最小划分单位，语词更不是事物的命名。

那么什么才是真正的语词呢？伽达默尔认为，只有当语词进入交往的使用中，词才会成为词，语词才能引入自身。于是，"正是在说话过程中，在某

---

① 洪汉鼎. 现象学十四讲［M］. 北京：人民出版社，2008：210.

② 伽达默尔. 真理与方法（Ⅱ）［M］. 洪汉鼎，译. 北京：商务印书馆，2010：246-247.

③ 伽达默尔. 真理与方法（Ⅱ）［M］. 洪汉鼎，译. 北京：商务印书馆，2010：245.

④ Gadamer H-G. *The Gadamer Reader: A Bouquet of the Later Writings*［M］. Richard Palmer (eds.). Evanston: Northwest University Press, 2007: 105.

笔者认为，伽达默尔以此批判海德格尔对语言的任意改造，他认为这是一种违背现象学精神的主观行为。

种语言语境的构造中，话语中的含义才得以固定"[①]。

语词并不是通过该词的使用者对之进行主-客分离式的引入而进入交往语境，与之相反，正是对话式人际交往过程引领语言显现自身的意义。然而，"语言使用"这一现代语言逻辑表达方式已然掩盖了生活世界语言现象的真理。语词被当成我们裤兜里的东西，可以随时拿出来使用。然而事实上，语词并非依赖于其使用者，正是语言本身规定了什么叫"语言使用"，这是一种不能被归结为个人主观意见的语言要求，语言同语境相连，私人语言不可能。我们在说话，并非我们中的哪一个人在说话，而是人际对话，这就是语言的要求。

下一个面临的问题是，语词如何同语境相连？语词通过其内涵的震荡意义以及外延的偶缘性特征，实现它们与置身境遇的联系。

我们必须指出对所有当代诠释学哲学具有关键性意义的一点：语词具有一种摆动的含义范围，正是这个意义范围构成了说话现象特有的冒险性。词的意义域开启了谈话语义的动荡性，释放了谈话中的可能空间。正是在说话过程中，在语境构造中，在语词被言说的同时，在言说的具体语境之中，我们对我们所说的词义达成了共识。

就语词外部而言，语词具有偶缘性特征。偶缘性是伽达默尔在艺术本体论中引入的概念：艺术作品从属于它置身其中的世界[②]。具体来讲，"偶"指作为历史流传物的艺术作品所历经的时代（场合，时刻）；"缘"则指出艺术在任何历史时刻中的再现必须体现其创作指出的原初目的（原因）。伽达默尔指出："一部艺术作品是如此紧密地与它所关联的东西联系在一起，以至于这部艺术作品通过新的存在事件而丰富了其所关联东西的存在。绘画中所把握的东西，诗歌中所交流的东西，舞台上所暗示的对象，这些都不是远离本质的附属性东西，而是这种本质自身的表现。我们上面关于一般绘画存

---

① 伽达默尔. 真理与方法（Ⅱ）［M］. 洪汉鼎，译. 北京：商务印书馆，2010：247.
② 洪汉鼎. 理解的真理——读伽达默尔的〈真理与方法〉［M］. 济南：山东人民出版社，2001：112.

在论意义所说的东西，也包括这种偶缘性要素。所以，在所说的这些现象中所遇到的偶缘性要素表现自身为某种普遍关系的特殊情形。这种普遍关系是与艺术作品的存在相适应的，即从其达到表现的'境遇'出发去经验某种对其意义的进一层规定。"①艺术作品从属于其置身其中的境遇，作品与境遇不可分，这就是艺术作品的偶缘性特征。在时间性艺术中，偶缘性突出表现为戏剧（诗歌）的再现表演，在一次次舞台再现中，作品与境遇遭遇冲突，实现对剧本原型"在的扩充"。在空间性艺术中，偶缘性则表现为作品与原型的双重性关系——作品与原型统一无区分；作品通过"再现"实现对原型的意义扩充。

语词所具有的偶缘性特征与空间艺术的偶缘性特征相似。某一语词意义并不是其所表达的全部意义，语词无法把意义完全包含在自身之中，词语之间相互隶属、相互缘起、相互依存。如伽达默尔所言："任何一个语句中的某一个词都与这句话中其他语词相互关联：每一个语词源于它的前一个语词，每一个词又敞开了话语得以继续进行的可能空间，敞开了它后一个词的可能含义。"②在语词的相互隶属与相互依存之间，意义不仅包含在语词界限之内，而且产生于语词相互作用下的字里行间。例如，当一个人说"这里"，人们对"这里"一词的理解并不局限在这个词本身，我们对这个词的理解指向了这个词之外的某个地点。这里一词被其偶缘性所填满。

由此可知，就语词内部构造而言，词义具有震荡性；而从语词外部来说，语词具有从属与其境遇的偶缘性特征，二者共同作用形成语言整体共鸣的力量。显然，语词在话语中所获得的意义并非语词的唯一意义，其他意义将同时存在。语词的"当下意义"以及与之同在的其他意义共同构成语词的意义整体，而语词的整体意义又共同组成了活的语词所具有的共鸣力量（evocative power）。

---

① 伽达默尔. 真理与方法（Ⅰ）［M］. 洪汉鼎，译. 北京：商务印书馆，2010：215-216.
② 伽达默尔. 真理与方法（Ⅱ）［M］. 洪汉鼎，译. 北京：商务印书馆，2010：247.

因此，在语言的陈述背后隐藏着问答结构，这也意味着说出的意义之外隐含着未说出的意义。任何陈述性语句都具有面向未来的意义开放性，话句或语篇的意义整体成为语句"说出"意义与"未说出"意义的诠释学循环。伽达默尔解释了语句的本质以及其界限，认为二者具有相似性："我们所说出的永远不可能是话语内涵的全部意义，在说出意义的周围总是隐含着未说出的意义。"①语言中的意义内容包含了语词意义以及语词之外在境遇的整体意义，语词同语言表达的"意义整体"不可分。部分能促进对语言意义整体的理解，而语言之意义整体又能促进对部分语词的理解。在此意义上，我们必须铭记有关理解的诠释学过程是理解者和文本之间的循环往复的过程：对整体的理解离不开对部分的理解，而对部分的理解又和对整体的把握分不开。这一过程在外文文本阅读中被无限放大了：外语学习，不仅是语法知识的学习，更是外语语词在具体语境中的使用，这也可以用来解释为什么基于大数据下的语料库在外语学习以及翻译实践中得到广泛应用的原因。

语言具有境遇性，包含说出意义和未说出意义的循环。这证明了语言与世界相互交织，语言与世界分享彼此的存在，二者都对人际间的事物理解产生了影响。某个词的意义是在具体境遇中使用该词的人们对其所置身境遇的具体反应。如果我们不是从孤立的陈述出发，而是从我们在生活世界的行为整体，从日常活生生的对话出发来理解语言现象的话，那么我们就能理解为何语言现象是如此令人困惑，语言在吸引我们朝向它的同时，又把我们远远推开。语言是理性存在的我们最深的自我遗忘行为。每个人都有如下经历：在开口说话中突然忘词，却在继续谈话中又把它想起来；或在脱口而出后，才意识到自己说了什么。海伦凯勒曾讲述过她学习语言的经历：老师试图向她解释什么是水时，她根本无法理解"water"一词与"水"所表征的事物之间所具有的关联，但当一股水流流向她的手心之时，她突然明白了"w-a-t-

① Gadamer H-G. Boundaries of Language [M]//Lawrence K. Schmidt. *Language and Linguisticality in Gadamer's Hermeneutics.* Boston: Lexington Books, 2000.

e-r"这五个字母的全部含义。因此，语词存在于它的使用之中，而不是存在于人们对它的对象性认识之中，日常生活中的语言使用成为一切语言行为的基本模式。

语言有一种自我防御和自我隐藏的力量，因此，语言中所发生的东西能免受自我反思的控制而隐入无意识之中。如果我们认识到语言的显现和隐藏的本质，我们就能超出陈述逻辑的局限，进入更广阔的视野。毕竟现代科学逻辑语言仅仅是语言生命统一体的表现形式之一，语言整体之中还包含着语词的其他使用方式，如哲学、宗教、诗歌中的语言使用。在这些语言形式（尤其是诗性语言）中，语词进入到生活世界之中，成为我们存在的家，成为语言所言说内容的守护者。

由于语词具有境遇性——单个语词具有多意性，而语词之间具有隶属性，致使意义超出其字面含义进入到语词关联之下的字里行间，也造成了话语或语篇的意义整体成为说出意义和未说出意义的诠释学循环。因此，语言的语境特征决定了"从一种语言到另一种语言"的转换过程必然是把语言从一种语境移入另一语境的过程，语言与语境的交融过程必然意味着舍弃与妥协的博弈。

二、"间距"与舍弃

语词中内涵的"震荡意义"以及语言中外延的偶缘性特征，都决定了从一种语言到另一种语言的翻译必然是一个舍弃的过程。在语言转译中，译者究竟需要舍弃什么，做出哪些妥协，以及舍弃与妥协的目的又是什么等问题，都是翻译过程研究不得不面对的问题。然而在厘清舍弃原则之前，我们还必须搞清楚两种语言之间的"间距"究竟存在于哪些层面，只有明确语言"间距"的含义，我们才能阐明译者面对"间距"的舍弃与妥协行为。如上文所述，语言"间距"与差异并非伽达默尔诠释学所重点探讨的问题，但语言间距对语言转译意义重大，笔者将在下文中对该问题进行详细阐述。

在此必须同时指出，世界上语言种类繁多，每一种语言都有自身的构造和特征，而且没有一名译者能通晓世界所有语言，因此想把如此具体的语言差异现象上升到对适用于任何两种语言差异的规则一般性界定是不容易的。语言学创始人洪堡曾尝试对多种语言差异问题进行研究。为了获得充分的语言材料，他亲自研究了数十种语言，并将语言进行分类，试图通过语言差异解释人类的精神以及世界观差异："语言可以说是各个民族的精神的外在表现；他们的语言即他们的精神，所以，人类语言结构的差异的原因是因为诸民族的精神特性本身各不相同。"①然而，限于笔者语言能力，对多种差异语言进行对比进行比较并非笔者能力所及，在此仅以中文和英文两种语言为例，尝试在中英两种语言构造之间，对二者存在的"间距"问题进行分析和界定。

（一）语词"间距"

语词内部的震荡结构决定了在两种语言中很难找到两个意义完全相同的词。翻译要求译者需要找出与源语完全一致的目标语词汇，但现实情况下，我们很难找到，甚至并不存在，两种语言中意义完全相同的两个词。词语的意义具有震荡特性，话语往往开启了语词在一定范围内的词义震荡（semantic oscillation）。如伽达默尔所说："语词之中总是包含了某个波动的意义域。"②于是，每一个说出的词隐含着许多未说出的意义震荡。如上文中所示英文单词"glow"一例，该词以"热"为事情本身的含义，在此基础上兼有"火焰燃烧的炽热、人的面色红晕、性格的热诚"等多层含义。我们很难在汉语找到与该词的整个意义域相对应的某一特定词汇。这就是意味着两种语言的两个语词，即使具有相似的基于人类理性共通性的面向"事情"的意义（如"glow"和"热"），二者之间仍然存在间距，"glow"和"热"的例证就说明了这一点，二者虽然都可表征"温度升高"这一事情本身，却在

---

① 威廉·冯·洪堡. 论人类语言结构的差异及其对人类精神发展的影响［M］. 钱敏汝，译. 西安：陕西人民出版社，2006：50-51.

② Gadamer H-G. *Truth and Method*［M］. Weinsheimer J., Donald G. Marshall (trans.). Second Revised Edition. New York: Crossroad, 1989: 104.

其拥有的震荡意义上大相径庭。

在语言对译中，我们不得不面对这样的困境：翻译任务本身要求译者不得不找出目标语中的某个确定的词替代源语中的某个词，但源语词汇中未说出的意义震荡却无法保留。这意味着，在选词过程中，译者必须意识到词语之间的"间距"，承认词义"间距"的不可克服性，承认任何译者都无法再现一个词的全部含义，承认翻译过程中必然会丢失源语词汇中某些"未说出的意义"（unsaid），包括语词意义域的内部张力、语词的语境含义，以及源语内部词与词之间的意义呼应等。美国汉学家林培瑞在其文章 *The Wonderfully Elusive Chinese Novel* [①] 中探讨了《金瓶梅》英译本选词困境及意义缺失问题。

女主角潘金莲在花园中等待她的新情人（同时也是她的女婿）时，小情人后在荼蘼架后跳出来并用胳膊搂着她。这时潘金莲叫道："呸！小短命！猛的钻出来，唬了我一跳。"林培瑞讨论了《金瓶梅》两个英译本对"呸！小短命！"一词翻译中的语义缺失现象。芮效卫译为："Phooey! You little short-life!"而克莱门特·埃杰顿（在老舍的帮助下）则译为"Oh, you young rascal！"

原文中"呸！小短命！"包含了丰富的未说出意义震荡——等待的嗔怒与见到情人的惊喜。林先生认为上述两个译本都存在不同程度的语义缺失现象。芮文选择了直译方式，保留了源语语词本身，但译文读者无法理解汉语语境下女子把男子称为"小短命"时蕴含的暧昧含义。埃杰顿选择用"rascal"突出强调情人的"淘气、无赖"，却也同样无法完全体现原词暧昧的感情意义。

但相较而言，林培瑞更倾向芮效卫的翻译，因为芮在保留原词的基础上，对之进行注释性解释。在整部译作中，芮效卫共做了4400个尾注，并在导言中强调了这些注释对于理解译作的重要性。他试图用注释方式达到对原

---

① Link P. The Wonderfully Elusive Chinese Novel—The Plum in the Golden Vase or Chin Ping Mei［J］. *The New York Review of Books*, 2015(5): 83.

文之形与意的双重保留。然而，这仍是一种妥协，妥协并非完美，因为译作中注释过多仍然有破坏译文文本整体性以及语境关联性之嫌。

由此可知，语词"间距"无法完全克服，语词内涵的震荡意义以及外延的未说出的意义都无法在翻译过程中得以全部保留。

（二）句法"间距"

语词内部具有震荡结构；语词之间具有相互作用。语词和语词之间的相互作用通过句法结构得以组织构架。在句法结构架构之下，语词之间形成了互相隶属、互相缘起、互相作用的相互关系，从而形成有机的意义整体——意义不仅包含在语词自身的内部，意义更在于句法架构下字里行间的边缘书写（the marginal inscription）[①]之中。

在语言转译过程中，句法构造之间的间距则更为突出地体现了思维方式的间距与差异。人类的理性具有统一性，但统一并不意味着无差别，思维方式的差异性尤为突出地体现在语言的句式表达方式上。以语言和汉语的句法差别为例，英语的竹节式结构要求一种主从句式（把一句话的最主要含义或意图放在中主句表达，而其他的次要从属意义用从句方式表达）。而汉语在句式上则完全不同，汉语是一种波浪或年轮式句式（从不重要的意义成分出发，逐层递进，最后说出句中的主旨）。竹节句式反映的是西方语言共同体直接性思维模式——把思维中最重要的部分放在主句中表达，以突显其说出话语的主要意图；而波浪式结构则反映出东方语言共同体相对含蓄的思维模式——说话者层层铺垫，把心中最想表达的核心放在话语的最后部分，使表达更加委婉并易于接受。

鉴于异质语言中存在句式差异，能否意识到两种语言间的句式间距，能否实现两种句式之间的转换，成为翻译能否成功的另一关键性问题。以汉译英为例，译者把阅读汉语语句后得到的"脑中存留意义"进行再次句式划分，判断整句话中最主要意义（主句）以及次要意义（从句），从而实现句

---

① Derrida J. *Margins of Philosophy*［M］. Bass A. (trans.). Chicago: The Harvester Press, 1982: 177.

法重构。译者建立"句法差异意识"有助于打破源语句法结构，实现两种语言之间的句法重构。重构目标语句法是充分考虑目标语受众群体的思维习惯，尊重语言间距性和文化差异性的具体表现，句法重构是语言转译中不可忽视的步骤环节。仍然以英汉互译为例，英语和汉语分属印欧语系和汉藏语言，二者在句法构造方面的差异较大。在这种情形之下，译者（尤其是翻译初学者）往往倾向于受母语句法习惯的影响，在翻译过程中忽视目标语受众体的句法使用习惯。这就造成了汉英翻译实践中大量中式英语的出现，这种现象在中国翻译初学者中非常普遍，以至于新词汇"Chinglish"应运而生。这一现象说明，在翻译实践中，对差异语言句式的舍弃与变换是翻译实践中不可忽视的重要环节。

归根结底，句法差异反映了东西方思维与文化的间距，"间距"在不同文化共同体各自传统浸润中逐渐形成，这一"间距"同样无法跨越。忽视句式"间距"等同于忽视目标语群体的语言习惯乃至思维模式，这就导致了陌生文本意义无法向目标语群体有效敞开，从而导致无法在异质语言共同体成员之间实现理解、达成共识。如此一来，如果仅仅为了追求句法的一一对应，忽视目标语句法习惯，忽视句法背后表征的思维方式差别，翻译必然会丧失其"向人际开显陌生文本意义"之存在根基。

（三）伪文本要素"间距"

语言中的节律与音调等伪文本（Pseudotexte）要素[①]是伽达默尔十分重视的问题，伪文本要素"间距"主要体现在文学翻译现象之中。伽达默尔把语言文本分为两类：一般文本和文学文本。其中一般文本是以现代逻辑语言的陈述结构为基础的文本，此类文本并非一种终极产品，而是理解事件的一个阶段。一般文本以可读性和达成人际理解为其存在的前提和目的，翻译的任务也仅旨在达成沟通和交流即可，无需还原原文文本中的语音、语调等附属语言要素，尤其当一般文本以口头话语文本（口译）形式出现时，翻译的达

---

① Pseudotexte：伪文本要素，是指文本中韵脚、节律、音调等"非语言性文本要素"。本书采用洪汉鼎先生在《真理与方法》中对该词的翻译，在此做出说明。

意功能表现得更为突出。但伽达默尔认为，在现代逻辑语言的影响下，一般文本中的语言形式—陈述—已经被逻辑形式所遮蔽，从而丧失了语言的本真状态。

但当文本是文学文本时，上述文本和解释的关系就发生了彻底的变化。一般文本是以理解、解释和交往为动机而产生的，文本是理解事件的中间阶段。因此，一旦理解达成，文本和读者便会隐去自身，取而代之的是文本视域和读者视域的融合。但文学文本则不同，文学文本不因理解的达成而消失，文学文本有本体论意义上的独立存在。

首先，文学文本中存在伪文本要素。"伪文本作为一种要素根本不属于对意义的转达，而是像讲话过程中修辞学的填充材料。"① "修辞学"意义上的填充材料在讲话中不代表意义内容，而是以口语或书面语形式，承担话语交流中理解性或节律性成分。正是伪文本的存在使文学翻译显示出其特有的困难，因为伪文本是语言成分中没有明确含义的部分，在翻译中，译者很难辨认出这些填塞材料，并在另一种语言中实现对于这些填塞材料等价表达。所以，文学翻译的任务便是认出这种填塞材料，并将其舍弃，并用目标语语言中的新伪文本要素取而代之。文学翻译的可译性是具有界限的，其界限之一就体现在对伪文本要素的处理方面。

正是由于文学文本中包含"伪文本"要素，文学并不是一种以交往为唯一目的的文本，文学是一种不会在理解行为中消失的文本，文学文本具有独立存在的本体论意义。文学文本不仅包含以交流为存在目的的意义文本，还包含言语之间的伪文本因素，包含节律、礼仪与文化传统。因此，文学文本在与理解者的遭遇中保持自身，它们是原初意义上的文本，它们从自身出发实现文本的意义，它们在说话。在此意义上，文学文本阅读是一种内心的倾听，内心的倾听同样存在于吟游诗人、唱诗班、抒情诗歌手的记忆中。伽达默尔指出："文学（Dichtung）一词其实叫作口述（Diktat），从拉丁语

---

① 伽达默尔.真理与方法（Ⅱ）［M］.洪汉鼎，译.北京：商务印书馆，2010：438.

'说'（dicere）和'宣言'（dictare）派生而来。"①文学文本并非只是把讲过的话记下来，因为没有一种讲话能完全实现诗歌文本所表现的东西，文学文本的功能产生于文本自身，正如一首成功的诗歌能超出诗人本身，通向广阔的语境世界。

因之，与一般文本不同，文学文本超出意义表达，获得其自身存在。文学文本不仅是语言文字，更是灵魂，是本体论意义上的自身存在。文学文本同意义内容的关系如同绘画与原型的关系。文学文本不仅包含意义内容，还有相对于意义内容的独立存在，是意义内容的"在的扩充"。

但同时也必须明确，同一般文本一样，文学文本中的语词首要功能也在于其表意性和指代性，文学文本也可以表达一般话语的意义内容。但与一般文本的不同之处在于，语词在文学文本中是一种自我显现，它不仅显现所述内容，而且语词意义也出现在声音、节律等伪文本要素之中。文学语词的意义与修辞性伪文本要素（声调、节律）有机结合使语词的话语意义（discursive meaning）得到凸显，进而使话语的陈述形式得到弱化。文学文本作为一种音、形、意结合的语言表现而存在，而不是仅仅作为一种意义传递的工具而存在。正是在此意义上，伽达默尔认为："文学文本不仅被阅读，而且被内心所倾听。"②

语词意义与音调、节律的整体性使语词在文学文本中实现了自身存在。语词不仅代表意义的载体，语词的声音和它的意义不可分离地连在一起。每个语词都在其音调中显现，而也只有在语词的具体意义之中，音调才有其存在的意义。于是，在话语意义以及语词显现之间产生了一种特别的对峙。一句话中，每一个词表达某个意义单元，通过意义单元指向某物，而这些词又同时隶属于这句话所表达的意义整体，语词成为意义的扩充、意义的"流射"。因此，语词就可以具有扩展性、震荡性的意义域。这就是语词在文学

---

① 伽达默尔.美学与诗学——诠释学的实施［M］.吴建广，译.北京：北京大学出版社，2013：108.

② 伽达默尔.真理与方法（Ⅱ）［M］.洪汉鼎，译.北京：商务印书馆，2010：443.

文本中的内涵意义。

于是，语词的意义整体形成了文本意义的整体性力量。虽然单一语词既承载自身意义，又承载话语的整体意义，它却仍然只是话语的一个抽象单位。所有语词都必须放置在更广阔的句法整体中被看待。文学文本中的句法不同于一般文本之"现代表意功能"的句法。文学文本中，讲话者享有句法自由，因为文学文本中的讲话者能自由通过音调、节律的变化强化文本整体意义。也就是说，文学语言中特有的伪文本因素把文本联结成意义的整体性力量。因此，文学文本不仅具有可读性要求，文学文本不仅是作为理解事件的某个阶段而存在，它还具有自身独立的本体论地位——文本的语言存在是一种语音、语言与节律的统一体，文本意义并不仅仅存在于语词意义的关联之中，还存在于伴随意义左右而无法还原成意义形式的伪文本因素中，它们的存在赋予文学语句更广阔的意义空间。

由此可知，不同于一般文本语言，文学语言或诗性语言表现为答句式的"诉说"，在"诉说"之中必然会有音调或节律的存在。语词和音调，语句和音调都是相互依存的有机整体，语言的意义和语言的节律在文学语言中如此紧密地结合在一起，以至于谁想创作诗，就必须使语言的音乐性和表意性达成某种统一的结合。因此，在文学语言中，语调和韵律不仅与语词和句法不可分割，前者甚至有比后者更为重要的地位和作用。它们是一种内心的声音，等待着读者用"内心的耳朵"去聆听。文学文本并非意义的传达，而是一个运动着的、活的整体，是一种包含音调、节奏、韵律、发音于一体的互文本性整体。

在此，伽达默尔引入了灵魂（Geist，spirit）概念[①]。伽达默尔的灵魂概念源自洪堡"语言的灵魂"概念——每一种语言都有与其他语言不同的灵魂。什么是语词的灵魂？什么是话语的灵魂？什么是语音的灵魂？灵魂是意义之外的东西吗？灵魂是那种把符号变成"活的使用"的东西，灵魂赋予语

---

① 伽达默尔.真理与方法（Ⅱ）[M].洪汉鼎，译.北京：商务印书馆，2010：441.

言以生命，使人们通过语言实现理解、沟通、交往。灵魂是语言活的生命，强调语言的语用性特征，这也与维特根斯坦对语言使用的强调一致。语言的中心并非符号，亦非构造，而在其灵魂，在其在生活世界之中活的使用，而正是音调和韵律把灵魂注入语言之中，使语言成为活的使用，成为生活世界的表现形式。所以，音调和节律等伪文本要素是语言中的重要组成，与语言表述中的语词、句法不可分割。

在文学文本中，意义和内心的声音无法得到根本的区分，意义已经融入了语调、节奏、韵律与发音之中，彼此相连，形成有机整体。因而，在此类文本中，对意义的还原已经无法作为理想的翻译定义。与此同时，我们不禁对话语的定义（话语是一种意义的表达）、语词和意义、所指和能指的二分方式等现代逻辑思维模式下的语言观念产生怀疑。

在语言转译的翻译中，尤其在对文学语言的翻译中，译者既不能对音节，也不能对音调做任何改变，这一点是十分明确的。从某种意义上说，外语的诗歌从某种意义上说具有不可译性，只能是或多或少地意译。因为"如果一部诗学作品对自己的语言音调有诗学上的要求，那么这部文学作品的语言音调必然源于母语的语言音调。"①如果译者是一个真正的诗人，那么他对诗歌的意译也是他的创作。这意味着我们在语言转译的过程必然会丧失原文语法和句法，也丧失掉与之共生的音调、节律乃至由上述因素共同组成的文体、文化等综合因素。这是文学作品译者不得不面临的翻译困境。

综合上述观点可知，语言之间存在语词"间距"、句法"间距"、伪文本因素"间距"，以及由这些因素共同组成的语境"间距"。归根结底，这些"间距"都源自存在于不同语言共同体由于空间"间距"造成的他在性和异质性。洪堡认为，语言观背后是世界观，语言"间距"背后是民族精神的"间距"，是民族传统的"间距"，是不同地理环境、民族社会等空间"间

---

① 伽达默尔. 美学与诗学——诠释学的实施［M］. 吴建广，译. 北京：北京大学出版社，2013：108.

距"的结果,"民族本身真正和直接的创造出了不同形式的语言"①。这种"间距"在伽达默尔诠释学中表述为时间"间距",而在翻译中,表现为由空间"间距"造成的语言差异、思维差异所填满的差异性,这种差异在传统和习俗中逐渐形成,无法通过个人的努力而实现完全的克服。

对"间距"与异质性的承认意味着翻译必然是一种丢失(lost)。对伽达默尔来说,翻译的痛苦在于无法仅仅通过找寻另一语言中的对应语词来表达整句话的完整意义,更在于无法在目标语境下实现对源语之中伪文本要素的全部还原。翻译过程中所丢失的东西,语词对应中所或缺的东西,也是构成语言本质的东西,主要体现在以下方面。第一,语言对译无法还原源语语词的全部震荡含义。语词与事物"一"与"多"的关系决定了语词意义可以在一定范围内震荡。语词转换中,源语词义中的一部分震荡意义必然消失,而新注入的目标语词义势必带来新的震荡意义。第二,在任何一个语句中,语词通过句法结构同其他语词相互关联,构成文本有机的互文性语境:每一个词源于它的前一个词,每一个词又敞开了它后一个词的可能含义,敞开了话语得以继续进行的可能空间,词句之间构成语境整体。语言对译不仅是在另一种语言中找寻对应语词,当语言的意义和句型结构发生冲突时,译者必须保留意义而"舍弃"原文句型结构,因此,语言转译常常还是整个句法的重构。句法重构的结果是词与词之间的相互关联的丧失,原文语境关联的丢失,原文文字未说出意义的丧失。第三,在文学文本中,语境意义的丢失还表现在包含在词和句之中的音调、节律、韵脚等伪文本要素的缺失,伽达默尔认为这些要素对表述文本"未说出"意义具有重要的作用。

于是,翻译过程中语言"间距"与差异无法克服,"失"无可避免,这似乎已然否认了翻译具有诠释学能力:翻译无法译出原句中的隐含意义,无法全部说出说出意义之外的未说出意义。翻译无法说出原文中保持沉默的

---

① 威廉·冯·洪堡. 论人类语言结构的差异及其对人类精神发展的影响 [M]. 钱敏汝, 译. 西安: 陕西人民出版社, 2006: 50-51.

东西，尤其是原文中词与词之间的前后呼应关系，以及语词在上下文中的含义。即使译者熟练掌握了外语，译者仍然感受到原文文本与目标语受众群体之"间距"——这种"间距"是无法克服的，即使译者设身处地地考虑谈话双方的置身其中的境遇，即使译者通过重组词汇、语法以希求在两种语言之间找到某种妥协，他所传递的信息也无法完全复制原文内容。达成理解的前提是译者和谈话双方（口译）或译文读者都必须承认三者之间存在着无法克服的"间距"。语言"间距"不可克服，舍弃无可避免。

三、舍弃的积极意义

从上述分析中，我们得出了语言"间距"无法克服，意义舍弃无法避免的结论。从这一结论中，人们似乎又推出了以下结论："间距"与舍弃带来的后果必然是一种消极后果，即翻译是一种"平面化"过程。

语言转译不可能还原原文文本中包含的全部内容，也就是说，我们可以重构语词与句法，但我们无法重构语词和句法中包含的所有内容：震荡义、语境义、引申义以及在文本上下文之间相互作用产生的共鸣与回应。翻译无法说出原文中最为重要的东西，即包含在原文已说出意义中的未说出意义。

由此可认为，原文中未说出的震荡意义以及语境意义的缺失直接导致译文比原文意义更加平面化，即由于译文意义空间的丧失，导致译文只能以平面的形式，而不能以立体的形式传达原文含义。从表面看来，上述"平面化"能使译文在词义和句法形式上遵从原文，原文中的表述在目标语中经过平面性投射后，似乎应该更加简练，更加易于理解了，因为原文中的上下文含义或言外之意以及文体学意义等内容都无法在目标语中得以保留。但事实上，这种意义"平面化"只能造成译文相较原文来讲缺乏空间——缺乏体现原文深度和丰富意义的第三重维度。立体维度的缺失，使原文中所述的东西无法在目标语中全面的建构起来。任何一种译文都无法像原文那样容易理解，因为意义是一种意向整体，一种意义域。一旦意义域中一部分内容无法得到保留，意义理解就会变得困难，译文丧失了原文中的某些背景意义，意义的缺失势必造成理解的困境。原文话语中的许多意义只能在原文之中得以表述，而在所有翻译中都会走样。

如此一来，翻译是意义的缺失这一无可避免的事实导致的是一种消极的后果：在语词震荡意义、句法结构、音调和韵律丧失的情形下，"翻译只能等同于风景画背后的地图"①，丧失了原文中风景画之丰富内涵。

我们不禁要问：翻译中的舍弃只能带来消极后果吗？翻译仅仅是一种"平面化"的意义丢失吗？答案是否定的，翻译中不可避免的"间距"和丢失具有积极的意义，伽达默尔从现象学与辩证法的视角来解读了丢失的积极意义。

让我们回到本论文始终强调的问题——语言对译的过程是译者在他在性与自主性张力作用下的博弈妥协的动态发生过程，具有现象学与辩证法双重特征。从这一视角出发，翻译过程中的"舍弃"具有了"背叛"的辩证意义。

首先，译者的妥协与舍弃行为是一种他在性制约下的决断行为。伽达默尔认为，译者的确是语言转译的博弈妥协的过程中做出决断的关键，但译者并非这一过程的唯一决策者，即译者并非决断翻译过程的唯一主体。译者并非毫无根据地做出决定，译者并非随意地选择目标语言，译者的决断受制于原文文本以及目标语读者的双重制约，也可以说，译者行为在原文文本以及目标语读者双重他在性的制约下，在译者、原文文本以及目标语读者三方"关系"引导下，走向三方都无法全然主观操控的视域融合。于是，伽达默尔指出："当译者面对口头表达或文字文本时，他必然会受文本本身内容的束缚，这意味着他必须要把原文文字内容转换成自己理解的内容——使自己成为这些内容的讲述者，把陌生语言材料转换成他自己的语言材料。这意味着把外语中所包含的情感和内容都转换为用他自己的语言表达的情感和内容，这是一个无限的空间过程，因为任何语言含义都不仅包含在说出的话中，同

---

① 伽达默尔.真理与方法（Ⅱ）［M］.洪汉鼎，译.北京：商务印书馆，2010：247.

时也蕴含在未说出的话之中。"①

其次，"缺失"预示着差异的产生，预示着"博弈"的可能，预示着译者自主性的实现。缺失意味着意义的敞开。意义必须向目标语读者敞开的表演游戏特征，决定了译者绝不能对"平面化"意义缺失视而不见。如同表演者通过表演技巧的运用把剧本意义"再现"于观众眼前一般，译者也必须把"平面化"意义重新置入目标语语境之中，使意义符合目标语群体的语言习惯、文化传统，以使目标语群体读者更好地参与意义的生成与实现之中。

因此，伽达默尔指出："好的翻译是通过译者中介使两个操着不同语言的人之间或译文读者与原文之间的对话成为可能。"②如果一个译者仅把一方语言中的文字和句法移入另一种语言之中，对话就会变得不可理解。他必须做的不是用与原文词义完全相同的词复制出源语所表述的内容，而是在"关系"制约下，以博弈妥协的保留和添加原则，把源语表达的丰富内容（想说的和已说的）用符合目标语表达习惯的话语重新表达。目标语中的表达必须同样具有空间，正是译者与译文读者的谈话才能赋予文字以丰富内容空间，这就要求目标语的构建必须考虑读者的他在性——目标语读者的语言习惯、文化背景、所处时代等语境要素——的同时，发挥译者的自主性，从而使目标语中的意义重构形成新的文字的意义空间，这就是翻译的立体化标准。

在译者发挥自主性把意义积极纳入目标语境的同时，目标语读者也并非"关系"终端意义的被动接受者。目标语读者作为翻译游戏的共在者，成为动态翻译过程向封闭意义的翻译作品之构成物转换的重要中介，成为影响翻译过程转换与发展的重要因素。

因此，我们很难反驳伽达默尔的上述观点。在原文文本、目标语读者之他在性制约下，在译者自主性选择之下，"关系"三方引领翻译过程走向博弈妥协的视域融合。在此意义上说，好的译文必然是一种背叛，一种博弈，背

---

① 伽达默尔. 真理与方法（Ⅱ）［M］. 洪汉鼎，译. 北京：商务印书馆，2010：191.
② 伽达默尔. 真理与方法（Ⅱ）［M］. 洪汉鼎，译. 北京：商务印书馆，2010：192.

叛与博弈意味着向目标语读者群体不断开放意义的活的过程（living）。为了保证意义理解（至少部分的理解）向目标语群体敞开，译者"必须使目标语获得与原文语言所述内容相应的陈述的无限空间"①。

意义空间的开放是对目标语读者群体敞开陌生文本意义的过程，这一过程如同演员面对观众开显剧本意义的表演过程，这是再现剧本意义的过程。这是一种自主性的体现，是一种对原文以及目标语读者之他在性的承认，同时也意味一种背叛与抉择的博弈过程，一种重点突出的解释过程。

伽达默尔曾在其1989年的作品《翻译何以是一种阅读》中指出，每一个翻译都是一种"背叛"②，是对原文的不忠：译者必须不断做出意义添加，因为如果译者一味追求对原文的忠诚，他将无法克服两种语言之间的鸿沟，因而也无法完全弥合存在于原文与译文之间的差距。翻译不是从源语到译者脑中意义形式，再从意义到目标语的单向意义传递，翻译不是差异语言之间天衣无缝的衔接，而是一种把源语意义带入目标语语境的意义解释。解释则意味着重点突出，如果译者意欲重点在译文中强调原文中的某一意义侧度，那么其他的意义单元必然会被弱化或忽略，弱化或忽略则意味着背叛，意味着博弈与妥协。

翻译故而是一种重点突出的解释。一方面，经过译者精心策划后得到的译文比原文意义更加清楚明白。原文中可能会有某些意义单元因包含多重含义而模棱两可，面对这些模棱两可之处，译者必须做出决断，以突出含义的某个侧度。另一方面，突出和忽略则意味着博弈，也意味着妥协。译者必须明白他的任务不是复制原文，因为想要在译文中完全复制原文中的多重意义是不可能的，甚至可以说，想要为原文中的某些语词在目标语中找到与之完全对应的语词是极其困难甚至不可能实现的。

因此，翻译不应该是词与词、句对句的语言对应，翻译亦不应该追求两

---

① 伽达默尔. 真理与方法（Ⅱ）［M］. 洪汉鼎，译. 北京：商务印书馆，2010：192.
② Gadamer H-G. *Gesammelte Werke Band 8*［M］. Tubingen: Mohr Siebeck, 1993: 283.

种语言句法结构的对等。与之相反，翻译意味着挖掘文本更深层的意义，并把该意义纳入目标语语境之中，使目标语读者以积极的共在者身份参与翻译游戏之中，使原文意义敞开表达空间。只有把翻译转化为理解，只有使译者自身视域与其翻译的文本视域相互融合，原文文本才会向译者并通过译者向目标语读者述说自身，目标语读者才能积极参与到目标语意义生成之中，参与到与译者翻译过程的共在状态之中，从而尽可能多地获得原文中内涵的多重含义。

综上所述，舍弃并不一定只带来消极的后果。伽达默尔指出："诠释学界限表明译者需要不断发现自身。译者必须放弃自身。译者必须清楚地说出他如何理解。但他无法从所有维度表达出他理解的文本内容，所以他必须不断放弃。"①舍弃的积极含义在于，舍弃带来了意义在目标语境下的开显，带来了目标语读者在意义生成过程中的参与与共在，带来了异质语言共同体之间的理解与共识。

为了更好地理解舍弃的积极含义，我们需要借助伽达默尔的另外一个核心概念——效果历史概念。效果历史概念告诉我们，间距与舍弃并非理解与解释的消极因素，舍弃是一种效果历史，是一种理解者意识到自身历史性和有限性的诠释学意识，效果历史概念表明了传统的价值和意义，重新界定了保存的要求。

效果历史意识表现为一种诠释学处境原则，即我们自己与我们所要理解的文本处于相互关联的处境之中，我们无法置身事外从而对文本进行某种完全客观的理解。我们从历史的观点看待文本，我们把自身置于历史处境中，并试图重建历史视域，因为我们认为自己理解了文本，但事实上，我们的理解已然存在对他者异己性的承认。我们的历史运动指向了我们自己和他者一起构成了这个运动的视域，而这个运动视域又把我们规定为渊源和传统。我们从诠释学处境出发，从具有根本性意义的历史距离出发去理解某个历史现

---

① Gadamer H-G. *Gesammelte Werke Band 8* ［M］. Tubingen: Mohr Siebeck, 1993: 283.

象。我们的理解是境遇中的理解，我们无法如上帝一般俯视一切，达到一种全能全知的理解与解释。

这种情形与上一章提到的文本理解的对话一样，为了达成理解这一目的，我们只是要知道他者的立场和视域，只是把处境作为了解他人视域的一种手段，而并非要求实现与他者的完全一致。

因之，他者作用下的效果历史意识对于译者同样具有重要意义。译者面对的是无法中立、自主对待的文本对象，但在效果历史的作用下，他总能在看到文本对象的同时，发现自身。正如现代人无论如何也无法看到罗马古城墙的原貌，看到的只是呈现在我们面前的废墟，文本也只能在当下呈现自身，在译者心中呈现意义。这就造成了文本他在性与译者自主性的张力，这种张力造成了以下结果：在意义的递交中，原文文本不是一种有待处置的对象，而是一种在被解释的过去和解释的当下之间的辩证性意义交换。

在此意义上，效果总是指一种产生，一种生成。当我们试图表演一出莎士比亚戏剧时，我们就能明白解释的应用特征：对剧本的诠释不是被动的照本宣科，而是一种舍弃与抉择的重塑。类似的情形同样存在于翻译之中，译者必须承认翻译中舍弃的合法性——舍弃与抉择在翻译中亦是必不可少的步骤，是任何译者在一般情形下都不得不遵守的原则（不包含个别译者的非理性翻译行为）。

因此，舍弃具有积极的意义。翻译不只是图画背后的地图、原文内容的平面化。我们把图画变成地图的目的事实上是为了在保留地图的基础上创作新的图画，实现原图画中的景象在新的语境中再现，实现目标语读者对新语境下意义生成的参与，实现陌生意义面向目标语群体的敞开自身。舍弃意味着在更广泛群体内实现意义理解的可能性，意味着意义语境化的可能性。

第三节　目标语境下的博弈之"得"

一、目标语境与意义之"得"

在伽达默尔游戏视域下，翻译不仅是一种对意义的舍弃与保留，在保留意义的同时，译者还必须充分考虑目标语境的制约作用，只有使原文中保留下来的意义与目标语境达成某种契合，翻译才能实现其"使陌生文本意义向目标语人群开显意义"的原初目的。

"原文意义与目标语境达成契合"是翻译不得不面临的另一困境。在翻译实践中，译者常常面临下面的困境：为保持文本内容的连贯性（笔译）或翻译过程的持续流畅性（口译），译者无法把与文字意义相关的语境含义解释清楚，也就是说，译者常常无暇顾及其目标语表达是否符合目标语语境。

然而，语言与世界相互交织，语言与世界分享彼此自身的存在，语言从属于其置身其中的语境。语言是一个特殊的流动性过程，话语的意义不仅取决于文本，还取决于更为广义的语境，取决于说话人所使用的语言、文化背景以及话语说出的时间和地点等多重因素的影响。语境给翻译造成了重要的影响，即无论译者如何努力，他始终无法在目标语中还原原文中所有隐含意义。于是，我们必须面对伽达默尔所述的诠释学的应用问题：使原文意义在目标语中的表达方式适应新的目标语语境——新的语言构造、文化背景等目标语所置身其中的传统要素。也就是说，译者对原文意义的理解和解释并不局限于文本本身，而应在充分考虑目标语境的作用和影响的前提下，实现对文本的整体性意义理解，正是基于整体理解的基础，理解对话得以在某个方向展开。

好的翻译要求译者熟悉文本所处的语境（在时间间距中的境遇和在空间间距中的语境）的同时，把语词和语句带入其当下使用之中。译者必须把意义置于目标语群体的生活境遇之中。当然，这种置入并不是说译者能任意篡改源语意义。但既然意义必须在新的语言世界中被理解，意义也应该以新的方式得以重建，以确立其在新的语境中的有效性。

如何才能使原文意义更好地融入目标语境之中呢？伽达默尔总结：翻译已然是一种解释。[①]译者不仅需要在心中对意义进行理解，并建立理解的有效性，还必须在新语言境遇中对其理解了的意义进行解释，从而确保意义能在新的语言世界中形成有效意义。因为意义需要被置于新的语境之中，从而必须回答新语境的具体要求。因此，伽达默尔指出，译文意义只是原文意义的"再现"与"模仿"，而并非其拷贝。通过"再现"与"模仿"，意义被带入新的语言环境之中，并实现意义在目标语境下的融合。

"再现"与"模仿"意味着翻译不仅需要一种意义舍弃，一种意义之"失"，更是一种目标语境下的意义添加，一种意义之"得"。伽达默尔也承认少数出色译者能对"失"做出弥补，译文能实现对原文的意义添加，这种添加是对原文的着色与提亮，使原文变得更好，这就是翻译之"得"。

"得"究竟是指得到了什么？翻译的博弈妥协过程决定了译文只能"增色"原文意义单元中某一个意义侧度——比原文更加充分地表达这一意义侧度。因此，"得"只可能是对原文个别意义单元的增色，而无法实现整体意义上的增色。因此，"得"总是伴着"失"，翻译过程是"得"与"失"博弈妥协的辩证过程。

二、"得"之意义扩展与视域融合

"得"并非把原文语词中包含的多重意义原封不动地表达出来，"得"意味着意义的扩展。首先，扩展意味着添加，添加原文中所没有的意义。其次，扩展并未改变原文的意义内容。也就是说，意义扩展是在意义保留的基础上对意义的修饰。再次，扩展意味着提亮原文意义，并使原文意义更好地

面向目标语言共同体成员敞开。最后，"得"还意味着目标语读者积极参与到目标语境下的意义生成过程之中，以他们与游戏的共在，影响着动态翻译过程向封闭意义构成物（译作）的实现，成就了意义在目标语境下的视域融合。

综合上述观点，从广义来讲，"得"就是一种成功的"归化"①，使意义更好地适应于目标语语境，使目标语读者成为生成译作的积极参与者，使原文意义在目标语语境中得到"在的扩充"。

那么，我们面临的下一个问题是，意义之"得"主要体现在哪些方面呢？同上一节中所述间距作用下的意义缺失相似，目标语境中的意义扩展也从语词震荡意义、句法结构以及伪文本因素三个层面展开。

"得"首先体现在目标语词所添加的震荡意义。上文中谈道，在翻译中源语语词的震荡意义必然会有所缺失，当译者在目标语语境选择某一新的语词来取代源语语词时，他实际上是选择了保留原词"面向事情本身意义"。然而被选取的目标语词汇除了含有原文中得以保留的"面向事情本身的含义"之外，必然还有不同于原文语词的震荡意义。如此一来，目标语词的选择势必带来新震荡意义的添加。

这一点在名称翻译问题上体现得最为明显。与其他语言成分不同，很多名称（如人名和地名）只是某种称谓，并没有称谓之外的附属含义。因此，大多数名称的翻译无需考虑上下文之间的意义关联，对它们的翻译只需采用

---

① 韦努蒂在其作品《译者隐身》中首次谈到翻译中的归化和异化理论，并由此引发翻译理论家对归化翻译（domesticating translation）与异化翻译（foreignizing translation）的探讨。该理论是对施莱尔马赫思想的继承与延续。施莱尔马赫认为，译者只能在两种翻译策略中做出选择：一种是归化法，即从目标语境出发，使异域文本屈从于目标语文化，在翻译中注入目标语特有语言结构及文化因素，将作者带回本国；一种是异化法，在翻译中压制目的语文化价值观，凸显原文的语言和文化异质性特征，将读者派送出国。（Venuti L. *The Translator's Invisibility: A History of Translation* [M]. Shanghai: Shanghai Foreign Language Education Press, 2004.）韦努蒂本人更倾向保持翻译中的异质性（otherness）。但也有学者指出，韦努蒂对异化的偏爱并非一种翻译策略，而是源自对外语文本和外国文化表达尊重的一种道德态度。（郭建中. 异化与归化：道德态度与话语策略——韦努蒂〈译者的隐形〉第二版评述 [J]. 中国翻译，2009（2）.）

直译或音译即可。但也有很多例外的情形，如文学作品标题或电影片名，名称是对整个作品内容的总结，标题名称具有丰富的语境含义。在这种情形下，对名称的翻译更能体现目标语境下震荡意义的添加以及目标语读者对翻译过程的积极参与作用。

如英文电影名称"spider-man"，该名称反映了主人公飞檐走壁的特殊才能，但未能体现主人公的侠义精神。译者把"spider-man"译为"蜘蛛侠"。"侠"与"man"相比，在保留了"人"这一"面向事情本身的意义"的同时，增加了"武艺高强、英雄气概"等震荡意义。震荡意义的添加更加贴切地表现了蜘蛛侠的英雄主义气概，这一翻译在保留与原文结构对应的基础上，无疑比原词更能表现电影的主题内容，翻译实现了对原文的意义扩展。此外，"侠"一词在中国文化传统中具有广阔的文化背景和丰富的传统内容，体现了中国历史传统中侠义的民族精神以及正直的民族品格。可以说，"侠"的背后，表征着目标语读者带着其语言内涵以及语言背后更加深厚的文化境遇参与到翻译过程之中，影响并引领着翻译过程的走向与发展。在此意义上说，在充分尊重目标语读者的参与共在作用的基础上，语词震荡意义的添加能更好地促进意义与目标语境的视域融合。

其次，"得"之意义扩展还体现句法结构以及节律、韵脚等伪文本要素的扩展。扩展的原则必须体现意义理解在目标语语境中的适应性原则。

以翻译中经常发生的非互易性现象[①]为例。非互易性并非意指由于错误的翻译而导致非互译情形，而是指由于语言的多意性而造成语言在翻译中发生了意义扩展，从而无法返回到原文意义起点的情形。换言之，非互易现象是由意义扩展造成了翻译的不可逆转性，即人们无法根据目标语追溯到意义的源语表达。

例如，A："It's from President Bush."

---

① 非互易性是微波技术和材料学科中的用语，指电磁波在某物体中沿相反的两个方向传输会呈现不同的电磁损耗、相移等特性，我们把这一种现象称为非互易性现象。

B："I don't care if it is from bush, tree or grass."

甲："这是布什总统的命令。"

乙："我才不管它是什么布什、布头还是布片呢！"

在上述翻译中，译者保留了原文的意义，即对话者乙不关心到底是谁下达的命令这一层含义。可以说，中文翻译完整地保留了英文的意义内容，但这一保留并非对源语的复制与照搬，而是把源语中隐含的伪文本要素（"bush"作为"灌木丛"与"tree""grass"形成的语义对仗）以符合目标语的语言习惯的方式表达出来，在表达中，在完整保留源语语言结构与语义对仗的同时，增加了语音对仗的新要素。我们很难再从目标语（布什、布头还是布片）追溯回原文语言（bush，tree or grass）。因此，翻译并非是对原文意义毫无改变、原封不动的保留，翻译是在不歪曲原文的基础上对原文意义的扩展，使原文意义融入新的语境之中，从而更好地使意义向目标语共同体读者敞开。

非互易性翻译的例证告诉我们翻译并非是一种简单舍弃与意义平面化，翻译更是一种获得（gain）。获得意味着译文是对原文"一"与"多"的意义扩展或意义流射。首先，翻译发生过程中敞开了意义的微妙变化，翻译是一种意义循环，但并非一种静止不动的循环，而是发展的辩证式动态循环。这就是海德格尔和伽达默尔所阐述的理解的循环结构，每一次循环并非回到原点，而是在视域融合下形成的新的理解；每一次循环既有原意的舍弃，又有对原意的保留；在保留之中，既不曲解原意，又实现新的意义扩展与意义变化。翻译是一种动态辩证的循环，在循环之中，意义不断走向视域融合，视域融合的最终目标是实现不同语言共同体成员之间的理解、沟通与交流。其次，翻译是在保留原文中符合事情本身意义基础上对原文的重写，重新写出译者所理解的东西。但每一次重写都要添加一些与原文不同的东西，重写是新内容的获得与添加。因此，翻译是效果，是历史，翻译对原文具有反作用，是原文意义的延伸与再现。翻译使原文文本在另一语言共同体中得以延续，添加新内容的重写延展了原文的生命；原文的意义在译文中得到更新，并成为一种记忆。瓦尔特·本雅明曾说翻译是原文生命的组成部分，原文因译文得以在另一文化共同体中生存延续[①]：译者接受了原文文本，并通过赋予其新的语言表达方式，把它递交给另一语言共同体中的新读者群体。

职是之故，伽达默尔指出："翻译现象是说明传承物的最佳例证。"[②]翻译通过续写传承物而帮助传承物得以延续、传承，在此意义上说，翻译是传承物的组成部分，是传承物之延续性存在。翻译明确了原文语词"说出"的东西，又把原文语词"说出"的内容转换为新的语词，并在新语词中表达原文的意义。因此，翻译是原文的生命延续。

第四节　翻译过程——在现象学与辩证法之间的游戏

翻译是一场在现象学与辩证法之间的博弈妥协的游戏。首先，在"关系主体"引领下，译者、原文文本、目标语读者均以参与者的身份被卷入翻译游戏之中，完成语言对译中意义的保留、舍弃与添加，翻译过程最终走向任何一方都不可能操控的视域融合。也就是说，保留、舍弃与添加的翻译过程不是译者主观意愿的选择，而是译者与原文文本以及目标语读者的博弈，是在三方"关系"相互制约下形成的旨在向目标语群体开显意义的现象学过程。

其次，整个过程是辩证的——语言转译的舍弃、保留、添加之中都存在他在性（原文文本和目标语读者双重他在性）以及译者自主性的张力作用下的博弈妥协。该过程也可以用"正反合"式的辩证法结构来解释，表现为以下辩证结构：面向事情本身的意义保留（正）——对原文文本附属性

---

① 陈永国.翻译与后现代性［M］.北京：人民大学出版社，2005：22-23.
② 伽达默尔.真理与方法（Ⅰ）［M］.洪汉鼎，译.北京：商务印书馆，2010：548.

要素的舍弃（反）——扬弃生成的积极意义（合）；具有积极意义的舍弃（正）——目标语境下的意义添加（反）——形成新的意义扩展和视域融合（合）。

再次，整个辩证过程是语言过程，语言的保留、舍弃与添加都遵循一般性原则。任何译者都不得不遵守保留、舍弃与添加原则。保留原则：优先保留面向"事情"意义的现象学原则。舍弃原则：空间"间距"作用下，优先舍弃源语语词震荡意义、句法结构、伪文本要素。添加原则：添加符合目标语境特征的目标语语词震荡意义、目标语句法结构以及伪文本要素。该原则仅针对一般情况下的翻译活动，不对个别译者的个体心理行为负责。

最后，通过上述现象学与辩证法之间的语言过程，翻译实现了其存在的原初目的：向目标语群体开显原本负载于陌生文本中的意义，通过将陌生经验转化为熟悉经验而让目标语群体扩大对生存意义的感知与理解，进而扩大人际间的理解与交流。

由是观之，翻译之语言转译的过程是在"关系主体"引领下的博弈妥协的辩证过程，也是意义保留、舍弃与添加的语言过程，整个过程以向目标语群体敞开陌生文本的意义，扩大人们的生存经验和理解共识为目标。

在对翻译过程的两个步骤进行详细分析之中，我们发现翻译过程符合伽达默尔游戏的特征。译者在与原文文本对话游戏（翻译之理解过程）以及语言转译的表演游戏（翻译之克服语言困境的过程）中，走向陌生文本意义的敞开。

翻译过程最终走向一种意义扩展与视域融合，而视域融合则意味着意义改变。于是出现了以下问题：如果意义扩展是一种意义改变，是否意味着传统翻译定义（翻译是一种意义重建）的失效？翻译之"信、达、雅"原则之"信"优先性原则是否需要改变顺序，究竟是先有"信"还是先有"达"？在游戏理论下，如何重新界定译者身份？翻译在何种意义上可能，又在何种意义上不可能？于是，在翻译游戏说的视域之下，我们需要对译者身份、可译性、翻译的定义等传统翻译难题进行重新思考和界定。

第五章 翻译游戏视角下对翻译问题的再思考

第一节 译者角色的再思考

一、译者角色：从"隐身"到"现身"

译者角色是翻译理论中探讨较多的一个议题。目前国内学界认为，中西方翻译理论发展经历了一个译者角色从"隐身"到"彰显"的过程[①]。

早期中西翻译研究，多以《佛经》或《圣经》的经典著作翻译研究为主。经典著作的神圣与权威性决定了翻译必须追求对原文的忠实。在忠实原则的要求下，早期翻译追求逐词逐句的对译，甚至不允许改变原文的词序、句序乃至标点。译文表面符合原文，但实际却晦涩难懂。

直译原则也自然要求译者以隐形人的角色出现。如早期翻译理论家诺曼夏皮罗指出，译文应该如玻璃球一般透明[②]。"透明"则要求译者在翻译过

---

① 这一观点在国内许多作者的著作或论文中有所体现：谭载喜. 西方翻译简史［M］. 北京：商务印书馆，2004.；何其莘，仲伟合，许均. 中西翻译简史［M］. 上海：外语教学与研究出版社，2009.；谢天振. 译介学［M］. 上海：外语教育出版社，1999.；田德蓓. 论译者身份［J］. 中国翻译，2000（6）.；许均. 创造性叛逆和翻译主体性的确立［J］. 中国翻译，2003（1）.；王姝婧. 从幕后到幕前——译者身份的历时比较与共时分析［J］. 外国语言文学，2004（1）.；单宇，范武邱. 中西译者称谓变迁与翻译主体构建［J］. 湖南社会科学，2016（4）.；等等。

② Lawrence V. *The Translator's Invisibility: A History of Translation*［M］. Shanghai：Shanghai Foreign Language Education Press, 2004: 16.

程中不对原文做任何改变，这与上述的观点相一致。为了达到"透明"的效果，译者需在翻译过程中隐去自身，以使译文与原文字句符合。与西方的情形相似，我国三国时期吴国韦昭注曰："舌人，能达异方之志，象胥之官也。"[①]"舌人"即当时人们对译者的称谓，"舌人"称谓自然要求译者如"鹦鹉学舌"般照搬原文语句即可，无须对原文语句做任何修饰或改动。在早期中西方翻译思想中，为了追求对原文的忠诚，译者始终以"隐形人"的角色出现。

这一趋势一直持续到20世纪中后期，现代语言学理论的兴起使语言学翻译成为翻译理论研究的主要趋势。这一时期追求从语言内部视角出发，从语词、句法、语用等角度寻求一种数据化和公式化对等，力求在两种语言结构内部建构某种平衡关系。从语言内部的对等出发，翻译成为一种可以用语言公式表达的客观性真理，一切译者的主观性因素都被排除在外，译者角色问题一度遭到忽视。

重提译者角色问题的是德里达、韦努蒂为代表的解构主义翻译学派。德里达认为："语言中本质的果核是不可译的，它不是内容，而是内容与语言之间、果实与果皮之间的依附。"[②]因此，译文具有脱离原文而存在的独立生命，译者在经历了漫长的"隐身"之后，在德里达翻译思想中"登场"，译者成为创造者，成为原文的解构者，译者的主体性得到了前所未有的凸显和提升。

同样关注"译者角色"问题的是德里达解构思想影响下的翻译理论家韦努蒂。身为一名美籍意大利裔翻译理论家，韦努蒂批判了意大利语英译过程中存在的英语语境下大国霸权主义现象——由于英美大国霸权文化导致翻译过分强调目标语（英语）的"通顺"归化原则，导致原文（意大利语言）特色的丧失。在韦努蒂视角下，"译者隐身"是指译者在两种语言之间进行

---

① 陈福寿. 中国译学理论史稿［M］. 上海：上海外语教育出版社，1996：31.
② 陈永国. 翻译与后现代性［M］. 北京：人民大学出版社，2005：33.

翻译的痕迹完全消失，译者在翻译（把其他语言翻译成英语）过程中"隐去自身"，一味迎合目标语文化霸权的需求，迎合目标语群体的语言以及文化习惯，过度追求目标语境（英语语境）中的通顺原则，从而把语言之间的异质性差异全盘否定。在这一反大国文化霸权主义视角下，韦努蒂对"译者隐身"的思想进行了批判，他认为"译者隐身"实际上是隐去了译者在翻译中的干预作用，使目标语读者无法感受到源语中存在的异质性特征，甚至可能误导目标语读者，使他们错误地认为在他者文化中同样有自己文化的影响，从而"沉浸在霸权文化中自我陶醉"[①]。

因此，韦努蒂的"译者隐身"实际上是一种"译者登场"，要求译者在翻译中凸显原文的异质性因素，突出翻译之"译"——即使译文不能完全符合目标语群体的表达习惯，也应该让译文之"译"域特征有所体现。

但我们必须注意，韦努蒂的翻译观是以其批判"英美语言与文化霸权"这一解构主义观点为前提的，与其说他注重的是译者角色的隐或显，不如说他是借翻译问题来解构西方文化中心主义，反对大国语言与文本霸权主义。

如若我们不从韦努蒂反对西方语言中心论、西方文化霸权主义的前见出发，而在一般意义上谈论适用于任何两种异质语言之间的普遍翻译原则（如从一种非洲土著语言到另一种非洲土著语言），韦努蒂"宁失通顺，也要保留两种语言差异特征"的翻译原则或许并非最佳翻译策略。

由此可知，通顺还是忠实，归化还是异化，译者是隐身还是现身，一直以来是西方翻译史上争论不休的难解之题。在不同时期，不同翻译理论家有着不同的立场和观点。

二、作为表演者的译者

我们可以把上述理论家的立场和观点进行暂时性悬置，站在翻译游戏过程的视角下，我们只需谨记一点：翻译之存在目的就是使意义在陌生语言群

---

① 刘文军. 西方翻译通史［M］. 武汉：武汉大学出版社，2009：131.

体之中被接受、理解，使操不同语言的人群实现更加深入的相互理解，并在承认差异的前提下达成共识。以理解与共识为前提来看翻译，我们就可以理解上述所有"译者角色"之争：无论早期翻译理论家追求对原文的忠实，还是语言学家追求的目标语中的通顺，抑或是解构主义翻译理论家坚持地在翻译中保留语言之间"异质性"以反对目标语言霸权行为，所有翻译策略都无法背离翻译存在的本质原因——翻译的意义在于它能帮助操不同语言的人群实现理解与交流，在于使原文意义向目标语共同体成员敞开，在于人类共同拥有的世界经验的扩大与交换。

以此为基础来考察翻译，我们不难发现，忠实与通顺都是为达成理解必要的策略。背离忠实，背离原文中面向事情本身的意义内容，理解无从谈起；同样背离通顺，一味追求对原文词句的忠实，则势必会导致目标语的晦涩难懂，意义无法向目标语读者敞开。那么，我们只能在一种现象学与辩证法的视角下理解翻译。为实现理解这一翻译的根本目的，译者只能在忠实与通顺、归化与异化之间博弈与妥协。

那么，译者只能在"隐身"与"现身"之间，在原文和目标语读者双重他在性制约下，找到自己的主动性，在保留、舍弃、与添加的动态过程中完成翻译游戏。

在这一过程中，我们可以对译者在"隐身"与"现身"之间的角色做出一种新的界定——这就是作为表演者的译者角色。表演者是意义的转换者而非创造者，从这一意义上说，他是"隐身"的；但无可否认，表演者在转换意义中必须做出创造性改变，只有如此，意义才能从剧本文字转换成舞台表演，意义才能以观赏的形式开放自身，在此意义上说，他又是"现身"的。所以，翻译过程是一场表演，译者就是在观众与剧本之间博弈妥协的表演者。在游戏理论视角下，用表演者来界定译者是准确而恰当的。

从游戏概念出发，戏剧表演过程本身是戏剧的主体，在"关系"引领下，演员被表演过程吸引到游戏之中，演员仅仅是游戏的参与者而非游戏的操控者。演员参与游戏意味着演员并非以生活之中"常人"状态参与到表演之中，而是以"角色"参与游戏。演员必须"隐藏"自身，如孩童游戏，孩子"不愿在其装扮的背后被人猜出，他希望他所表现的东西应当存在，即使有某种东西被猜出，那么被猜出的东西正是他所表现的东西"①。因此，演员在表演中没有其自身的独立存在。在表演中，真正在场的是角色，演员"隐藏"自身。游戏主体性是演员卷入角色之中，被角色精神所充满，观众所看到的并非演员本身，而是角色。

什么是角色呢？首先，角色是在剧本他者性与演员自主性张力作用下的产物。角色的原型首先源自剧本，角色是剧本的产物，角色无法脱离剧本而独自存在。无论演员的演技多么精湛，他必须在理解剧本的基础上表演角色。从某种意义上说，与其说演员创造角色，不如说演员被角色创造。也就是说，演员的表演始终在剧本制约之下得以进行。然而，角色也并非完全属于剧本，演员对剧本的理解，已然是一场对话，演员的前见必然在理解过程中与剧本意义发生视域融合，角色之中必然加入了演员自主性的创造和诠释。这就可以解释，在面对同一角色时，不同演员的塑造会产生一些微妙的差异，正所谓"一千个读者就有一千个哈姆雷特"，这种情形同样适用于演员对角色的理解和塑造，我们也可以说"一千个演员亦有一千个哈姆雷特"。其次，我们必须明确的是，演员表演的最终目的是面向观众敞开意义，观众是表演存在的基础，观众他在性的存在也是塑造角色的重要因素。同演员相似，观众同样作为游戏的参与者而存在，观众同样"隐藏"其自身的生活"常人"状态，在观赏中进入角色，观众被角色左右，与角色同呼吸共命运。这种"共鸣"并非观众的主观情感，而是一种与角色的共在，与戏剧的共享状态。在戏剧游戏中，观赏者上升到与演员同等重要的地位，观赏者同样成为角色塑造之重要成因。

剧本、演员和观众三者组成了游戏的整体，成为一种自我封闭的意义圈。表演过程在剧本他在性、观众他在性以及演员自主性三者博弈妥协的

---

① 伽达默尔.真理与方法（Ⅰ）[M].洪汉鼎，译，北京：商务印书馆，2010：167.

"关系主体"引领下展开，游戏的最终目的是向观众敞开意义并以角色净化观众的灵魂，从而产生一种伦理意义上的意义共鸣。

与戏剧表演相似，翻译也是表演游戏的一种。如同演员一般，译者在翻译过程中，也必须隐藏起自身的"常人"生活状态，以"意义传达"的"游戏表演者"身份参与到游戏之中。与演员角色相似，作为表演者的译者角色也是在他在性与自主性张力下产生的。

首先，在翻译中，译者传达的内容不是译者自己的思想或情感，而是原文文本的意义或情感，译者是传达者而非创作者，译者必须在原文文本制约下实现翻译的过程。然而，意义不仅仅属于原文，再现并不是复制，译者的自由性因素必然出现在翻译过程的实现之中。译者必须在理解原文的基础上进行语言转译，原文的理解过程就是作为读者的译者与原文展开博弈妥协的对话游戏过程，在对话过程中，译者前见与原文原有视域相互融合，融合后的意义已经与原文文字有所差异，成为译者脑中的意义存留；译者在把其理解的意义转换成目标语境意义过程中，也必然有其自主性诠释，这就可以解释翻译中的重译现象——不同的译者可以在保留原文"面向事情本身"意义的基础上，对原文的某些侧面进行自主性的凸显或弱化。因此，译者的自主性体现在其理解以及解释意义的整个过程中，是意义转换的重要因素之一。

此外，如同表演一般，翻译也是一种向观众敞开意义的活动。"使原文意义向目标语群体敞开"是翻译存在的基础。因此，考虑目标语群体的语言接受要求，成为制约翻译之意义转换的另一个重要因素。虽然较戏剧表演中观众的在场性而言，目标语读者有时可能会延迟出场（笔译中），但目标语群体读者的存在本身就是制约译者保留、舍弃和添加意义的他在性力量。

综上可知，翻译是一场表演，译者与表演者具有相似性。他们都是意义的传达者，而非意义创造者；他们都在双重他者性（剧本与观众、原文与目标语读者）以及自身自主性的张力制约下，进行博弈妥协的游戏；他们进行游戏的最终目的都是面向观众（目标语群体）敞开意义，以求在更广泛人群中开显意义，实现有关世界经验的理解与交流。

三、译者身份再思考：隐与显之间的文本要素

意义传递中必然有对原型的抹去与突出，必然会有对剧本（原文）意义的保留与背叛，意义的敞开必然是一种差异下的敞开。但对差异的承认，对博弈妥协的屈折性认同，仍无法改变表演与翻译的根本目的——旨在理解的产生与共识的达成。在此意义上说，译者是实现意义传递的表演者。

众所周知，作为表演者的演员，需要经过特殊的表演训练，掌握表演的技巧，以新感性形式实现剧本意义的转换。同样，一名出色译者也需要具有特殊的前见，即译者必须精通两种语言，并掌握一些语言转译的基本技巧。

伽达默尔指出："翻译是一种理解的极致情况，翻译者的再创造任务同一切文本所提出的一般诠释学任务并不存在质的区别，而只是在程度上有所不同。"[1]这预设了理解对话双方使用同一种语言。只有在同一种语言媒介中，对话才能得以发生；而在操不同语言的对话者之间，无法产生理解性对话。因此，理解预设了译者的特殊前见——能熟练掌握两种语言以及语言转换的技巧和原则。

我们必须指出，译者的身份也具有双重性诠释学状况——译者是原文的读者，同时，他需要把自己理解的源语意义在目标语中表达，他也是译文的作者。译者必须进行双重的诠释学对话：作为理解者同原文展开的对话；作为传递者与目标语读者展开的对话。正是在此意义上，伽达默尔提出了他的广义翻译思想："翻译使诠释学对话双重化。"[2]这再次证明了译者身份要求译者必须具有特殊的前见：能熟练掌握两种语言，并能在二者之间实现意义转换，如果译者无法很好地掌握一门外语，就无法产生理解，因此译者就无

---

① 伽达默尔.真理与方法（Ⅰ）[M].洪汉鼎，译.北京：商务印书馆，2010：545.
② 伽达默尔.真理与方法（Ⅰ）[M].洪汉鼎，译.北京：商务印书馆，2010：542.

法保证翻译过程中诠释学对话的发生。

译者特殊前见决定了译者首先存在于原文和译文、原文作者和译文读者、译文和译文读者之间的纽带。这正是口译（interpretation）一词的原始意义，它指的是居中的讲话者，处于操不同语言的讲话者之间，通过他的居中讲话把异质语言共同体成员相互连接。因此，原文文本的陌生性应该因为译者的到场而得以扬弃。译者在原文文本或话语不能被对方倾听或理解时，才居间说话，译者的话为原文文本服务。

然而，译者为原文文本服务不等于译者的任务仅在于听从原文。译者必须真正进入文本之中，作为居间者的译者讲话有其自身的对话结构。作为一种理解、诠释的积极因素，译者与对话双方（原文文本和译文读者）之间的距离使意义在异质语言共同体成员之间传递。因此，译者具有超越双方局限性的优越性，他在理解方面提供的帮助，不仅局限于纯粹语言学层面，而是进入了实际内容的调解，试图把双方的权利和界限相互扯平。于是，当译者克服了原文文本中的陌生性并由此帮助目标语读者理解原文时，他便"隐去自身"，然而这种消失并不意味着译者对文本的贡献被人们忘却，消失意味着在译文中读者读不到任何翻译的痕迹，原文意义在译文语境中自然而然娓娓道来（当然，译者还会现身，现身表现在译者对文本的解释性注释）。伽达默尔认为，译者的任务是成功地克服原文中的异化现象，促进目标语读者对原文文本的理解，因为翻译的最终目的始终指向在目标语群体中开显原文意义。

译者作为居间者的角色也正是诠释学（hermeneutics）一词原始含义的由来。"Hermeneutics"指向的是古希腊德尔菲神庙的祭司赫尔墨斯（Hermes）。赫尔墨斯便是足上生翼的"信使之神"，他的任务便是在神与人之间"居间"地把人与神的语言进行交互翻译，从而"把超出人了理解的神意转化为人类智力可以把握的形式"①。

---

① 理查德·帕尔默. 诠释学 [M]. 潘德荣，译. 北京：商务印书馆，2012：25.

从赫尔墨斯的视角来看译者，译者"隐去自身"并非一种消极意义上的消失，而是进入新的理解之中，进入交往之中，从而使原文文本视域和目标语读者视域之间的对峙得到解决，在理解中文本视域和读者视域达成新的视域融合。从这种意义上说，译者又是"现身"的，因为在文本翻译中，译者永远以一种看不到的方式驻留在文本之中。译者成为达成理解的纽带——通过转换文本的语言结构，促成新的理解、解释、应用以及诠释学对话。用伽达默尔的话来讲，正是解释者带来了"文本视域与读者视域相互融合的张力，这就是视域融合"①。

此外，我们可以加上以下观点：在译者翻译前的准备工作中，译者自身的视域也消失了，因为译者视域与文本视域发生了融合，在作为读者的译者视域消失的同时，新的视域产生，这个视域交替的过程就是理解。

对伽达默尔来说，翻译是一种特殊的诠释学经验，是一种多维度下的诠释学对话。翻译是一种在两种不同语言间进行交流的语言行为。正因为这种交流的特殊性（在两种不同语言媒介之中发生），理解才会受到阻碍。无论在口译中还是在笔译中，译者和原文（话语文本或书写文本）之间都存在无法克服的特殊间距，也存在阻碍达成理解的其他可能性原因，如译者语言能力不足，译者未能把原文内容置于正确的语境之中（译者未能考虑译文读者群的理解视域和理解能力），未能中立性对待原文信息，未能在译文中揭示原文中隐含的多重意义，未能在不可译问题上进行博弈妥协，或面对同一原文译者无法在多种可能翻译方式中做出抉择等困境的束缚。

如若我们在诠释学视域下看翻译，上述困境都可以得到有效的解释，在诠释学视域下，译者对原文和译文的理解都与解释密切相关，这是翻译过程的固有本质。因此，译者作为诠释学问答对话的一方参与理解对话之中，参与了意义的生成，译者成为组成原文文本、译者、译文读者三方关系的要素

---

① Gadamer H-G. *The Gadamer Reader: A Bouquet of the Later Writings* ［M］. Richard Palmer (eds.). Evanston: Northwestern University Press, 2007: 180.

之一，成为生成理解的一个不可或缺的要素，留存于文本之中，推进着意义的交流与转换。

在游戏视角下，译者是一个演员，一个调解者和转换者的角色——在理解过程中进行意义调解和意义转换。在游戏意义上，译者总是留存在文本之中——并非作为一个个人，而是作为推进异质语言人群达成理解的一个必须要素，留存于文本之中。这是一种辩证的要素，他自身在隐身与现身之间，通过自身消失，把意义推向融合，通过自身现身，完成意义转换；他流转于"关系"之间，在对三方关系的博弈与调和中，走向理解与共识。译者本身就是在隐现之间存在的文本要素，推动着"关系主体"下博弈妥协的意义转换，生成异质语言下的视域融合，向"目标语读者"开显意义，实现差异语言同共体人群之间的理解与交流。

第二节　目标语读者的"共在"意义

在表演游戏中，目标语读者始终作为翻译的终极理由而存在。我们一直反复重申的观点是，翻译之所以具有存在的必要性，就是为了向目标语群体开显陌生文本的意义，并最终实现异质语言共同体之间的人际理解与交流。在本书构建的"关系主体"中，目标语读者似乎一直守望在三方"关系"的终端，默默等待着陌生意义的开显，翻译作品的实现。

然而，目标语读者仅仅是站立在"关系主体"终点的守望者，是陌生文本意义的被动接受者吗？答案显然是否定的，目标语读者并非"关系主体"之三方关系中的被动接受一方，目标语读者以游戏共在者身份参与游戏之中，与译者、原文文本一同推动游戏过程的变化与发展。

一、游戏观赏者：从过程到构成物的中介

为了详细分析目标语读者在游戏中的积极作用，让我们再次回到对观赏者在戏剧游戏中的角色分析上来。伽达默尔认为，观赏者不仅是戏剧表演的终极接受者，观赏者积极参与游戏之中，成为与表演游戏统一无区分的组成部分。此外，观赏者对于游戏过程本身具有积极的反作用力，推动着动态游戏过程向静态游戏构成物的转化，影响了翻译过程的演进与发展。

观赏者与游戏统一无区分，观赏者是游戏的有机组成部分，这一点我们已经在前面章节中反复提到。正是因为观赏者的存在，戏剧表演才具有它存在的理由。剧本、表演者以及观赏者共同构成了封闭的游戏结构，在这个封闭的结构中，只有在观赏者那里才获得了真正的意义实现。因此，伽达默尔指出："游戏本身是游戏者和观赏者所组成的整体。"[①]

我们还必须明确的是，观赏者与游戏者组成的是一种"间距"之中的游戏整体。观赏者在"间距"中对表演提出整体性要求。因此，观赏者是否能在"间距"之中感受到某种心灵的共鸣或情感的净化——为悲剧之悲惨而伤感，为喜剧之快乐而欢愉，成为衡量表演是否成功的重要标准。

在此意义上，作为游戏整体有机组成部分的观赏者，参与了表演的意义的生成，左右着游戏的意义实现。事实上，真正感受游戏"意味"的，并非进行表演的游戏者，而是与之共在的观赏者，正是在观赏者的情感共鸣之中，游戏好像提升了它的理想性。当游戏由竞赛游戏转换为表演游戏，当游戏者需要面向观赏者敞开意义，游戏者参与游戏的方式就不仅仅在于他们"出现在游戏之中"，更在于他们与整个游戏的"关系"。处于"关系"的另一端点的观赏者，他们的情感意愿作为制约表演者自主性的他在性因素被充分地尊重，以至于表演者在表演过程中，不得不观察观赏者的反应，并根据观赏者的情感需求调整自身的表演。

---

① 伽达默尔.真理与方法（Ⅰ）［M］.洪汉鼎，译.北京：商务印书馆，2010：161.

　　因此，伽达默尔指出了观赏者对于游戏的颠覆性作用："在游戏成为戏剧表演之时，游戏之作为游戏而发生了一种彻底的变化。"①伽达默尔笔下的"彻底变化"便是动态性的游戏向静态性、具有封闭意义之构成物（Gebide）的转变。观赏者的存在使游戏具有了作品的性质，游戏成为脱离游戏者的表演仍可以独立存在的意义构成物，实现了其由动态过程到静态作品的根本性转变。游戏一旦成为构成物便可脱离游戏者的表现行为，成为可以"重复"的作品或表演，这便形成了游戏构成物的"可重复性"特征。这也就可以解释为什么篮球比赛、戏剧表演、小说阅读都可以重复进行，并且每一次重复，都可以带来不同的精彩了。

　　观赏者带来了游戏从动态"过程"向封闭意义的"构成物"转变，而这种转变也同时使观赏者的身份发生了本质的变化，观赏者超越表演者，实现了其在"方法论"意义上的优先性地位，甚至可以说，观赏者变成了游戏者。可重复的表演或作品只为观赏者（而不是为游戏者）而存在，只是在观赏者之中（而不是在表演者之中），表演或作品才能成为不断重复的意义整体，并在每一次重复中获取新的意义。伽达默尔由此指出："观赏者获得了一种'方法论'上的优先性，因此，游戏是为观赏者而存在的，这一点是一目了然的。"②在本书上一章已经指出，所谓"方法论"意义的优先性是指：在意义实现方式层面上，观赏者先于游戏者获得对意义的整体把握。正是观赏者那里，表演游戏的动态过程首次转换成具有封闭意义的构成物。在此意义上说，"游戏者与观赏者的区别从根本被取消了，游戏者和观赏者共同具有这样一种要求，即以游戏的意义内容去意指游戏本身"③。

二、目标语读者：过程参与的"共在"

　　在翻译过程中，目标语读者也成为翻译游戏过程转化为翻译作品的重要

---

① 伽达默尔. 真理与方法（Ⅰ）［M］. 洪汉鼎，译. 北京：商务印书馆，2010：162.
② 伽达默尔. 真理与方法（Ⅰ）［M］. 洪汉鼎，译. 北京：商务印书馆，2010：162.
③ 伽达默尔. 真理与方法（Ⅰ）［M］. 洪汉鼎，译. 北京：商务印书馆，2010：162.

中介，目标语读者也同样以共在者的身份，实际参与翻译游戏的意义生成之中。

首先，如同观赏者是游戏意义统一整体中的重要组成，目标语读者也是翻译过程中不可或缺的组成部分。目标语读者的思维习惯、语言习惯、生活方式、文化背景等因素都成为译者翻译过程中的制约性因素，约束着译者翻译的自主性，制约着译者翻译过程中的意义保留、舍弃与添加。正是由于这个原因，我们才在上文反复重申翻译过程是"关系主体"模式而非"译者主体"模式下的活动，而目标语读者同原文文本一同成为制约译者行为的双重他在性因素。

因此，我们可以说，目标语读者实际参与了翻译过程意义的生成。目标语读者不仅制约着翻译过程的实现，目标语读者的存在本身还构成了动态性翻译过程向静态性翻译作品转换的重要中介。正如观赏者的存在使戏剧表演游戏具有了作品的性质，目标语读者的存在使翻译过程最终以向"目标语读者开显意义"的作品形式呈现，也就是说，一旦翻译以结果的形式向目标语读者呈现，一旦目标语读者领会了原本陌生的文本意义，翻译过程就结束了，取而代之的是具有封闭意义的构成物（译作）。这一特征更突出地体现在文字文本翻译（笔译）中，一旦译作得以形成，译者的翻译行为和翻译的动态发生过程便同时隐去自身，翻译过程以作品的形式呈现在目标语读者面前。于是，如同表演游戏可脱离演员表演成为可"重复表演"的作品，在翻译中，一旦意义面向目标语读者开放，翻译作品也脱离了译者与原文，成为独立的"可重复阅读"的意义整体，成为具有完整意义的作品，而目标语读者就成为上述过程转换的关键性中介。

在目标语读者在促进翻译过程向翻译作品转换的同时，转换本身也使目标语读者获得了相对于译者在"方法论"上的优先性地位[1]。即使在笔译中，目标语读者延迟出场的情况下，他们的优先性地位仍然牢不可破。如同

---

[1] 具体内容详见本书第三章第三节"语言转译过程何以是表演游戏"中对该问题的论述。

在琴房中练习弹奏的情形，虽然演奏者不要求观众在场，但他的表演仍需考虑观众的需求，并因此而力求一种更好的表现。与之相似，在笔译中，目标语读者虽然无法与译者同时在场，但他们的要求和期望，他们的语言习惯、文化背景已然被译者反复考量，他们的存在本身就成为约束译者翻译行为的主要制约因素之一。更何况，在互联网创作时代，读者的延迟出场状况已经得到了颠覆性的改变。网络作家的写作、网络译者的翻译都并非一次完成，创作过程或翻译过程都可在与网络读者的互动和交流中进行。对网络创作而言，作家会在论坛中与读者交流创作随想、心路历程以及作品之外的生活点滴；而读者也会提出自己的要求，作者或译者则会根据读者的要求做出改进或调整。对于网络翻译而言，译者也可以利用大数据、语料库或论坛交流等方式，向读者广泛征求意见，从而获得更加符合目标语语境的翻译方式。当然，我们也必须明确，互联网时代的"读者优先性"原则在"创作"（而非"译作"）中体现得更加显著，因为翻译毕竟处于一种双重作用下的"制约"——除目标语读者之外，原文文本内容也是制约译者行为的重要因素。在网络创作中，一些作家会根据读者的不同胃口，设计出不同版本的故事结局，但这一情形绝不会出现在网络翻译中，因为对原作的尊重，仍是对翻译的最基本要求。

然而，我们仍然可以说，目标语读者的存在是由他"在那里共在（Dabeisein）所规定的"①，目标语读者与翻译过程"共在"。也正是目标语读者与游戏过程的"共在"决定了目标语读者无可撼动的优先性地位。"共在"不是"在场"或"同在"，即使目标语读者延迟出场，我们仍然可以说他与翻译过程"共在"。"共在"就是"参与"（Teilhabe），观赏戏剧游戏或阅读一部作品归根结底都是一种真正的参与方式，一种积极主动的参与。宗教的共享（Kommunion）以及古希腊的理论（Theoria）的原初意义都指向了参与。"理论研究者"（Theoros）一词的原初意义是"节日代表团的参

---

① 伽达默尔.真理与方法（I）[M].洪汉鼎，译.北京：商务印书馆，2010：183.

加者"，也就是观赏者。于是，伽达默尔指出："观赏者通过同在参与游戏之中，并赢得他们的神圣合法称号，赢得他们神圣不可侵犯的位置。"[①]

观赏者不可侵犯的优先性地位正是源于"同在""参与"的真正含义。伽达默尔认为，"参与"不同于好奇心。好奇心的意思仅仅在于"想知道对象内容的猎奇心理"。但"参与"不同，参与强调一种经历，一种体验，一种热情投入其中的"入迷状态"[②]。上述"共享"一词与"理论"一词的原初含义便都是对这种"入迷状态"的描述。

所以，观赏者的"共在"意味着观赏者积极热情地参与游戏之中，并作用于游戏意义的发生与实现。在翻译中，目标语读者的作用是积极的，他们的语言习惯和文化背景成为翻译之所以存在的原因，成为影响译者翻译行为的重要成因。虽然我们似乎很难想象把目标语读者同足球场边高声呐喊、热泪盈眶的观众连在一起，但他们对游戏进程的积极推动作用却是相同的——正如足球场上呐喊的观众可能成就一场精彩的比赛，目标语读者的愿望与需求也是成就一部精彩译作的重要成因。正是在此意义上，我们可以说，目标语读者实际参与了翻译过程并成为影响翻译进程的"共在"者。前文"蜘蛛侠"一词的翻译便很好地证明了这一点。简简单单一个"侠"字便包含了目标语读者背后深厚的文化境遇与民族品格，目标语"蜘蛛侠"的诞生正是目标语读者带着其身后的历史、文化要求走向译文意义生成的必然结果。

从上述分析中可知，目标语读者并非翻译过程的被动守望者，他们带着其置身其中的文化境遇参与翻译过程之中，制约着译者的行为，成为使翻译由动态"过程"向封闭的意义"构成物"转换之关键中介，成为影响翻译进程的"共在"者。与此同时，也正是目标语读者以其"共在"者身份对译者提出了具体的要求——要求译者必须通晓两种语言并熟悉目标语读者背后的

---

① 伽达默尔.真理与方法（Ⅰ）［M］.洪汉鼎，译.北京：商务印书馆，2010：183.
② 伽达默尔.真理与方法（Ⅰ）［M］.洪汉鼎，译.北京：商务印书馆，2010：183.

文化传统、生活习俗以及置身其中生活世界。

在"关系主体"翻译模式中，目标语读者与译者、原文文本获得了同样重要的地位，"关系"三方彼此博弈，相互妥协，共同推动翻译过程走向新的视域融合，这便是目标语读者的"共在"意义。

第三节　可译性问题的再思考

一、可译与不可译之争

可译性问题始终是翻译史上关注的重点问题。当代许多著名翻译理论家以及哲学家对该问题都有过深入探讨。

法兰克福学派代表之一瓦尔特·本雅明是持"翻译可能"观点的典型代表之一。本雅明延续了圣经巴别塔传说中"上帝语言权威性"观点，认为在异质语言背后存在"纯粹语言"或"真语言"，而"自然语言"只是"纯语言"的碎片，翻译的目的是使自然语言的碎片成为统一的"语言总体"[①]。译本成为原文的来世生命（afterlife），译本与原本之间保持着根本的统一性，这种统一性源于"自然语言是纯粹语言的碎片"这样一个事实："如同破碎花瓶的碎片在最微小的细节上都彼此匹配一般，译本也必须在细节上与原文意义形态完美对应，人们便能以此辨认出原本和译本都源于伟大语言的碎片。"[②]由是观之，翻译不仅可能，而且译文与原文必须在纯语言层面高度统一。本雅明的神圣语言情结影响了现代语言学家乔姆斯基，他的"深层语

---

① Benjamin W. The Task of the Translator [M]//Robinson D. *Western Translation Theory from Herodotus to Nietzsche*. Shanghai: Shanghai Foreign Language Education Press, 2007: 225–238.

② Benjamin A. *Translation and the Nature of Philosophy*: *A New Theory of Words* [M]. London: Rouledge, 1989: 78.

法结构"是"纯语言"在语法层面上的具体表述，而翻译理论家奈达的翻译对等理论则又是在乔姆斯基"深层语法结构"的基础上建立起来的。由此可见，为异质语言找寻某种统一性基础在翻译理论史上具有一脉相承的传统。

对"翻译可能"观点提出质疑的是美国语言哲学家奎因。奎因在其著作《语词和对象》中提出"翻译不确定性"理论。该理论以"原始翻译"为基础，描述了翻译的一种极端情形，即在英语母语和与世隔绝的土著部落语言之间建立翻译的情形。著名的例证是以英语为母语的研究者试图在"gavagai"和英语"rabbit"之间建立联系的尝试。奎因经过层层逻辑分析，试图论证在英语中可能出现多种不确定的意义（"gavagai"不一定意指兔子，还可意指兔子的颜色、奔跑的状态等）和不确定的指称（"gavagai"也有可能指称兔子身体的各个部分），从而证明"gavagai"和"rabbit"之间无法建立起一致的联系，从而提出"翻译具有不确定性"的全新观点。

我们必须明确，奎因的翻译不确定性与翻译之可译性并非同一个问题。首先，奎因提出翻译不确定性问题的前提基础是"经验主义两个教条的批判"之"分析命题和综合命题"的区分。传统观念认为，分析命题只依赖逻辑的真，与经验无关。逻辑的真必须通过同义性概念来加以保证，如证明"没有一个单身汉是结婚的"这一命题逻辑为真的前提是"单身汉"与"没结婚的人"具有同义性。所以，奎因试图通过论证"同义词概念的模糊性"来破坏分析命题的逻辑基础，进而消解分析命题与综合命题的界限。而奎因证明"同义词概念的模糊性"的方法就是上述"原始翻译的不确定性"理论。所以奎因的翻译不确定性并非意指真正意义上的翻译问题，而是认识论问题。在原始翻译例证中，研究者通过不断与土著人交流，臆测"gavagai"意义的行为，意在证明意义的行为主义经验论特征——意义必须根据行为来解释，意义必须根据经验来证实。而这恰恰证明了交流的可通达性与翻译的可能性。

其次，原始翻译的特例只能存在于前现代或前文明时期世界封闭状态下，描述一种前语言环境下人们试图交流的初始状态。所以，原始翻译并非能涵盖现代语际翻译的一般特征。土著人与世隔绝的生活方式造成了一种翻译中的特殊情形，即无法找到通晓两种语言的译者，而译者具有"通晓两种语言"的前见是现代翻译实践对译者的基本要求。

再次，奎因原始翻译理论也具有积极的含义。通过原始翻译和现代翻译的不同，我们看到虽然完全的翻译不可能实现，但异质语言之间的可译度可随着世界的敞开、人际交流的增多而不断加深。这正是现代翻译实践广泛借助大数据语料库的原因，在语料库（语言的日常使用和交流）的辅助下，翻译的可译性程度不断提高。这也与德里达的翻译观点具有一致性，如果语言之间完全没有差异，那么也没有在译者语言间进行翻译的必要了，正是翻译具有不可译程度的差异，才成就了翻译存在的必要性以及翻译产生的可能性。

二、可译与不可译之间：走向广义翻译观

在可译性问题上，伽达默尔也秉承相似的观点，即可译与不可译是个相对的问题：完全的翻译不可能，但通过翻译实现人与人之间理解和交往是可能且必要的。

在伽达默尔唯一一篇对翻译问题进行专门探讨的文章《翻译如阅读》（1989）中，伽达默尔着重探讨了可译性的界限问题。

他承认不可译现象存在的必然性，并分析了产生不可译现象产生的原因。伽达默尔指出："承认可译性限度并恪守这种限度这是诠释学的戒律。因此，我们通常需对翻译的限度做一番深思熟虑，总结一下在翻译过程中保留了什么，遗漏了什么，也许还要说一下在此过程中同时完善了什么。"[1]

一切文本必然存在意义表达的模糊性是造成不可译现象的首要原因。伽达默尔认为，书面的文字文本和日常交际中的话语文本不同[2]。在交际生活里，语言有其自身的现实存在性，人们说话时也从不按照绝对的精确性标准

---

[1] Gadamer H-G. *Gesammelte Werke Band 8* [M]. Tubingen: Mohr Siebeck, 1993: 279.

[2] Gadamer H-G. *Gesammelte Werke Band 8* [M]. Tubingen: Mohr Siebeck, 1993: 280.

进行，人们并不能始终找到正确的用词。很多时候人们常常转弯抹角支支吾吾，平庸修辞之下往往隐藏着空泛的托词套话。然而这一切都很容易被日常对话的生动性掩盖而变得不易察觉。

但是如果这些空洞的言辞出现在文章之中，尤其是当它们被翻译成另一种语言时，就会产生严重的后果，如同作家写作时如果空话连篇，显然无助于准确表达他的观点。而如果译者试图在目标语言中寻找这些套话的对应词汇或表达，就会进一步降低原文内容的准确度。这就是一种处于清晰与模糊的表达之间的微妙关系。

虽然写作同演讲的目的都是使所写或所讲的内容向读者（观众）敞开，得到他人的理解。然而，演讲通向理解的方式是生动而直接的，演讲者可以通过其发音、语调、节奏，音量大小、强弱、暗示等伪文本形式向观众传递意义。所以，有说服力的演讲往往包含某些迟疑、停顿、思考和措辞，从而使意义栩栩如生地呈现于观赏者眼前，使观众受到"吸引"自然而然地参与其中，感受意义传递的在场性。写作则不同，在一般情形下，作者不会与读者面对面，无法直接感受到读者的现场反应，甚至无法知晓读者对哪些表述感到疑惑，也无法通过演讲的话语方式对他的文字表达做任何补充和完善。作者的唯一途径是通过生硬的文字符号来实现自己的表达。更甚至，我们中的多数人都不是真正意义上的作家，也不是写作方面的能工巧匠，我们能做到的仅仅是尽量用文字记录或叙述某个事件或过程。

文字表达本身就存在无可避免的模糊性，而译者比读者处于更为复杂的困境之中。施莱尔马赫曾说过："为了理解某个人的作品，文章的读者和理解者首先要比他聪明，或者起码也要在智商上跟他差不多。尤其是当译文读者面对的是一部杂乱无章的作品时，读者比作家更好地理解文本原意是不够的。读者必须自己把这混乱进一步认识、提炼及升华，重新刻画和构建出原意背后的东西。"[①]重新刻画和构建出原意背后的东西也是最为困难的部分。

---

① Gadamer H-G. *Gesammelte Werke Band 8* ［M］. Tubingen: Mohr Siebeck, 1993: 281.

读者在读懂文章的前提下，再经过谨慎的考虑和清楚的认识，才能将自己理解的文章大意有说服力地讲出来，而翻译远远比阅读更为困难。因此，阅读和翻译之间有一道难以逾越的鸿沟，这就是诠释学的基本事实。

所以，除了上述文字表达的模糊性之外，翻译比阅读困难还源自空间间距的影响：“事实上，对于理解而言，不只是时间间距，每一种间距都意味着内容减少或增加。如果这种间距是由于空间间距造成的，即当译者试图把同时代的作品从一门语言转译成另一门语言时，尤其在诗歌翻译中，译者从始至终都面临着同样的风险——陷入日常用语的窠臼或者平淡乏味的模仿之中。”①

伽达默尔由此推断，原文表达的模糊性以及异质语言之间的空间间距造成了不可译现象的存在：“翻译往往是一种对原文某些信息的强化或突出，这就如同从阴暗的光线中努力辨认出难以辨认的雕塑，雕塑被放大后，以照片形式呈现，其中难免会有丢失的意义。”②

那么，不可译现象是否意味着翻译不可能呢？伽达默尔随即指出，即使不可译现象存在，翻译还是能在一定程度上扩大原文理解的受众范围：“将希腊语或拉丁语的作品翻译成法语，或者将德语的作品翻译成英语，语言转换的过程有助于目标语人群（讲法语或讲英语的人群）了解到他们因为语言障碍而无法企及的原文意义。这也是一种获益，不是吗？”③

于是，在诠释学视野下，翻译是一种介于可译与不可译之间的活动。我们应该如何把握翻译的可译性准则呢？伽达默尔分类建立了不同文本的可译性准则。

伽达默尔指出，科学翻译和文学翻译遵循不同的可译性准则。在科学翻译中，翻译的根本准则是准确性原则，也就是说，科学翻译的首要目标是保留原文中面向事情本身的含义，向目标语人群传递准确性信息，因为在科学

---

① Gadamer H-G. *Gesammelte Werke Band 8* ［M］. Tubingen: Mohr Siebeck, 1993: 283.

② Gadamer H-G. *Gesammelte Werke Band 8* ［M］. Tubingen: Mohr Siebeck, 1993: 283.

③ Gadamer H-G. *Gesammelte Werke Band 8* ［M］. Tubingen: Mohr Siebeck, 1993: 285.

领域，一旦产生了理解上的偏差，就会出现严重的后果，甚至可能造成生命危险。

但是在文学上，仅仅要求准确性是不够的。尤其在诗歌翻译中，诗人必须像作家那样为某一语言共同体读者重新创作诗歌，译文读者读到的文本应该完全属于目标语境，完全同原文文本相分离。诗歌翻译的最终目的应该在于目标语读者，目标语境下的诗歌应该能使目标语读者卷入诗歌的意境之中，实现与作品的共在性。

因此，在科学翻译中，读者对译文的首要要求便是准确，但文学翻译永远在"精确的翻译"和"转义的解释"之间停留徘徊。因此，从诠释学的观点来看，文学翻译的可译性准则在于：用阅读和诠释的方式作为衡量文学翻译的准则，只有从诠释的视角看待翻译，文学翻译中的不可译性才会降到最低[①]。

当译者面对文学文本时，他无论如何也无法满足译文可读性的标准，不可译的界限就像一座座层峦叠嶂的山峰，耸然屹立。鉴于文学类别的多样性与丰富性，评判译文是否成功的标准也在一定程度上有所不同。比如译者试图把文学作品翻译成剧本时，他就必须在翻译意义内容的同时，考虑译本的舞台适用性，否则译本就必须在"文学"缺失的情况下苦苦挣扎了。伽达默尔指出："这就可以解释为什么在施勒格看来，贡多尔夫和乔治把莎士比亚诗作近乎完美地转换成德语，但观众却认为这是一部糟糕的戏剧表演的原因了。"[②]

另一例证是小说的翻译。译者常常无法决断什么样的译文才是最佳的小说译文：是要求目标语忠实于源语的用词、意义还是句法形式？试想当人们想到将英国小说翻译成一部德国文学，或者想到将俄国小说译成法语时，人们会立刻发现，译文与原文所呈现的内容在原意、风格上的舍弃与缺失是不

---

① Gadamer H-G. *Gesammelte Werke Band 8*［M］. Tubingen: Mohr Siebeck, 1993: 285.

② Gadamer H-G. *Gesammelte Werke Band 8*［M］. Tubingen: Mohr Siebeck, 1993: 285.

可避免的，但这些缺失却往往又是无足轻重的，甚至译者如何选择阐述目标语词汇同样不是很重要，起决定作用的是小说的直观性、精炼度、思想深度和语言魅力，是看看翻译后的小说是否符合目标语读者的语言习惯以及语言背后的文化境遇。那么，评判小说译文优劣的尺度最终还是在目标语读者的手中，译作是否能调动读者的热情，译作能否使目标语读者不由自主卷入其中参与意义的实现与生成，便是评判译作的最佳尺度。

所以，伽达默尔指出，文学翻译更多的是一种解释，解释的艺术自身便是一种奇迹，解释本身使其免于翻译的界限。①一个同时掌握俄语和德语的读者能够了解，陀思妥耶夫斯基作品的德文版译文更为平实可读，这与陀思妥耶夫斯基的多停滞、不流畅和不考究的文风变显然大不相同。在解释性的文学翻译之中，不可翻译性的限制就超乎寻常得低。

因此，文学是属于整个世界的，文学作品的传播离不开翻译，世界文学概念由此而来，世界文学正是对阅读文化的传播。所以在今天大家基本上这样说，文学渴求翻译，正因为它在阅读文学的范畴内。事实上阅读的秘密同时也是语言间巨大的桥梁。翻译和阅读在完全不同的层面上有着相同的诠释学功效。用自己的母语阅读诗歌就已经如同是在翻译，几乎如同把它翻译成另一门语言，因为二者同样将生硬的文字符号转化成思想和画面组成的涌动的河流。

事实上，单纯的阅读原文已经是通过音调和语速、节律和发音实现的文字诠释学。这一切都存在于"内心的声音"中，并且是为了读者"内在的耳朵"而生的。阅读和翻译已经算是"解释"了。二者都从意义和声音中创造出了一个全新的文本整体；二者都需要在相似的符号之间进行一次富有创造力的转换过程。每一名读者都如同半个翻译者，在阅读中需要不断对文字符号做出某种挑战性背叛。在只涉及一种语言的情况下，跨越文字和对话之间的距离就是阅读的过程，阅读最终实现的是文字和生动讲话之间的间距性跨

---

① Gadamer H-G. *Gesammelte Werke Band 8*［M］. Tubingen: Mohr Siebeck, 1993: 285.

越，这本身就是一个奇迹，更何况人们在阅读译文的时候还能够弥合两种不同语言之间的沟壑，此乃一个更大的奇迹。

于是，在诗歌翻译中，译者不仅要读、要去理解，还要去听。当一位真正的诗人将另一位诗人的诗歌转译成自己的语言的时候，译文本身也就成了一首真正的诗，但这几乎成了译者自己的诗。伽达默尔指出，里尔克翻译瓦勒利的作品时，极为细腻地刻画了《海边的墓地》中偏远环境的明媚与黑暗，与其说是一种翻译，不如说更是一种重新创作[①]。只有当诗文译者把原诗内容变成他自己的诗作——翻译中将自己的语言风格贯彻到底，而完全看不到原文语言的陌生性痕迹——时，他做的才是译者所做的工作。与之相反，当读者从糟糕的诗文译文中读到了不合于目标语境的语言风味，这就意味着译文的人工性和陌生性。在这种情况下，目标语言中富有美感的语音语调和韵律，在陌生性的介入中崩断琴弦、意味尽失。因此，诗歌翻译不应局限在意义，而且也应该在声音中。诗歌不仅是语词、句法，而是整体，是一首诗、一首歌、一段旋律。它是可重复的音律，是回声，是有意义的声音，是隐匿的和谐。

在文学翻译的框架下，伽达默尔提出了其广义翻译观——翻译如阅读，翻译即诠释。他指出，抛开两种语言之间的差别来看，把翻译看作对话的相互理解则更为恰当自然：阅读就如同是从河岸一边到达对岸的过程，是从"文字"到"话语"的"载运过河"的过程[②]。与之相同，译者在翻译时，也将一篇文章载运至另一个海岸、另一片大陆、另一篇文章，阅读就是一种翻译。

然而，我们也必须明白翻译有其自身的界限，不同语言有其独特的说话方式，它们看起来就像相隔数光年之远的星际天体，无法实现全然的对等，只能向读者的理解靠近。

---

① Gadamer H-G. *Gesammelte Werke Band 8*［M］. Tubingen: Mohr Siebeck, 1993: 285.

② Gadamer H-G. *Gesammelte Werke Band 8*［M］. Tubingen: Mohr Siebeck, 1993: 286.

　　出色的诗文翻译者不是去隐藏译作和原诗间的间距，而是帮助我们显现这种间距。他们是注释者，但是他们比普通注释者做得更多。注释者只在文章当中插入自己的话。注释者只是为了让注释以插入语的形式出现文本之中；而翻译者对诗歌的解释性创作，却帮助操不同语言的人们在两种语言间架设了稳固的拱门和桥梁。译文仿佛是两种语言间的桥梁，建在同一河流的两岸之间。稳定的沟通与交流在这座桥上川流不息。这是通过译者出众的能力得以实现的。伽达默尔指出，我们不再需要等待专门为你翻译摇动船桨的摆渡人，而只需那些熟悉河岸对面情况的人，他们只要将自己熟悉的景象自然地表述出来，就能帮助那些孤独无助的渡河人。[①]也许渡河人会再次遇到帮助他阅读和理解的那个人，因为每次阅读诗歌都是一次翻译的过程。如奥克塔维奥·帕斯所言："每一首诗都是刻画现实生活的读物，这种读物是将诗人的诗转化为读者的诗的翻译过程。"[②]

　　因此，在游戏视域下，完全准确的翻译是不可能的，翻译始终是一种重点突出的博弈，是意义的保留、舍弃与添加。但我们也应该看到，可译性具有动态渐进性特征。随着世界的敞开，人际交流的增多而随之加强，异质语言之间的可译程度可以不断得到提高。因此，只有在阅读以及解释的意义上看待翻译、实现翻译，翻译才能实现其"显现陌生文本意义"的存在价值。由此可得出结论，翻译介于可译与不可译之间，正是翻译在某种程度上存在不可译的差异，才成就了翻译存在的必要性以及翻译产生的可能性。

　　于是，翻译的可译性问题与本书试图构建的辩证性翻译游戏过程具有相互符合的一致性。正是由于翻译必要且可能，我们才能在语言"一"与"多"的辩证结构之下，保留原文语言中面向事情本身的意义；而正是由于翻译之必然在一定程度上具有不可译性，才有了翻译之意义博弈、舍弃与添加的表演游戏。翻译介于可译与不可译之间，在可译与不可译之间，翻译走

---

① Gadamer H-G. *Gesammelte Werke Band 8*［M］. Tubingen: Mohr Siebeck, 1993: 287.
② Gadamer H-G. *Gesammelte Werke Band 8*［M］. Tubingen: Mohr Siebeck, 1993: 287.

向了游戏特征——在"关系"引领下,"过程"引领"译者"走向必然的博弈与妥协,最终实现人际理解与差异下共识。

所以,伽达默尔坚定地走向了广义翻译观。他坚信,如果从阅读或诠释的观点看待翻译,那么翻译过程中面临的困境自然得到克服,翻译的不可译度就会降到最低限度,翻译就能最大限度地实现其扩大理解与交流的原初目的。在某种意义上说,伽达默尔的广义翻译观打破了广义翻译与狭义翻译的界限,使翻译与理解、解释、文化、交流实现了新的视域融合。

第四节 广义翻译观——对狭义翻译界限的突破

美国语言学家罗曼·雅各布森在其重要论文《论翻译的语言学方面》为翻译划界。他指出翻译共分为三种类型:语内翻译(intralingual translation)或称"重述",指的是"用同一种语言的其他符号来解释某些语言符号";语际翻译(interlingual translation)或称"严格意义上的翻译",指的是"用另外一种语言来解释某种语言符号";符际翻译或称"变形",指的是"用某种非语言符号系统的符号来解释语言符号"。雅各布森的翻译分类方式基本上代表了长久以来翻译学界的主流观点,即只有语际翻译才是严格意义上的翻译,而语内翻译则是一种重述。

然而,如若我们暂时悬置上述对翻译界限的划分,重新在伽达默尔游戏视域下理解翻译,我们会发现一个重要突破:伽达默尔试图在传统翻译概念的框架之中,打破传统翻译概念界限,把翻译概念从狭义的语际翻译扩大到包含语内翻译、语际翻译乃至符际翻译在内的一切广义翻译类型,从而使语际翻译向更为广义的理解与解释概念靠近。

必须指出的是,"翻译广义化"倾向并非始于伽达默尔。"诠释学"一词的词根"Hermes"本是希腊神话诸神中一位信使的名字,赫尔墨斯的任务就是来往于奥林匹亚山上的诸神与人间的凡夫俗子之间，向人间传达和解释诸神的消息和旨意。他既要把人们不熟悉的诸神的语言转译成人们自己的话言（翻译），也要对诸神的晦涩不明的指令进行疏解（解释），从而使一种意义关系由陌生的世界转换到我们自己熟悉的世界。赫尔默斯的工作具有双重性：一方面理解神的意旨和命令，另一方面用人们所熟悉的语言把神的意旨和命令所包含的意义阐明出来，让凡人知晓、接受、服从。

由此可见，"诠释学"一词的原始意义就包含语际翻译（神的语言和人的语言之转换）和语内翻译（对神的晦涩不明的指令进行解释）。只是在"特殊诠释学"时期，"诠释"一词越来越强调对圣经或法律文本的解释，而语际翻译的角度却逐渐弱化。到施莱尔马赫时期，理解和解释扩大到一般文本，诠释学已然成为一门有关普遍理解的学科，诠释学原始词根"Hermes"的语际翻译视角便荡然无存了。但尽管如此，人们无法否认关于理解与解释的诠释学始终是一种广义翻译，与狭义的语际翻译也有着密切关联。

关注广义翻译的也并非只有诠释学派，亚里士多德曾在《论解释》谈过这一问题："口头语言是灵魂情感表达的象征，书面语言是口语语言的象征。口语语言同书面语言都是因人而异的。但灵感的情感——语言所表达的东西，对每个人来讲却是共通的。"[①]如果话语是由语词构成的编织物，那么语内的翻译或解释则是话语编织物的组成部分。正是通过语内的翻译或解释，语言产生了不同层次或类别：书面语言翻译了口头语言，口头语言翻译了灵魂情感，而情感则翻译了事物。正因为翻译展现了话语的不同层面，话语的每一种类型都表达了相似的情感或事物。翻译产生了话语内部的层层交错结构，从而造成了话语的复杂性。在此意义上说，语言本身就是一种广义翻译（包含语内翻译、语际翻译以及由肢体语言构成的符际翻译）。

然而，普遍存在于话语内部的广义翻译与雅各布森所界定的翻译概念

---

① Sallis J. The Hermeneutics of Translation [M]//Lawrence K. Schmidt. *Language and Linguisticality in Gadamer's Hermeneutics*. Boston: Exington Books, 2000: 68.

（从一种语言到另一种语言）的确具有不同之处。雅各布森为翻译划界的方式代表了人们常识中对翻译的印象——翻译必须在两种不同语言之间展开，而语言内部普遍存在的广义翻译，无论用口头语言翻译思想还是用书写翻译口语，都不是在两种语言间展开的。所以，在谈论语际翻译时，在话语内部展开的语内翻译或符际翻译往往被淡化或忽略。

伽达默尔在《真理与方法》以及其后来作品中对翻译问题的探讨都指向语际翻译本身，尽管他的理论在有意或无意中弱化或消解了狭义翻译与广义翻译之间的明确界限。伽达默尔认为，在一切交谈或阅读过程中，在由语言（语内或语际）障碍引起的理解受阻的情形下，翻译就会发生。如同只有在工具坏掉或无法使用的情况下，人们才能更清醒地认识到工具的作用一般，也只有当交谈或阅读时交流无法正常进行、理解无法达成时，人们才能意识到翻译的重要性。然而在承认翻译对（谈话双方）一致理解具有"点亮"作用的同时，伽达默尔同时强调对话进行的方向能反作用于翻译，伽达默尔的这一观点是对传统翻译定义的折中与妥协。

从上述观点可以看出，伽达默尔诠释学理论下的翻译问题代表一种试图打破传统翻译界限划分的尝试——在传统翻译概念的框架之中，打破传统翻译概念，把翻译从语言转译的狭义界定推向极限，从而使翻译向更为广义的理解与解释概念靠近。这一构想在《真理与方法》中已经开始架构，在伽达默尔后期作品中逐渐成熟。

在伽达默尔诠释学视野下，翻译是一种意义的保留，但因为意义需要适应新的语境，所以翻译已然是一种解释，一种模仿。伽达默尔以黑格尔视角把翻译看作一种挪用和占据行为——翻译是一种陌生性以及对陌生性的克服[①]。在翻译中，我们遭遇到一种与自身观点不同的陌生性意义。然而，在这一过程中，我们并未要消除这种由外语带来的文本陌生性，而是去占有这种陌生化意义，让自身前见对之发生作用的同时，也让这种陌生化对自身产

---

① 伽达默尔.真理与方法（Ⅰ）［M］.洪汉鼎，译.北京：商务印书馆，2010：545.

生影响。

首先，正如伽达默尔所说，翻译是一种阅读。[①]在翻译之前，译者首先必须要阅读原文。事实上，译者必须比普通读者更全面深入地理解原文，不仅要理解字面意义，还需理解原文的内在意义。但效果历史概念同时又告诉我们，全面客观的理解是不存在的，理解是一种向未来开放的历史性的境遇，理解无法涵盖一切处境。而从文本方面而言，文本也是永无止境的，即使文本以文字方式得以固定，文本的意义也会在每一次阅读中得以延伸和变化。所以，译者无法实现对原文文本的全面阅读。

其次，译者阅读必然是一种特殊的阅读。译者面对的文本是用外语写成的，阅读是一种对外语的入侵行为，译者必须让文本说话。严格来说，译者是为另一语言共同体的读者阅读做准备工作，目标语读者作为一种与翻译"同在"的要素，潜藏于译者翻译过程之中，影响翻译进程及结果。翻译的最终目的在于指向目标语读者，力求使陌生意义在异质语言同共体中敞开自身。然而，尽管译者的阅读有其特殊性，翻译和阅读的相似之处在于二者都是对文本意义的唤醒。如同某块碑文，只有在我们能解码碑文字符的前提下，我们才能对之进行理解和解释，诠释学任务才得以提出；只有当我们把文本转换成语言时，我们才能理解和解释文本符号，文字文本才能更清晰地展现诠释学任务。阅读和翻译都是在语言所传达的意义域之内的流转。伽达默尔通过模糊翻译与阅读的界限，把语际翻译推向理解阅读，目的是指出语际翻译的本质同理解阅读的本质的共通之处：二者都是试图在人际间实现对话、敞开意义，以促进对话双方的人际理解与达成共识。

翻译不仅是旨在向异质语言共同体敞开意义的阅读式的理解，还是一种博弈妥协式的理解，是一种差异下的理解，也就是说，翻译是一种背叛。

综上所述，翻译是一种阅读，一种特殊的阅读，一种背叛中的阅读。让我们带着这一观点，回到翻译的传统定义上来。不同理论家对于语际翻译给

---

① Gadamer H-G. *Gesammelte Werke Band 8* [M]. Tubingen: Mohr Siebeck, 1993: 279.

出了不同定义。英国《牛津英语词典》把翻译定义为"从一种语言转译成另一种语言"的活动。洛克也曾在其论文中指出，翻译是从一种语言中的某个意义单位（词、短语、句子）进入另一语言中与之对应的意义单位的运动，这一运动通过意义的循环得以进行。译者把一种语言中的一个词转换成意义，再把意义转换成另一语言中的另一个与之对应的词。换句话说，翻译就是意义重构。①现代翻译理论家奈达则把翻译界定为"对等"："所谓翻译，是在目标语中'对等'的重构源语中的信息，首先是语义，其次是文体。"②美国翻译理论家杰里米·芒迪对笔译的定义是："两种不同的书面语言之间的翻译过程牵涉到译者将用一种语言（即原语或简称SL）写成的书面文本（即原文或简称ST）转变成用另外一种不同的语言（即目的晕或简称TL）写成的书面文本（即译文或简称TT），这种类型就是语际翻译。"③所有上述翻译概念都未提到意义在两种语言中的传递方式，即在从一种语言到另一种语言的过程中意义如何传递，是均等的过渡，还是非均等的博弈？

　　伽达默尔在《真理与方法》中把翻译界定为"重点突出的活动"④，这一定义与传统翻译定义不同。传统翻译概念认为，在翻译过程中，意义均等的在两种语言中传递，不存在任何突出或压制。《真理与方法》开启了对传统翻译定义的质疑。在《翻译如何是阅读》中，文章开头便指出："翻译是一种背叛"。⑤如果翻译是对原文意义的纯粹复制，如果翻译中没有背叛，那么译文是原文的弱化、狭隘化与瑕疵化。因此，翻译必须打破原文意义的局限，进入目标语言共同体语境，从而更好地面向目标语读者敞开自身。

---

① 转引自Sallis J. The Hermeneutics of Translation［M］//Lawrence K. Schmidt. *Language and Linguisticality in Gadamer's Hermeneutics*. Boston: Exington Books, 2000: 68.

② Nida A. E. *The Theory and Practice of Translation*［M］. Shanghai: Foreign Language and Education Press, 2004: 12.

③ 杰里米·芒迪. 翻译学导论——理论与实践［M］. 李德凤，译，北京：商务印书馆，2007：10.

④ 伽达默尔. 真理与方法（I）［M］. 洪汉鼎，译. 北京：商务印书馆，2010：543.

⑤ Gadamer H-G. *Gesammelte Werke Band 8*［M］. Tubingen: Mohr Siebeck, 1993: 279.

我们承认，翻译的理想目标是（从信、达、雅三方面）原封不动地复制原文，但这只是翻译的理想情境，语言与文化的差异决定了翻译不可能达到理想情境，也正是语言与文化存在这种差异，才使不同语言共同体的人们理解受阻，才使翻译具有了存在的必要。所以，可译与不可译本身就是一种悖论。

伽达默尔向传统翻译定义发出挑战，他承认对科技类文本而言，翻译的首要任务是抓住原文意义内容（信），在此类翻译中，翻译可以以传统翻译的定义为准确，翻译可以看作对原文意义的还原。但与此同时，伽达默尔强调，在文学文本翻译中，想达到翻译的理性状况几乎不可能。因此，在此类翻译中，翻译应该是一种解释，翻译应该成为一种阅读，一种包含音调、节奏、韵律、发音于其自身之中的阅读。这是一种内心的声音，等待着读者用"内心的耳朵"去聆听。在此，伽达默尔用灵魂的概念来描述文学语言的本质。聆听的内容不仅包含文学文本中意义的传达，而且是一个运动的活的整体，是一种集音调、节奏、韵律、发音于一体的互文本性，这就是文学语言的灵魂。

因此，翻译的任务不仅是要还原原文意义，还要不惜背叛原文表达方式，以解释其内在的声音。因此，翻译是一场表演，在剧本与目标语群体读者的双重制约下，在博弈妥协的动态过程中，翻译传达的不仅是意义，也是集音调、节奏、韵律、发音于一体的语言的灵魂。于是，翻译所要克服的"间距"不是源语与目标语的"间距"，而是两种语言灵魂之"间距"。灵魂属于包含语音、语词和话语的整体。

于是，我们自然产生了下列疑问：灵感是意义之外的东西吗？灵魂注入语音之中，使语音成为语词吗？离开不同语言的不同灵魂，意义为什么还可能保留？灵魂可以在不同语言和不同人群之间传递吗？意义和内心的声音能否得以区分？意义是否已经融入语调、节奏、韵律与发音之中，以至于无法将它们区分开来？对意义的还原是否已经无法作为理想的翻译定义？

克服上述疑问的方式是让翻译突破语际与语内、广义与狭义的区分，让翻译回归到话语本身——翻译构成了话语的不同侧面。我们或许能重新开启那个亚里士多德已经解决了的问题，我们将重新审视古希腊人提出的语词是灵魂的情感表达，而灵感的情感表达是事物的表征。

通过这种方式，可以开启重读柏拉图《克里提亚斯》篇——第一部关于翻译的哲学作品。或者，柏拉图对话确立了最早的翻译哲学定义。它成为传统翻译定义的基础。我们可以确定柏拉图文本为翻译定义提供了理论源泉，它并没有偏离翻译传统定义。

柏拉图《克里提亚斯》篇以梭伦的故事为背景展开，梭伦旅居埃及，发现了古埃及人记录雅典历史的著作，而梭伦的任务就是去翻译这一作品。梭伦指出了翻译的任务：重新找回每一个语词的力量，把它们带入到我们的声音中，并记录下来。[1]按照梭伦的定义，翻译应该是从另一种异质的声音向自我声音的转换，这种声音就包含了伽达默尔所说的内心的声音。使声音在间距中的转换和传递成为可能的东西正是语词的力量和语词的能力。什么是语词的能力呢？语词能做什么呢？柏拉图从未说过语词的能力是一种表达意义的能力。语词的真正力量在于展示灵魂的情感表达，展示事物本身，让事物本身如"是其所是"般的显露出来。

在这种翻译定义之下，翻译并非追求某种意义的均等转换，而是一种面向事物本身的理解和解释，那么翻译中自然就包含意义，亦包含声音，包含语言的灵魂，翻译成为事情本身的显露，成为世界经验的传播。如此一来，狭义的语际翻译与广义的语内翻译以及包含肢体语言在内的符际翻译之间的界限被彻底打破，翻译指向情感的灵魂交流，指向差异之下事物的表征。翻译是理解、解释和交流。

因此，翻译中实现的真正内容是对身处不同传统中人们世界经验的扩大与更新。翻译过程本质上可以经由语言对话扩大到更为广泛的含义之中，即人的世界经验之中。翻译过程就是使人们在现有世界观中获得一种新的视

---

[1] 柏拉图. 柏拉图全集（第3卷）［M］. 王晓朝，译. 北京：人民出版社，2007：271.

域，或把自身语言观带入到外语之中的过程。因为对每个在特定语言环境中长大的个体而言，语言会把他引入一种确定的世界关系和世界经验之中，世界在语言中得到表述。翻译使每一种语言世界观都潜在地包含了另一种语言世界观。也就是说，翻译过程是把一种语言世界观扩展到其他语言世界观之中的过程。在两种存在细微差别的世界经验中，来自另一种语言中的世界"观点"从自身得到理解和把握。

故而我们确信，我们世界经验的语言束缚性并不意味着我们会被封锁在一种语言编制出的环境中，如果我们通过进入陌生语言世界而克服了对现有世界经验的偏见和缺陷，如果我们能用隶属另一种传统的语言和世界经验来审视我们所熟悉的语言和世界，翻译活动所实现的东西就不仅仅是语法规则的转换，而是对已有世界观的提升和扩展并保持向其他世界开放，是对世界经验的扩展与交流。

但这绝不是说我们离开了我们自己的世界并否认了自己的世界。我们就像旅行者一样带着新的经验重又回到自己的家乡，即使作为一个永不回家的旅行者，我们也不可能完全忘却自己的世界。翻译并不是一种无条件的反思性工作，即使译者是一名具有历史意识的人，他很清楚人类对世界之思考的历史条件以及自己历史局限的条件性，但那也不可能达到一种无条件的立场。

因此，翻译不是反思哲学的产物，翻译不是境遇之外的译者的主观行为，而是一种在语言构造性中指涉生活经验的实践活动。

结语　翻译——旨在理解与共识的实践智慧

综合以上章节内容，我们可以对本书主要内容做出总结。在伽达默尔游戏理论视域下，翻译游戏过程具有以下突出特征：

第一，翻译游戏过程论则以游戏"关系主体"取代"译者主体"，即翻译游戏过程论所理解的主体是由译者、原文文本、目标语读者三方构成的"关系主体"。也就是说，译者、原文文本、目标语读者三方在翻译过程中都是翻译意义能够实现出来的主导方，它们三方形成一种博弈妥协的辩证"关系"。在这种"关系"中，译者、原文文本、目标语读者均以参与者的身份被卷入游戏之中，翻译过程不可避免地走向任何一方都不可能操控的视域融合，由此导致翻译过程由"译者心理"决定"过程"到"关系主体"作用下的"过程"带动"译者"的根本性转变。

第二，翻译游戏过程充满现象学与辩证性精神，呈现为"关系"制约下博弈妥协式的意义保留、舍弃与添加。保留、舍弃与添加在语言和文化两个层面展开，所以翻译游戏过程涵盖翻译目标语言核心与文化核心，兼顾科学性与人文性。

第三，在翻译游戏视域下，"作为游戏参与者的译者以及目标读者的身份问题""文学翻译的可译性问题""狭义翻译和广义翻译的界限问题"等翻译理论热点难点问题得以重现思考，翻译之"开放陌生文本意义，扩大理解与交流"的原初目的得以着重凸显，翻译最终走向理解和解释，走向指涉世界经验的实践活动。

带着上述结论，我们必将走向对翻译本体论意义的再思考。翻译不是语词与字符间的符号转换，而是以非直接的迂回方式表达文字内容所表达的意义，翻译是解释；翻译不在于原文复制，而在于使意义向新的语言同共体成员敞开，翻译是理解。在他者之中看待他者、尊重他者，实现他在性下与自主性下的博弈妥协，有限的语词存在总是包含着意义的无限敞开，这是语词的魅力，也是翻译的魅力，翻译是一种游戏。

在伽达默尔游戏视域下，翻译与理解的界限被模糊，传统翻译定义被打破，翻译趋于广义的人际理解与共识。翻译是游戏，无论游戏过程如何屈折，最终目的是实现异语共同体之间的理解与交流。翻译帮助人们用隶属另一种传统的语言和世界观来审视我们所熟悉的语言和世界，也正是翻译使意义向陌生语言世界敞开，使现有世界经验的偏见和缺陷得以纠正和克服。因此，翻译游戏实现的不仅仅是语词和语法规则的转换，更是对已有世界观的提升和扩展，是对不同语言同共体之间的意义开放，是关于世界经验的交流与共识。

那么，在伽达默尔诠释学意识告诉我们，翻译不仅是一种有关语言转换之技艺，翻译游戏中所表现出的"过程先于游戏者"的现象学特征以及"关系"作用下博弈妥协的辩证法原则表现了差异与困境中人之生存的博弈妥协状态。翻译是一种映射出人在差异对话中找寻平衡的居间生存状态的游戏；翻译是一种有关意义诠释的实践智慧。

实践哲学智慧（phronesis）是亚里士多德德性伦理学的核心内容。实践智慧关乎人的伦理品性，而人的伦理品性则出自传统习俗的影响，一个人在道德成长过程中，家庭、社会乃至国家的传统价值都会内化为自身品质[1]，这正是影响个人视域的实践智慧。所以，有关德性的伦理问题应该在具体境遇中处理，实践智慧具有应用的境遇性特征。如伽达默尔所言："实践智慧是一种关乎人的道德存在的智慧，以及知识（逻各斯）对人的道德究竟起什么作用。如果人经常是在他所处的个别实际情况里遇见善，那么道德知识的任

---

[1] 余纪元. 亚里士多德伦理学 [M]. 北京：中国人民大学出版社，2011：117.

务就一定是在具体情况里考察什么是该情况对他所要求的东西，或行动的人必须按照那种一般要求他的东西去考察具体情况。"①

游戏视域下的翻译正是一种有关世界经验的实践哲学智慧。首先，翻译是一种使文本意义适合于向陌生人群开放的境遇性实践活动。翻译不仅要重新给出原文所述说的内容，而且要用一种最适合于当代读者（口译中表现为目前谈话情境）的恰当方式去表现被翻译对象，这正是亚里士多德的实践哲学的要求——在境遇中处理善的问题。

其次，翻译活动还与"幸福"和"善"等伦理德性密切相关。翻译游戏中达成的相互理解是一种实践合理性的表现，因为通过翻译活动达成的理解包含一种共同性，在共同性支配下，双方进入彼此商量的境遇中：提出问题，质疑问题，最终达成共识。这种在现象学和辩证法之间的"关系主体"模式下的游戏过程必定在以三方"关系"之"友善"为前提的背景中才能进行下去，因此，翻译过程实际上触及了实践智慧的核心问题——具有道德内涵的"ethos"（习俗、伦理）。

最后，翻译过程所实现的"开显陌生文本意义，增加理解和扩大交流"之原初目的也具有伦理意义。翻译不是实现语法、词汇的对等交换，而是通过克服语言多样性实现对人的世界经验的交流与扩充。通过翻译工作，来自不同语言传统的生活经验彼此融合，来自另一传统的生活经验实现着对他们已有生活经验的补充与扩展，从而使自己过更幸福的生活，不断向更高的"善"的目的靠近。

因此，陌生语言翻译不是一种技巧性、知识性的技艺，而是一种与"幸福"和"善"相关的帮助人们更好地彼此理解、友善相处的境遇性实践活动。

在此意义之上，我们可以尝试把翻译的本质带入一种全新伦理哲学视角，翻译中达成的相互理解是一种实践合理性的表现：通过翻译游戏达成一

---

① 伽达默尔.真理与方法（Ⅰ）[M].洪汉鼎，译.北京：商务印书馆，2010：442.

种共通性理解，在共通性支配下，来自不同语言、文化背景的人们进入彼此博弈妥协的游戏境遇：在"关系主体"引领下，相互提出问题，相互质疑问题，在以"友善"为前提的背景中，在博弈妥协的理解和解释之中，达成差异下的理解与共识。

就此而言，本书通过在翻译领域引入伽达默尔游戏理论，建构一种充满了诠释学和辩证法精神的翻译过程论，对包括"译者角色""目标语读者的共在者角色""可译性之争""翻译界限"等翻译理论研究领域中系列重要问题给出一种新的理解与解释。这实际上表明，笔者的努力是旨在提出一种新的本体论翻译模式。这个新的本体论翻译模式将主要从以下两个方面定义翻译从而得出结论。第一，翻译不是语词与字符的一一对应，翻译是一种具有再现特征的意义理解与意义开放的对话式游戏。第二，翻译是一种有关意义诠释的实践智慧，翻译背后体现的是民族传统与文化背景的碰撞与融合，翻译映射出人在差异对话中找寻平衡的居间性游戏生存状态。

综上所述，可以断定本体论翻译模式必定使翻译的未来发展走出文艺学翻译与语言学翻译两条传统翻译发展路径，走向更为广义的文化翻译、政治翻译等跨学科意义上的翻译研究新路径。

参考文献

一、伽达默尔著作及作品

［1］Gadamer H-G. Boundaries of Language［M］//Lawrence K. Schmidt. *Language and Linguisticality in Gadamer's Hermeneutics*. Boston: Lexington Books, 2000.

［2］Gadamer H-G. *Dialogue and Deconstuction, the Gadamer-Derrida Encounter*［M］. D.P. Michelfelder, R.E. Palmer (eds.). New York: State University of New York Press, 1989.

［3］Gadamer H-G. *Dialogue and Dialectic: Eight Hermeneutic Studies on Plato*［M］. New Haven: Yale University Press, 1980.

［4］Gadamer H-G. *Gesammelte Werke Band 8*［M］. Tubingen: Mohr Siebeck, 1993.

［5］Gadamer H-G. *Hegels Dialektic-Five Hermeneutical Studies*［M］. P. Christopher Smith (trans.). New Haven and London: Yale University Press,1976.

［6］Gadamer H-G. *Heidegger's Way*［M］. John W. Stanley (trans.). New York: State University of New York Press, 1994.

［7］Gadamer H-G. *Philosophical Apprenticeships*［M］. Robert R. Sullivan (trans.). Massachusetts: the MIT Press, 1985.

［8］Gadamer H-G. *Philosophical Hermeneutics*［M］. G.Boehm (eds.). Berkeley: University of California Press, 1977.

［9］Gadamer H-G. *The Gadamer Reader: A Bouquet of the Later Writings*

〔M〕. Richard Palmer (eds.). Evanston:Northwestern University Press, 2007.

〔10〕Gadamer H-G. *The Idea of Good in Platonic—Aristotelian Philosophy* 〔M〕. P. Christopher Smith (trans.) . New Haven: Yale University Press, 1986.

〔11〕Gadamer H-G. *Truth and Method* 〔M〕. Joel Weinsheimer, Donald G. Marshall (trans.). Second Revised Edition. New York: Crossroad, 1989.

〔12〕伽达默尔. 赞美理论〔M〕. 夏镇平，译. 上海：上海三联书店，1988.

〔13〕伽达默尔. 美的现实性〔M〕. 张志扬，译. 上海：上海三联书店，1991.

〔14〕伽达默尔. 伽达默尔论柏拉图〔M〕. 余纪元，译. 北京：光明日报出版社，1992.

〔15〕伽达默尔. 伽达默尔论黑格尔〔M〕. 张志伟，译. 北京：光明日报出版社，1992.

〔16〕伽达默尔. 哲学解释学〔M〕. 夏镇平，宋建平，译. 上海：上海译文出版社，1994.

〔17〕伽达默尔. 伽达默尔集〔M〕. 严平，编选. 邓安庆，等译. 上海：上海远东出版社，1997.

〔18〕伽达默尔，德里达，等. 德法之争——伽达默尔与德里达的对话〔M〕. 孙周兴，孙善春，编译. 北京：商务印书馆，2004.

〔19〕伽达默尔. 真理与方法（I）〔M〕. 洪汉鼎，译. 北京：商务印书馆，2010.

〔20〕伽达默尔.真理与方法（II）〔M〕. 洪汉鼎，译. 北京：商务印书馆，2010.

〔21〕伽达默尔. 诠释学的实施〔M〕. 吴建广，译. 北京：北京大学出版社，2013.

二、其他著作

［1］Baker M. *Routledge Encyclopedia of Translation Studies*［M］. Shanghai: Shanghai Foreign Language Education Press, 2004.

［2］Bell R. *Translation and Translating: Theory and Practice*［M］. London and New York-Longman/Beijing: Foreign Language Teaching and Research Press, 2001.

［3］Benjamin A. *Translation and the Nature of Philosophy: A New Theory of Words*［M］. London: Routledge, 1989.

［4］Brodzki B. History, Cultural Memory and the Tasks of Translation ［M］//T. Obinkaram Echewa. *I Saw the Sky Catch Fire*. Toronto: Plume, 1993.

［5］Catford J. C. *A Linguistic Theory of Translation*［M］. Oxford: Oxford University Press, 1985.

［6］Derrida J. *Margins of Philosophy, Translated with Additional Notes* ［M］. Alan Bass (trans.). Chicago: The Harvester Press, 1982.

［7］Dorasal J. R. *The Cambridge companion to Gadamer*［M］. Cambridge: Cambridge University Press, 2002.

［8］Ferrais M. *History of Hermeneutics*［M］. New Jersey: Humanities Press, 1966.

［9］Gary I. *Intention and Interpretation*［M］. Philadelphia: Temple University Press, 1992.

［10］Gentzler E. *Contemporary Translation Theories*［M］. Shanghai: Shanghai Foreign Language Education Press, 2004.

［11］George S. *After Babel-Aspects of Language and Translation*［M］. Shanghai: Shanghai Foreign Language Education Press, 2014.

［12］Graham J.F. Difference in Translation［M］//Derrida J. *Des Tours de Babel*. New York: Cornell University Press 1985.

［13］Grondin J., Plant K. *The Philosophy of Gadamer*［M］. London: Routledge, 2003.

［14］Grondin J. *Introduction to Philosophical Hermeneutics*［M］. Weinsheimer J (trans.). New Heaven: Yale University Press, 1994.

［15］Gutt E. A. *Translation and Relevance—Cognition and Context*［M］. Shanghai: Shanghai Foreign Language Education Press, 2004.

［16］Harland R. *Literary Theory from Plato to Barthes*［M］. Beijing: Foreign Language Teaching and Research Press, 2005.

［17］Heidegger M. *On the Way to Language*［M］. Peter D. Hertz (trans.). New York: Harper & Row Publishers, 1971.

［18］Hoy D. *The Critical Circle: Literature, History, and Philosophical Hermeneutics*［M］. Berkeley: University of California Press, 1978.

［19］James R. *Hermeneutics and the Voice of the Other: Re-reading Gadamer's Philosophical Hermeneutics*［M］. New York: State University of New York Press, 1997.

［20］Mariña J. *The Cambridge Companion to Friedrich Schleiermacher*［C］. Cambridge: Cambridge University Press, 2005.

［21］Munday J. *Introducing Translation Studies: Theories and Applications*［M］. London: Routledge, 2005.

［22］Nida A. E., Taber C. *The Theory and Practice of Translation*［M］. Shanghai: Shanghai Foreign Language Education Press, 2004.

［23］Nida A. E. *Language, Culture, and Translating*［M］. Shanghai: Shanghai Foreign Language Education Press, 1993.

［24］Nida A. E. *Toward a Science of Translation*［M］. Shanghai: Shanghai Foreign Language Education Press, 2004.

［25］Ormiston G. L., Schrift A. D. *The Rise of Hermeneutics: The Hermeneutic Tradition*［M］. New York: Cambridge University Press, 1976.

［26］Palmer E. R. *Hermeneutics: Interpretation Theory in Schleiermacher, Dilthey, Heidegger, and Gadamer* ［M］. Evanston: Northwestern University Press, 1969.

［27］Ricoeur P. *Hermeneutics and Human Sciences* ［M］. Cambridge: Cambridge University Press, 1981.

［28］Robinson D. Western Translation Theory from Herodotus to Nietzsche ［M］. Shanghai: Shanghai Foreign Language Education Press, 2007.

［29］Schleiermacher F. *Hermeneutics and Criticism and Other Writings* ［M］. Andrew Bowie (trans.). Cambridge: Cambridge University Press, 1998.

［30］Schmidt L. K. Language and Linguisticality in Gadamer's Hermeneutics ［M］//Feher M. I. *On the Hermeneutic Understanding of Language: Word, Conversation, and Subject Matter*. Boston: Lexington Books, 2000.

［31］Schmidt L. *The Language and Linguisticality in Gadamer's Hermeneutics* ［M］. Boston: Lexington Books, 2000.

［32］Schulte R., Biguenet J. *Theories of Translation: An Anthology of Assays from Dryden to Derrida* ［M］. Chicago: The University of Chicago Press, 1992.

［33］Silverman H J. *Gadamer and Hermeneutics: Science, Culture, Literature with an Introduction* ［M］. London: Routledge, 1991.

［34］Snell-Hornby M. *Translation Studies: An Integrated Approach* ［M］. Beijing: Foreign Language Teaching and Researching Press 2006.

［35］Theo Hermans. The Manipulation of Literature: Studies in Literary Translation ［M］//Toury G. *A Rationale for Descriptive Translation Studies*. London and Sydney: Croom Helm, 1985.

［36］Tymoczko M. *Translation in a Postcolonial Context-Early Irish Literature English Translation* ［M］. London: Routledge, 1998.

［37］Venuti L. *Translator's Invisibility: A History of Translation* ［M］. London: Routledge, 2008.

［38］Warnke G. *Hermeneutics, Tradition and Reason* ［M］. Stanford: Stanford University Press, 1987.

［39］Wilss W. *The Science of Transition*：*Problems and Methods* ［M］. Shanghai: Shanghai Foreign Language Education Press, 2001.

［40］奥古斯丁. 论三位一体［M］. 周伟驰，译. 上海：上海人民出版社，2015.

［41］柏拉图. 柏拉图对话集［M］. 王太庆，译. 北京：商务印书馆. 2006.

［42］柏拉图. 柏拉图全集（第3卷）［M］. 王晓朝，译. 北京：人民出版社，2007.

［43］保罗·利科. 解释的冲突［M］. 莫伟民，译. 北京：商务印书馆，2008.

［44］保罗·利科. 文本是什么［M］//洪汉鼎，傅永军. 中国诠释学（第七辑）. 济南：山东人民出版社，2010.

［45］彼得·布鲁克. 空的空间［M］. 邢历，译. 北京：中国戏剧出版社，1988.

［46］曹峻峰，朱立元. 西方美学通史（四）［M］. 上海：上海文艺出版社，1999.

［47］陈嘉明. 洪汉鼎：理解的真理——解读伽达默尔《真理与方法》［M］. 济南：山东人民出版社，2001.

［48］陈嘉映. 语言哲学［M］. 北京：北京大学出版社，2003.

［49］陈永国. 翻译与后现代性［M］. 北京：人民大学出版社，2005.

［50］陈治国. 海德格尔与形而上学的关系研究评析［M］//洪汉鼎，傅永军. 中国诠释学（第八辑）. 济南：山东人民出版社，2011.

［51］陈治国. 理解、友爱与对话［M］//洪汉鼎，傅永军. 中国诠释学

（第五辑）．济南：山东人民出版社，2008．

［52］单继刚．翻译的哲学方面［M］．北京：中国社会科学出版社，2007．

［53］德里达．论文字学［M］．汪堂家，译．上海：上海译文出版社，1999．

［54］邓晓芒．黑格尔辩证法演讲录［M］．北京：北京大学出版社，2005．

［55］狄尔泰．精神科学引论（第1卷）［M］．童志奇，王海鸥，译．北京：中国城市出版社，2002．

［56］董明．翻译学的哲学视野［M］．北京：国防工业出版社，2011．

［57］傅永军．启蒙、批判诠释与宗教伦理［M］．济南：山东大学出版社，2009．

［58］格雷西亚．文本性理论：逻辑与认识论［M］．汪信砚，李志，译．北京：人民出版社，2009．

［59］葛校芹．后现代语境下的译者主体性研究［M］．上海：上海译文出版社，2006．

［60］郭军，曹雷雨．论瓦尔特本雅明：现代性、寓言和语言的种子［M］．长春：吉林人民出版社，2003．

［61］海德格尔．存在与时间［M］．陈嘉映，王庆节，译．上海：三联书店，2012．

［62］海德格尔．诗·语言·思［M］．彭富春，译．北京：文化艺术出版社，1991．

［63］海德格尔．在通向语言的途中［M］．孙周兴，译．北京：商务印书馆，2013．

［64］何其莘，仲伟合，许钧．中西翻译简史［M］．上海：外语教学与研究出版社，2009．

［65］何卫平．通向解释学辩证法之途［M］．上海：上海三联书店，

2001.

　　［66］赫尔德. 论语言的起源［M］. 姚小平，译. 北京：商务印书馆，1998.

　　［67］黑格尔. 精神现象学（上卷）［M］. 贺麟，王玖兴，译. 北京：商务印书馆，1983.

　　［68］洪汉鼎.《真理与方法》之后伽达默尔思想的发展［M］//洪汉鼎，傅永军. 中国诠释学（第八辑）. 济南：山东人民出版社，2011.

　　［69］洪汉鼎. 理解的真理——解读伽达默尔〈真理与方法〉［M］. 济南：山东人民出版社，2001.

　　［70］洪汉鼎. 理解与解释——诠释学经典文选［M］. 上海：东方出版社，2001.

　　［71］洪汉鼎. 诠释学——它的历史和当代发展［M］. 北京：人民出版社，2001.

　　［72］洪汉鼎. 现象学十四讲［M］. 北京：人民出版社，2008.

　　［73］洪汉鼎. 哲学诠释学的基本特征——伽达默尔〈真理与方法〉一书梗概［M］//洪汉鼎，傅永军. 中国诠释学（第六辑）. 济南：山东人民出版社，2009.

　　［74］黄颂杰. 二十世纪哲学经典文本［M］. 上海：复旦大学出版社，1999.

　　［75］黄振定. 翻译学的语言哲学基础［M］. 上海：上海交通大学出版社，2007.

　　［76］杰里米·芒迪. 翻译学导论——理论与实践［M］. 李德凤，译. 北京：商务印书馆，2007.

　　［77］康德. 判断力批判［M］. 李秋零，译注. 北京：中国人民大学出版社，2011.

　　［78］奎因. 语词和对象［M］. 陈启伟，译. 北京：中国人民大学出版社，2005.

［79］李河. 巴别塔的重建与解构——解释学视野中的翻译问题［M］. 昆明：云南大学出版社，2005.

［80］李清良. 伽达默尔自相矛盾吗？——"视域融合"说辨析兼论诠释学辩证法的立足点［M］//洪汉鼎，傅永军. 中国诠释学（第七辑）. 济南：山东人民出版社，2010.

［81］李清良. 论伽达默尔的Gebilde概念及其译名［M］//洪汉鼎，傅永军. 中国诠释学（第九辑）. 济南：山东人民出版社，2012.

［82］李占喜. 关联与顺应：翻译过程研究［M］. 北京：科学出版社，2007.

［83］李章印. 海德格尔的源始诠释学［M］//洪汉鼎，傅永军. 中国诠释学（第八辑）. 济南：山东人民出版社，2011.

［84］理查德·帕尔默. 诠释学［M］. 潘德荣，译. 北京：商务印书馆，2012.

［85］廖七一. 当代西方翻译研究原典选读［M］. 北京：外语教学与研究出版社，2010.

［86］刘军平，覃江华. 西方翻译理论名著选读［M］. 武汉：武汉大学出版社，2012.

［87］刘宓庆. 翻译美学导论［M］. 台北：台湾书林出版有限公司，1995.

［88］刘文军. 西方翻译通史［M］. 武汉：武汉大学出版社，2009.

［89］罗松坚. 戏剧、游戏、诠释——从伽达默尔的游戏概念反思戏剧的本质、在方式与戏剧作品的诠释问题［M］//洪汉鼎，傅永军. 中国诠释学（第八辑）. 济南：山东人民出版社，2011.

［90］马丁·路德. 路德选集（上、下册）［M］. 徐庆誉，等译. 北京：基督教辅桥出版社，1986.

［91］莫娜·贝克. 翻译与冲突——叙事性阐释［M］. 赵文静，译. 北京：北京大学出版社，2011.

［92］潘德荣.西方诠释学史［M］.北京：北京大学出版社，2013.

［93］乔治娅·沃恩克.伽达默尔——诠释学、传统和理性［M］.洪汉鼎，译.北京：商务印书馆，2009.

［94］裴姬新.从独白走向对话——哲学诠释学视角下的文学翻译研究［M］.杭州：浙江大学出版社，2009.

［95］让·格朗丹.哲学解释学导论［M］.北京：商务印书馆，2009.

［96］色诺芬.回忆苏格拉底［M］.北京：商务印书馆，1984.

［97］圣经·创世纪（简化字和合本）［M］.北京：中国基督教协会，2000.

［98］盛宁.人文困惑与反思：西方后现代主义思潮批判［M］.上海：三联书店，1997.

［99］谭载喜.翻译学［M］.武汉：湖北教育出版社，2000.

［100］谭载喜.西方翻译简史（增订版）［M］.北京：商务印书馆，2004.

［101］特雷西.诠释学·宗教·希望——多元性与含混性［M］.冯川，译.上海：三联书店，1998.

［102］汪堂家.汪堂家讲德里达［M］.北京：北京大学出版社，2008.

［103］汪堂家.“问”之阐释——从现象学与诠释学的观点看［M］//潘德荣.中西学术视野下的诠释学——纪念伽达默尔逝世十周年论文集.2014.

［104］王宁.翻译研究的文化转向［M］.北京：清华大学出版社，2009.

［105］王岳川.现象学与解释学文论［M］.济南：山东教育出版社，1999.

［106］威廉·冯·洪堡.论人类语言结构的差异及其对人类精神发展的影响［M］.钱敏汝，译.西安：陕西人民出版社，2006.

［107］维特根斯坦.哲学研究［M］.李步楼，译.北京：商务印书馆，1996.

［108］魏因斯海默. 哲学诠释学与文学理论［M］. 郑鹏，译. 北京：人民大学出版社，2008.

［109］谢地坤. 狄尔泰与现代解释学［M］//洪汉鼎，傅永军. 中国诠释学（第三辑）. 济南：山东人民出版社，2006.

［110］谢地坤. 走向精神科学之路——狄尔泰哲学思想研究［M］. 南京：江苏人民出版社，2003.

［111］谢天振. 翻译研究新视野［M］. 青岛：青岛出版社，2003.

［112］谢天振. 译介学［M］. 上海：上海外语教育出版社，1999.

［113］许均，穆雷. 翻译学概论［M］. 南京：译林出版社，2009.

［114］许均. 文学翻译批评研究［M］. 南京：译林出版社，1992.

［115］亚里士多德. 尼各马可伦理学［M］. 廖申白，译注. 北京：商务印书馆，2012.

［116］严平. 走向诠释的真理——伽达默尔哲学述评［M］. 上海：东方出版社，2001.

［117］杨乃乔. 比较文学概论［M］. 北京：北京大学出版社，2014.

［118］姚小平. 洪堡特语言哲学文集［M］. 长沙：湖南教育出版社，2001.

［119］姚小平. 西方语言学史［M］. 北京：外语教学与研究出版社，2011.

［120］余纪元. 理想国讲演录［M］. 北京：中国人民大学出版社，2009.

［121］余纪元. 亚里士多德伦理学［M］. 北京：中国人民大学出版社，2011.

［122］约翰·赫伊津哈. 游戏的人——关于文化的游戏成分研究［M］. 北京：中国美术学院出版社，1996.

［123］张旺山. 狄尔泰［M］. 傅伟勋，主编. 台北：东大图书公司，1986.

［124］朱建平. 翻译：跨文化解释——哲学诠释学与接受美学模式［M］.

长沙：湖南人民出版社，2009.

三、期刊论文

［1］Baker M. Corpus Linguistics and Translation Studies: Implications and Applications［J］. *American Journal of Physiology*, 1993(1): 233−250.

［2］Chan A. Philosophical Hermeneutics and the Analects: The Paradigm of "Tradition"［J］. *Philosophy East and West*, 1984(4): 421−436.

［3］Donald G. Marshall, Truth, Tradition and Understanding［J］. *Diacritics*, 1977(4): 70−77.

［4］Ettobi M. Cultural Representation in Literary Translation: Translators as Mediators/Creators［J］. *Journal of Arabic Literature*, 2006(2): 206−229.

［5］Holmes J.S. The Name and Nature of Translation Studies［J］. *Indian Journal of Applied Linguistics*, 1987(13): 9−24.

［6］Jackson D. B. Semantics and Hermeneutics in Saint Augustine's "De Doctrina Christiana"［J］. *Church History*, 1968(2): 203−205.

［7］Janet F. Public Accounts: Using Verbal Protocols to Investigate Community Translators［J］. *Applied Linguistics*. 1993(4): 343−352.

［8］Kobayashi C, Marion M. Gadamer and Collingwood on Temporal Distance and Understanding［J］. *History and Theory*, 2011(10): 81−103.

［9］Lammi W. Hans-Georg Gadamer's "Correction" of Heidegger［J］. *Journal of the History of Ideas*, 1991(3): 487−507.

［10］Lojek H. Brian Friel's Plays and George Steiner's Linguistics: Translating the Irish［J］. *Contemporary Literature*, 1994, 35(1): 83−99.

［11］Pamela G. *Second Language Learners Reports*[C]. Norwood: House and Blum-Kulka, 1986(3): 243−262.

［12］Piecychna B. The Act of Translation in Hans George Gadamer's Hermeneutic Philosophy of Language［J］. *Studies in Logic, Grammar and*

Rhetoric, 2012(28): 41-48.

［13］Rendall S. Changing Translation［J］. *Comparative Literature,* 1996(4): 359-364.

［14］Robinson D. *Western Transltaion Theory from Herodotus to Nietzsche*［M］. Benjamin W. *The Task of the Translator.* Shanghai: Shanghai Foreign Language Education Press, 2007.

［15］Sankey H. Incommensurability, Translation and Understanding［J］. *The Philosophical Quarterly*, 1991(41): 414-426.

［16］Schweiker W. Beyond Imitation: Mimetic Praxis in Gadamer, Ricoeur and Derrida［J］. *The Journal of Religion,* 1988(1): 21-38.

［17］Templetion A. The Dream and the Dialogue: Rich's Feminist Poetics and Gadamer's Hermeneutics［J］. *Tulsa Studies in Women's Literature*, 1988(2): 283-296.

［18］Theo Hermans. Cross-Cultural Translation Studies as Thick Translation［J］. *Bulletin of the School of Oriental and African Studies*, 2003(3): 380-389.

［19］Vessey D. Gadamer and the Body Across Dialogical Contexts［J］. *Philosophy Today*, 2000(44): 70-77.

［20］Walhof R D. Friendship, Otherness, and Gadamer's Politics of Solidarity［J］. *Political Theory*, 2006(5): 569-593.

［21］蔡新乐. 试论翻译过程［J］. 解放军外国语学院学报，2000（1）：67-70.

［22］陈秀. 论译者介入［J］. 中国翻译，2002（01）：18-21.

［23］傅永军，杨东东. 实践、应用与真理——论作为方法论的批判诠释学的价值和意义［J］. 山东大学学报（哲学社会科学版），2011（05）：94-99.

［24］何德红. 诠释学与翻译研究：理论梳理与问题反思［J］. 天津外国语学院学报，2007（04）：12-17.

［25］何卫平. 奥古斯丁与西方解释学［J］. 武汉大学学报（人文科学

版），2012，65（05）：5-13.

［26］何卫平.伽达默尔评布尔特曼"解神话化"的解释学意义［J］.世界宗教研究，2013（02）：96-106，194.

［27］何卫平.关于解释学的普遍性的深刻沉思——读J·格朗丹的《哲学解释学导论》［J］.云南大学学报（社会科学版），2005（06）：81-91，94.

［28］何卫平.解释学循环的嬗变及其辩证意义的展开与深化［J］.武汉大学学报（哲学社会科学版），1999（06）：40-45.

［29］李德超.TAPs翻译过程研究二十年：回顾与展望［J］.中国翻译，2005（01）：29-34.

［30］李德超.TAPs翻译研究的前景与局限［J］.外语教学与研究，2004（05）：385-391.

［31］李河."解构论解释学"与解释学的范式转换［J］.哲学动态，2013（11）：31-38.

［32］李占喜.国内外语用翻译研究：回顾、述评与前瞻［J］.上海翻译，2008（01）：20-26.

［33］马会娟.当代西方翻译研究概况——兼谈Maria Tymoczko的翻译观［J］.中国翻译，2001（02）：61-65.

［34］潘德荣，彭启福.当代诠释学中的间距概念［J］.哲学研究，1994（08）：53-59.

［35］潘文国.当代西方的翻译学研究——兼谈"翻译学"的学科性问题［J］.中国翻译，2002（03）：20-24.

［36］潘文国.语言哲学与哲学语言学［J］.华东师范大学学报（哲学社会科学版），2004（03）：96-102，125.

［37］彭启福.狄尔泰Nacherleben概念中的诠释学循环思想——兼论狄尔泰生命诠释学的中介意义［J］.江海学刊，2012（06）：30-36.

［38］秦明利，严璐.游戏与共在：伽达默尔文论研究［J］.外文研究，

2013，1（02）：64-71，106-107.

　　［39］邵华.论维特根斯坦和伽达默尔的"语言游戏"说［J］.武汉科技大学学报（社会科学版），2012，14（04）：401-407.

　　［40］申连云.翻译研究中的规定和描写［J］.外语教学，2004（05）：75-78.

　　［41］谭载喜.翻译本质的绝对与相对属性［J］.广东外语外贸大学学报，2007（01）：5-9.

　　［42］谭载喜.关于西方翻译理论发展史的几点思考［J］.外国语（上海外国语大学学报），2005（01）：53-59.

　　［43］王军.论翻译中语篇解构与重构的思维模式［J］.外国语（上海外国语大学报），2001（06）：57-64.

　　［44］王少爽.西方学界翻译过程实证研究的方法论体系［J］.东北大学学报（社会科学版），2012，14（05）：455-460.

　　［45］文晗.存在的意义如何转向存在的真？——论海德格尔的思想转向［J］.北京社会科学，2016（02）：41-47.

　　［46］谢天振.翻译本体研究与翻译研究本体［J］.中国翻译，2008，29（05）：6-10+95.

　　［47］谢天振.正确理解"文化转向"的实质［J］.外国语（上海外国语大学学报），2014，37（05）：45-47.

　　［48］谢天振.作者本意和本文本意——解释学理论与翻译研究［J］.外国语（上海外国语大学学报），2000（03）：53-60.

　　［49］谢云才.文本意义的诠释与翻译［D］.上海：上海外国语大学，2010.

　　［50］徐朝友.斯坦纳译学的本雅明渊源——对斯坦纳《通天塔之后》的一种解读［J］.外语研究，2008（04）：71-76，112.

　　［51］徐朝友.斯坦纳译学的海德格尔渊源［J］.安徽大学学报（哲学社会科学版），2009，33（03）：66-70.

［52］杨东东. 游戏与艺术——伽达默尔"游戏"概念论析［J］. 山东大学学报（哲学社会科学版），2008（01）：47-52.

［53］张德让. 翻译与诠释学的会通——评李河的《巴别塔的重建与解构》［J］. 安徽师范大学学报（人文社会科学版），2009，37（06）：666-671.

［54］张德让. 伽达默尔哲学解释学与翻译研究［J］. 中国翻译，2001（04）：23-25.

［55］张冬梅. 翻译学的实证性学科定位再思——霍姆斯、图里翻译学架构图问题思考之一［J］. 北京第二外国语学院学报，2015，37（06）：23-29.

［56］张荣. 语言、记忆与光照——奥古斯丁的真理之路［J］. 南京大学学报（哲学.人文科学.社会科学版），2003（05）：61-68，153.

［57］张祥龙. 海德格尔后期著作中"Ereignis"的含义［J］. 世界哲学，2008（03）：48-54.

［58］郑立平，易新奇. 翻译过程中文本理解的解释学阐释［J］. 外语学刊，2015（04）：101-104.

［59］朱健平. 翻译即解释：对翻译的重新界定——哲学诠释学的翻译观［J］. 解放军外国语学院学报，2006（02）：69-74，84.

致 谢

本书在我的博士论文基础上修改完成。博士论文写作过程无疑是一段艰辛的历程，但这个过程对我来讲，是一段伴随着对人生进行思考和不断探索并增强实践智慧的特别旅程。在此过程中，我经历了父辈的衰老、女儿的长大，自己也人到中年，这一切使我不断思考什么是有意义的人生，如何才能活出有意义的人生。这样的思考和探索也加深了我对本书的主题的理解。亚里士多德告诉我们，实践智慧离不开现实的具体的生活。我非常幸运，在这段思考人生和探索增强实践智慧的特别的旅程中，一直有老师、同窗、家人、同事和朋友倾情陪伴着我。他们的陪伴和鼓励，使我感受到了学习知识的乐趣，让我体会到了人世间心灵的美好，体验到了更多的爱与幸福；因为有他们的理解和支持，即便遇到挫折时，我也没有失去探索和追寻的信心、勇气和力量。

回顾这段旅程，我对所有陪伴和帮助过我的人心存无限感激！首先，我要感谢我的导师傅永军教授，感谢他在学习上给予我的谆谆教诲和鼓励，感谢他在生活中给了我对工作的信心和对生活的热爱；感谢师母对我平日及由于论文写作感到焦虑和痛苦时给予我的关怀和安慰。其次，我要感谢山东大学，感谢刘杰教授、李章印教授、陈治国教授等老师在我学习博士学位课程、撰写博士论文时所给予的指导。此外，我还要感谢洪汉鼎教授、潘德荣教授、何卫平教授、秦明利教授在我博士学习期间以及博士论文写作期间给予我的悉心指导及技艺面授；感谢台湾云林科技大学吴进安教授给我提供的访学机会，以及在博士论文方面给予我的启发、关心和帮助。我要感谢所有同窗带给我的快乐和给予的帮助；感谢我的工作单位山东建筑大学外国语学院的领导和同事们的支持和鼓励；感谢亲朋好友的关心和鼓励。最后，我要感谢我的家人，特别是我的母亲、爱人以及女儿在我攻读博士学位的选择上给予的精神鼓励与支持。所有这些都是我的博士论文得以完成的不可或缺的条件和保证。

本书的出版将为我的博士旅程画上圆满的句号，但我对人生的思考和对实践智慧的追寻是不会停止的。我将把这段经历铭记于心，伴随我迎接今后人生中每一次新的挑战。